Droemer
Knaur®

Ute & Tilman Michalski

Ich zeig dir was und du machst mit

Knaurs kunterbunter Kinder-Almanach

Droemer Knaur

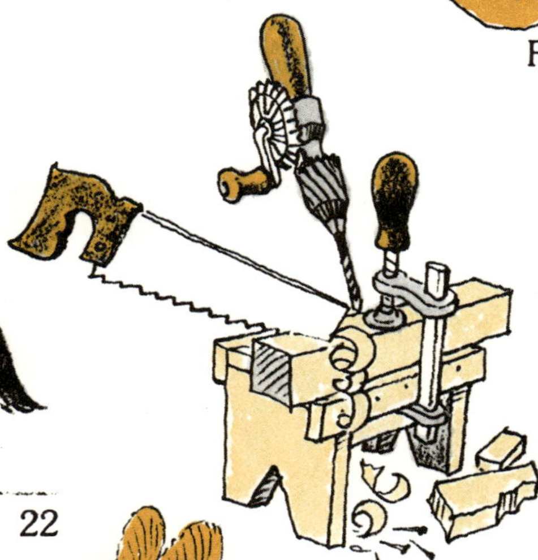

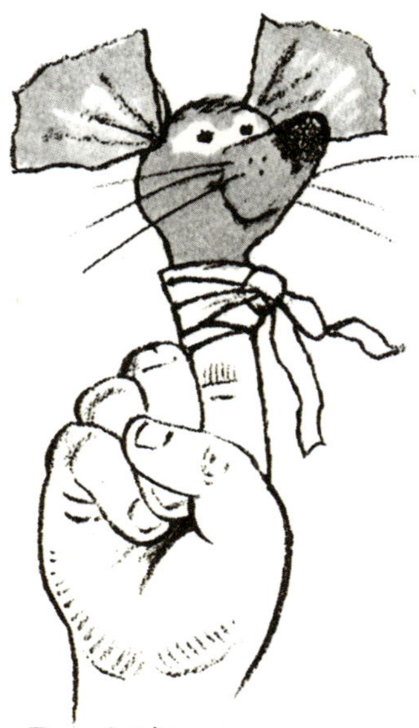

178

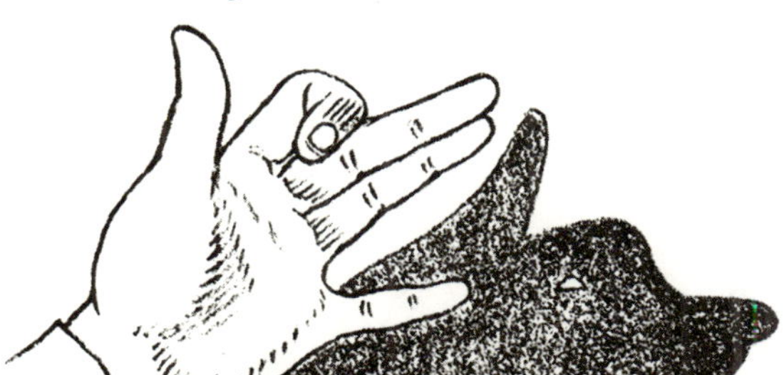

Silvester

Am letzten Tag des Jahres darfst du lange aufbleiben und um Mitternacht dein selbstgemachtes Feuerwerk entzünden.
Gleich nach dem Nachmittagsschlaf beginnst du auf dem Balkon mit den Vorbereitungen:
Du steckst viele Wunderkerzen in einen Blumenkasten, und zwar immer so, daß sich ihre grauen, beschichteten Enden berühren. Du kannst sie mit Blumendraht untereinander verbinden und sogar noch in die Höhe bauen. Ob du das Ganze richtig konstruiert hast, siehst du erst, wenn du die Wunderkerzen anzündest. Zischend klettert das sprühende Feuer durch das Bauwerk und streut seine Sterne länger aus als die bunten Leuchtraketen am Silvesterhimmel.

Die Kugelsterne
hängen an einem Stück Blumendraht wie an einer Angelschnur. Wunderkerzen stecken in einer mit Alufolie bezogenen Kartoffel, und ein Netz von leicht entflammbaren Baumwollfäden trägt das Feuer weiter von Stäbchen zu Stäbchen.

Glücksklee und Zitronenschweine
kannst du als Neujahrsgeschenke mitbringen. Wenn du den Glücksklee selber ziehen willst, mußt du damit schon 6–7 Wochen vor Jahresende beginnen: Setze die kleinen Zwiebelchen aus der Samenhandlung in eine Schale mit Fertigerde, stelle sie ans helle Fenster und halte sie feucht. Am Neujahrstag ist der Klee hoch genug gewachsen, und du kannst ihn verschenken.
Die Schweinchen duften angenehm nach Gewürznelken (ihr ganzer Rücken ist damit gespickt), sie haben Mandelohren und stehen auf kurzen Streichholzbeinchen.

Kinderpunsch für die Silvesternacht
2 Beutel Malventee und
1 Beutel Glühweingewürz mit
1 Liter Wasser überbrühen und ziehen lassen.
Dazu den Saft von 1 Zitrone und 2 Orangen geben.
1 Flasche Apfelsaft und Honig oder Zucker zum Süßen.

Fasching

Fasching – die fünfte Jahreszeit für alle, die sich gerne verkleiden: Suche dir aus dem Keller oder Speicher alte Klamotten – oft genügt schon ein Hut oder eine Weste – und werde ein anderer!

Viele Teile der Kostümierung kannst du dir schnell selber machen: z.B. eine »Kreissäge« – das ist ein Hut, den die Männer früher im Sommer trugen.

Als Sultan aus der 1002. Nacht bindest du dir zum Lampion-Turban nur noch eine Schärpe um den Bauch und stellst eine schöne Scheherazade mit silberfolienüberzogener Faschingskappe und verschleiert bis zu den Augen an deine Seite.
Zum Napoleon unterm Zeitungshut gehört eine Kaiserin Josephine mit steifgefälteltem Papierkragen, einer Ordensschärpe und blumengeschmückter Brust, samt schleppender Gardine. Sie kann zwar in diesem Kostüm nicht gut tanzen, dafür aber königlichst schreiten!

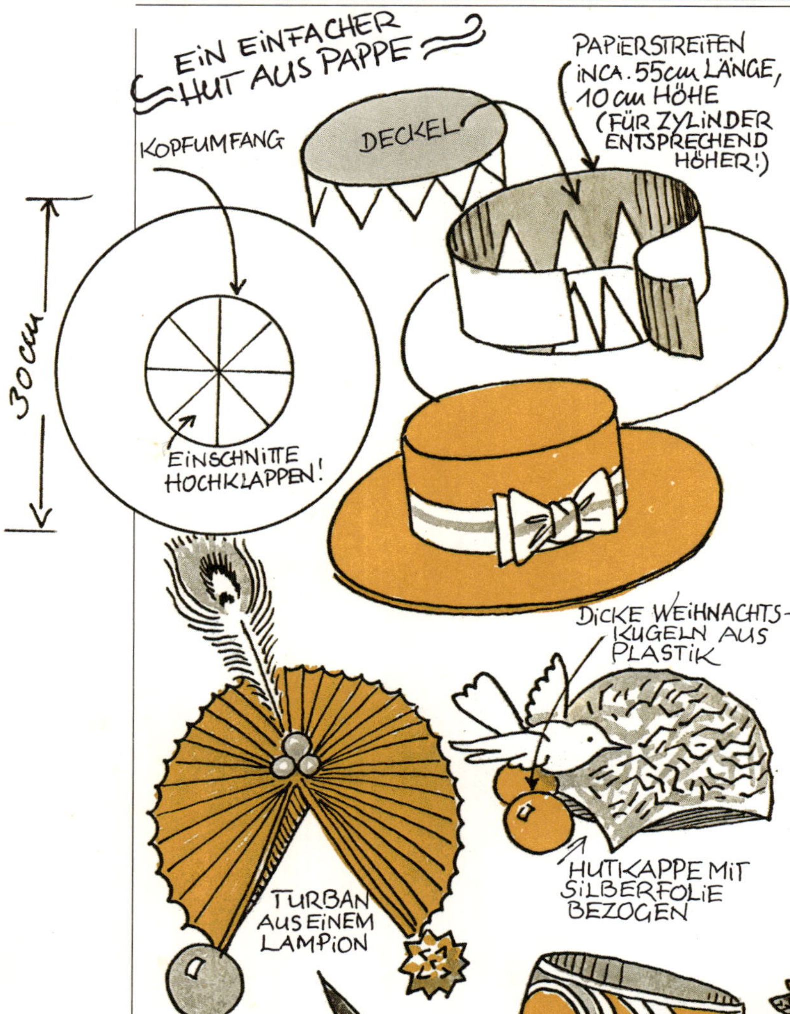

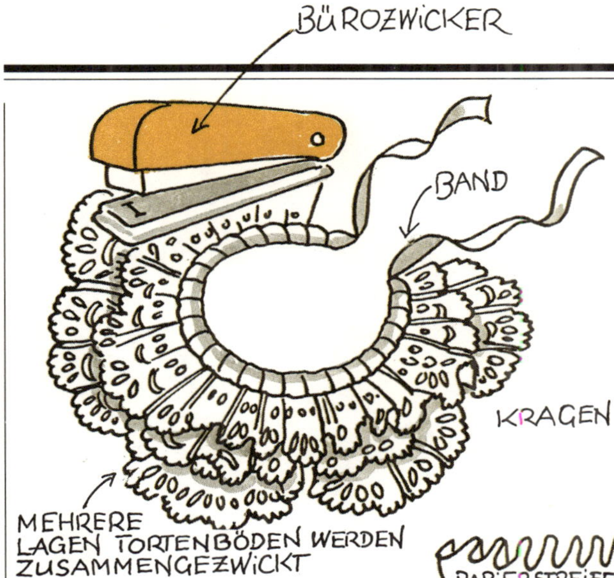

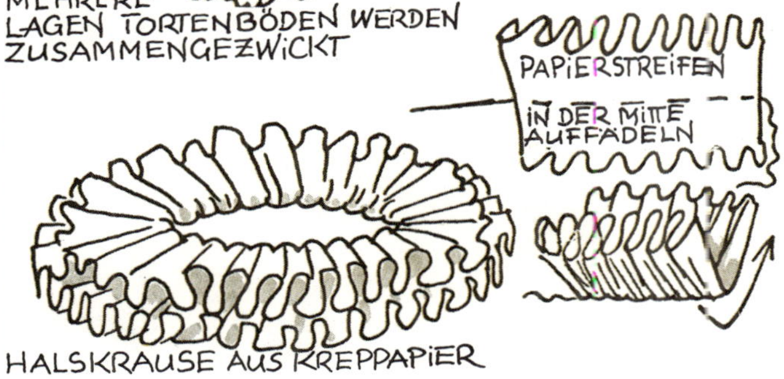

Oft genügt es schon, ganz normale Kleidungsstükke phantasievoll miteinander zu kombinieren, um ein gelungenes Kostüm herzustellen:
Die Nixe auf der nächsten Seite trägt zur grünen Strumpfhose ein grünes Hemd, darüber hat sie ein türkisfarbenes Tuch geschlungen. Die Augen sind mit grün-blau-schillerndem Lidschatten geschminkt und die Backen orange bemalt – sie passen gut zu den orangen Flossen. Im Krabbennetz (von den letzten Ferien am Meer mitgebracht) liegt ein geräucherter Bückling.

Ein kleines aufgemaltes Bärtchen, eine rote oder schwarze Nase, schwarz-umrandete Augen oder rote Backen machen aus dir entweder den Gangsterboß Buggsy Malone oder die Hexe Gundel Gaukelei, Käfer Karli, Frau Holle oder eine Schneeflocke. Erkennst du sie wieder auf der nächsten Seite?

SCHNEE
Frau Holle

Schminken

Schminken ist eine Möglichkeit, leichter in eine andere »Rolle« zu schlüpfen. Auf deinem Gesicht lassen sich mit Farbe die wundersamsten Dinge malen. Anders als die starre Maske ist das Schminken dazu da, den Gesichtsausdruck zu verstärken.
Schon ein Tupfen roter Farbe auf deiner Nase verwandelt dein Alltagsgesicht: Er zeigt den anderen, daß du zum Spaßmachen aufgelegt bist.
Ihr könnt auch versuchen, euch gegenseitig anzumalen. Dazu könnt ihr außer den gebräuchlichen Faschingsschminkstiften auch Wasserfarbe verwenden (wenn ihr den nassen Pinsel vor dem Bemalen auf einem Stück Seife verreibt, spannt die Farbe nicht so beim Antrocknen auf der Haut) oder Fingerfarben oder eine farblose Fettcreme, vermischt mit *ungiftiger* Pulverfarbe.
Zum Abschminken braucht ihr eine Fettcreme, Watte oder eine Rolle weiches Haushaltspapier.

Ein Perückengestell

zur Befestigung von »Haaren« aus schwer entflammbarem Kreppapier, Holzwolle, Papierblumen, trockenen Zweigen oder Weihnachtskugeln aus Plastik wird aus drei Pappstreifen, die mit Spaltklammern verbunden werden, angefertigt. Die Flügel der Spaltklammern mußt du von innen nach außen stecken – sonst kratzt es!
Übrigens: Um Dekorations- oder Kostümteile »schwer entflammbar« zu machen, mußt du sie in »Wasserglas« tauchen oder damit besprühen oder bestreichen. Die Beutel mit dem Mittel »Wasserglas« kannst du in der Drogerie kaufen.

Maske aus Knüllpapier und Kleister

¼ Packung einfacher Tapetenkleister wird mit dem Schneebesen in ungefähr 1½ Liter Wasser gerührt. Nach einer halben Stunde gibst du noch einmal 1 Liter Wasser dazu, schlägst alles mit dem Schneebesen gut durch und läßt es über Nacht stehen.
Am nächsten Tag wird mit der Hand noch einmal durchgerührt. Der Kleister sollte klar sein und dickflüssig von der Hand tropfen.

Forme 6–8 Kugeln aus großen Zeitungspapierbögen, lege sie zu einem Gesichtsoval zurecht (die Nase als »Extra-Bollen« obenauf) und hülle das Ganze in Haushalts-Aluminiumfolie.
Nun schmierst du mit der Hand weitere Zeitungsseiten mit Kleister ein, legst sie in drei bis vier Lagen über die Aluminiumschicht und streichst sie glatt.
Mindestens zwei Tage sollten die Kleisterpapierschichten bei normaler Zimmertemperatur trocknen, bevor du sie von der Aluminiumfolie trennst und mit Dispersions- oder Plakafarbe bemalst. Nimm die Farbe nicht zu wäßrig, sonst lösen sich die Kleisterpapierschichten wieder auf! Die getrocknete Farbe härtet deine Maske und bildet zugleich eine wasserundurchlässige Schutzschicht.

Die fertige Maske hältst du dir vors Gesicht und markierst dir durch Fingerdruck von außen, wo du die Öffnungen für Augen und Mund ausschneiden mußt.

Große Ballonmaske
Beklebe zwei aufgeblasene Luftballons, einen länglichen und einen runden, ringsherum mit mehreren Lagen kleisterbestrichenen Zeitungspapiers. Wenn die Papierschichten trocken sind, schneidest du vom länglichen Ballon ein Stück (Vorsicht, es knallt!) und klebst es mit kleinen Zeitungspapierstreifen und Kleister als Nase an den Kopf. Aus dem verbleibenden Teil des langen Luftballons schneide zwei Ohren und klebe auch sie an den Kopf. Wie du die Ballonmaske bemalen kannst, ist nebenan beschrieben. Vergiß nicht, Öffnungen für Augen und Mund auszuschneiden!

Gesichtsmaske aus Gips
Gipsbinden erhältst du in der Apotheke. Schneide sie in verschieden große Stücke. Fette dein Gesicht mit Vaseline ein, damit sich die Maske später gut ablösen läßt, und binde deine Haare zurück. Tauche die Bindenstücke kurz ins Wasser und lege sie dann auf dein Gesicht. Durch Verstreichen mit dem Finger verkleben die Stücke miteinander. Augen-, Mund- und Nasenlöcher werden ausgespart, der Maskenrand wird mit einer zweiten Lage Gipsbinden verstärkt. Wenn du nach einiger Zeit fühlst, daß die Maske fest geworden ist, kannst du sie vorsichtig vom Gesicht lösen. Warte, bis sie ganz trocken ist, dann kannst du sie bemalen.

Trickkostüme
Einen langen Hals (Stoffschlauch) bekommt Clown Giraffo beim Faschingsumzug, wenn er sieht, wie seine angebetete Barbara Balloni mit dem alten Vorhang-Umhang in Windeseile immer dicker wird (Schirm wird aufgespannt). Die großen Ballonköpfe sind aus Kleisterpapier. Wie leicht ein Clownkostüm zu nähen ist, siehst du auf Seite 214.
Beim »Kleinen Mann« bestehen Kopf und Hut aus einer großen Papiertüte.
Das Napoleonpferd hängt an Hosenträgern.

Musikclowns

Wer macht mit in der Bingel-Bangel-Band? Von Tuten und Blasen braucht ihr keine Ahnung zu haben: Gespielt wird auf allem, was Geräusch erzeugt.

Die passende Kostümierung könnt ihr euch ganz schnell selber machen: Ein altes buntes Kleid – vorne aufgeschnitten – wird zur weiten Clownsjacke; aus Handtüchern, mit Stoffstreifen um den Kopf geschlungen, entsteht ein riesiger Turban. Einen alten Filzhut bringt ihr aus der Form, indem ihr ihn unter der Dusche kurz einweicht, bis er ganz schlapp ist, und ihn dann in eine neue Form biegt, festklammert oder näht und trocknen laßt.

Mit groben Stichen, mit Heftklammern oder Alleskleber und Sicherheitsnadeln befestigt ihr Flicken, Wattebällchen oder einen gefalteten Papierkragen an euren Kostümen. Einen »Zweispitz«-Hut bastelt ihr aus zwei ausgeschnittenen Pappstreifen, die an den beiden Enden schlanker, in der Mitte großbogig geschwungen sind. Mit dem Heftklammerapparat werden die Streifen außen zusammengezwickt, wobei ihr unten und oben in Kopfgröße eine Öffnung laßt.

Noch einen Schal als Schärpe um die Hüften geschlungen, und auf »Zwo-drei-vier!« fliegen bei der Polonaise die Löcher aus dem Käse.

Auf den folgenden Seiten findest du ein paar Instrumente, mit denen du diese Band noch verstärken kannst. Mit etwas Geschick wirst du ihnen schrille Pfeiftöne, schnarrendes Brummen, tiefe Trompetenseufzer, liebliche Schalmeientöne oder winselnde Saitenklänge entlocken. Vielleicht finden sich mehrere Töne sogar zu einer Melodie – zumindest aber zu einem zündenden Rhythmus.

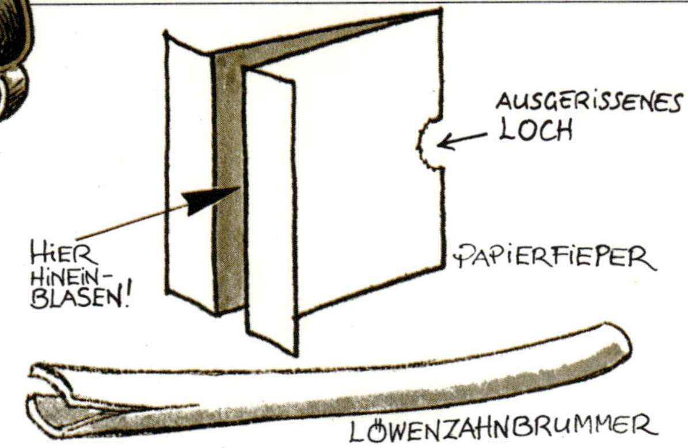

Das Horn
wird aus einem Schlauch, einem Mundstück und aus einem Trichter zusammengebaut. Der fesche Postillion hat einige Zeit üben müssen, bis er herausgefunden hatte, wie die Luft durch die gespannten Lippen in das Mundstück gepreßt wird. Der Schlauch ist aus Gummi (Gartenschlauch) oder Plastik (Isolierschlauch). Das Trompetenmundstück bekommst du entweder in einer Musikalienhandlung, oder du baust es dir aus Fimo selber. Fimo ist eine Knetmasse, die du selber im Backrohr härten kannst. Es geht ganz schnell: Forme aus Fimo eine daumendicke Walze und drücke ein Ende davon zu einer Mulde – einem »Kessel« – auseinander; dazu kannst du eine Holzkugel oder das runde Ende eines dünnen Holzgriffs verwenden. Steche dann mit einem Schaschlikstäbchen oder einer Stricknadel von unten durch die Walze bis in die Mulde einen »Luftkanal«. Nachdem es gebacken und ausgekühlt ist, kannst du das Mundstück auf den Schlauch stecken. Statt eines Trichters kannst du auch eine aufgeschnittene Plastikflasche vorne auf den Schlauch stecken oder in eine offene Blechbüchse tröten. Du darfst sie natürlich nicht so weit über das Schlauchende stülpen, daß sie wie ein Deckel wirkt und der Ton nicht herauskommen kann. Probiere aus, wie es am besten klingt!

Die Papierfieper
mußt du zwischen Zeige- und Mittelfinger klemmen, an den Mund halten und durch den schmalen Spalt blasen. Erschrick nicht, es entsteht ein schrecklich lauter Pfeifton!

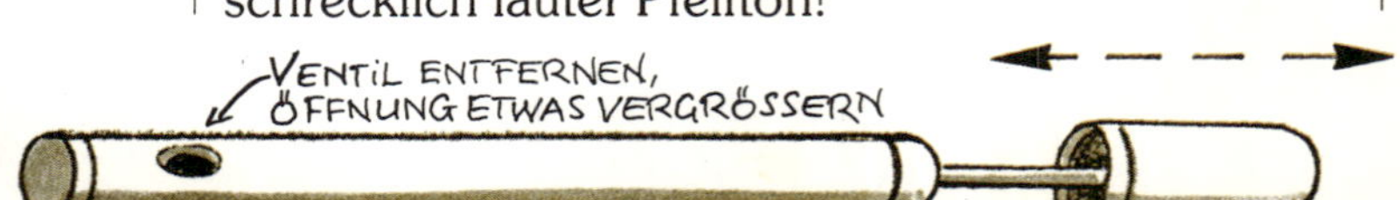

Die Trinkhalmschalmei
klingt da schon angenehmer. Wenn du mit einer Nagelschere Löcher in den Plastikhalm schneidest oder mit einem heißen Nagel hineinbrennst, kannst du darauf sogar kleine Melodien spielen. Das Mundstück spitzt du zu, indem du es zusammendrückst und links und rechts einen kleinen Keil wegschneidest. Wie bei der Joghurtbechertröte (mit Strohhalm-Mundstück) oder beim Löwenzahnbrummer – den du dir im Frühling schneiden kannst – mußt du das gespaltene Mundstück ganz in den Mund stecken. Beim Blasen beginnen die zwei Zungen zu vibrieren, und es entsteht ein quäkender Ton.

Die Luftpumpen-Querflöte
Hättest du geglaubt, daß man mit einer alten Pumpe Musik machen kann? Freilich, auch beim Fahrradaufpumpen hat sie schon so manchen quietschenden oder pfeifenden Laut von sich gegeben – aber das war Zufall! Jetzt kannst du die Töne richtig steuern: Schraube den Nippel der Luftpumpe ab, vergrößere das Loch noch etwas mit einer Rundfeile, säubere es und blase wie in eine Querflöte hinein (über das Loch hinwegblasen!). Durch das Hin- und Herschieben des Griffes verändert sich die Tonhöhe.

Die Dosenlaute
Bohre dicht unter dem Deckel einer Blechbüchse mit dem Spitzbohrer zwei Löcher und erweitere sie mit der Rundfeile. Stecke einen Rundstab, durch den du ein Loch für den Spannwirbel gebohrt hast, durch und befestige daran eine Gitarrensaite. An einem Ende des Stabes wird sie in einen Sägeschlitz geklemmt, am anderen Ende um den Spannwirbel geknüpft und gewickelt. Auch den Spannwirbel kannst du dir selber machen: Du brauchst dazu eine Gewindeschraube mit einer Flügelmutter – die du mit einer zusätzlichen Fixiermutter festhalten kannst. Die Saite muß auf dem Dosendeckel über einen aufgeklebten »Steg« (dreieckiges Holzklötzchen) laufen, sonst klingt sie nicht. Zwischen Steg und Spannwirbel wird gezupft. Die Tonhöhe kannst du verändern, indem du die Saite mit der anderen Hand in verschiedenen Abständen vor dem Spannwirbel auf das Rundholz drückst.

Der Dosenzupfbaß
Seine Saite ist straff oder locker gespannt, je nachdem ob du das Griffbrett (mit Scharnier) zur Dose hin oder von ihr weg drückst. Mit der Saitenspannung verändert sich auch die Tonhöhe. Der Zupfbaß wird zum Streichbaß, wenn du dir aus einem Kleiderbügel einen »Bogen« baust und damit über die Saite streichst.

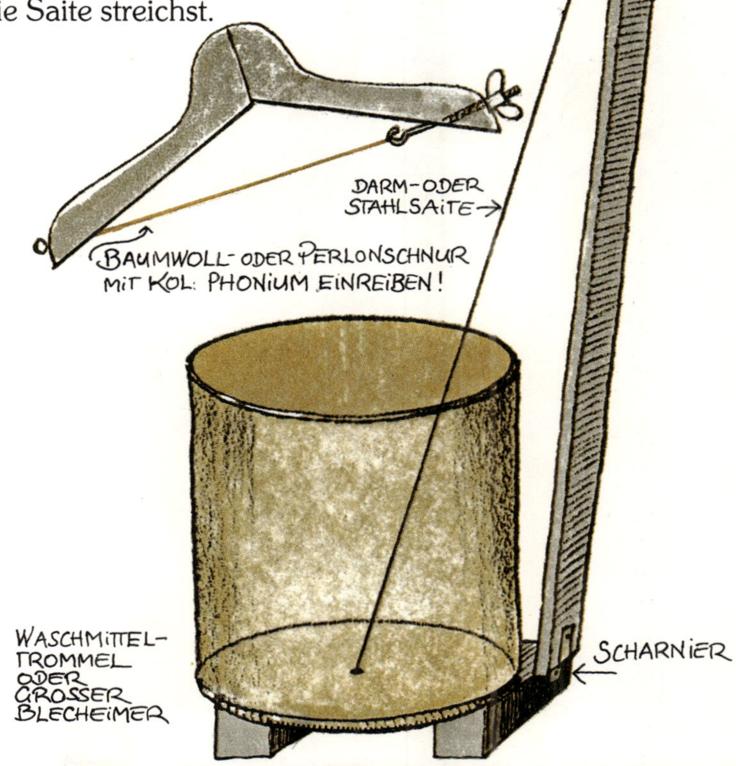

Es hat geschneit – wir sind bereit!
Nicht immer muß es ein Schlitten sein. In der Küche, dem Keller oder der Garage findest du viele andere rutschfeste Unterlagen, mit denen du lustige Abfahrten unternehmen kannst.
Die hier abgebildeten Spiele werden auf der nächsten Seite beschrieben.

Schlittenwettfahrt in der Ebene
Entweder bewegt ihr den Schlitten nur durch heftiges Rucken mit dem Oberkörper, oder ihr nehmt einen Skistock zu Hilfe.

Brezelslalom
Eine Strecke steckt ihr mit Skistöcken zu einer Slalomstrecke ab. Über einige Stockgriffe hängt ihr Brezeln, die der Läufer bei der Abfahrt einsammeln muß. Man kann auch Mützen oder Handschuhe über die Griffe stülpen. Jedesmal wenn ein Läufer am Ziel angekommen ist, werden die Stöcke neu behängt. Gewinner ist, wer die meisten Teile eingesammelt hat.

Handschuhschnappen
Auf einer Schlittenstrecke legt ihr verschiedene Kleidungsstücke aus, die während der Abfahrt einzusammeln sind.

Fuchsjagd
In den frischen Schnee zeichnet ihr mit den Skiern ein riesengroßes Speichenrad. Auf diesen Wegen, die ihr nicht verlassen dürft, wird »Fangen« gespielt.
Der »Fuchs« darf in jede Richtung laufen, alle übrigen aber – die »Gänse« – dürfen sich nur im Uhrzeigersinn bewegen. Wer abgeschlagen wird oder die Spur verläßt oder in die falsche Richtung läuft, wird neuer »Fuchs«.

Ballontreiben
Seid ihr mehrere Freunde, so daß ihr zwei Parteien bilden könnt, dann zieht zwei Grenzlinien im Abstand von ungefähr 8 Metern in den Schnee. Legt einen Luftballon in die Mitte und versucht nun, durch gepfefferte Schneeballwürfe den Ballon über die gegnerische Linie zu treiben.

Schneeburg

Stark bewacht von einem Lindwurm liegt die Burg Schlotterstein. Je dunkler es draußen wird, um so gemütlicher geht es in der Burg zu. Windgeschützt, auf Brettern und Decken sitzen die Schneeritter bei heißem Saft und erholen sich von den anstrengenden Bauarbeiten: Nach dem »Luginsland« und der »Kemenate«, dem »Schneebären« und der »Schneekatze« bauten sie noch »Schneekringeltürme«. Sie mußten dazu Löcher in Schneebälle bohren, die Bälle auf Stecken reihen und zuoberst eine geschlossene Schneekugel setzen.
Beim »Schusserturm« mühten sich die Baumeister sehr mit dem Glätten der Kugelbahn: Immer wieder mußten sie die Rille mit Wasser befeuchten, bis sie zu einer glatten Eisbahn wurde.

Als Überraschung für heiße Sommertage haben sie zu Hause kleine Schneemänner in ein freies Gefrierfach gesteckt.

Auf dem Eis

An einem schönen Wintertag, wenn es draußen vor Kälte klirrt, nehmt ihr den Grill und etwas Holzkohle mit nach draußen, macht ein Feuerchen und wartet, bis die Kohlen schön durchglüht sind. Auf ein Stück Alufolie legt ihr die auf der bauchigen Seite kreuzweise eingeschnittenen Maroni und wartet, bis die Schale knackt. Jetzt sind sie bald fertig! Schön warm für die kalten Hände und den kalten Bauch ist auch ein Bratapfel vom Grill. Ihr müßt ihn in Aluminiumfolie wickeln; wenn ihr mit einem hölzernen Schaschlikspießchen oder einer Stricknadel hineinstecht und keinen Widerstand mehr spürt, dann ist er gar. Mit Zucker und Zimt bestreut schmeckt er besonders gut.

Gute Handwärmer sind auch Folienkartoffeln. Sie werden mit der Schale gegessen, die ihr vor dem Grillen gründlich gewaschen habt.
Die erhitzten Eishockeyspieler, die versuchen, den Ball über die gegnerische Torlinie zu schlagen, oder der »Wannen-Gondoliere« aus der Rutsch-Staffel werden sich vielleicht eher nach »Eiscreme« sehnen.

Schleierfangen
Viele »Bräute« hat der »Bräutigam« – doch so recht zu lieben scheint ihn keine, denn sie nehmen alle Reißaus vor ihm.
Gelingt es ihm aber doch, eine zu fangen, so wird diese zum neuen Fänger; jetzt kann er sich ihren Schleier unter seine Mütze klemmen und schauen, daß er schnell dem neuen »Bräutigam« entkommt.

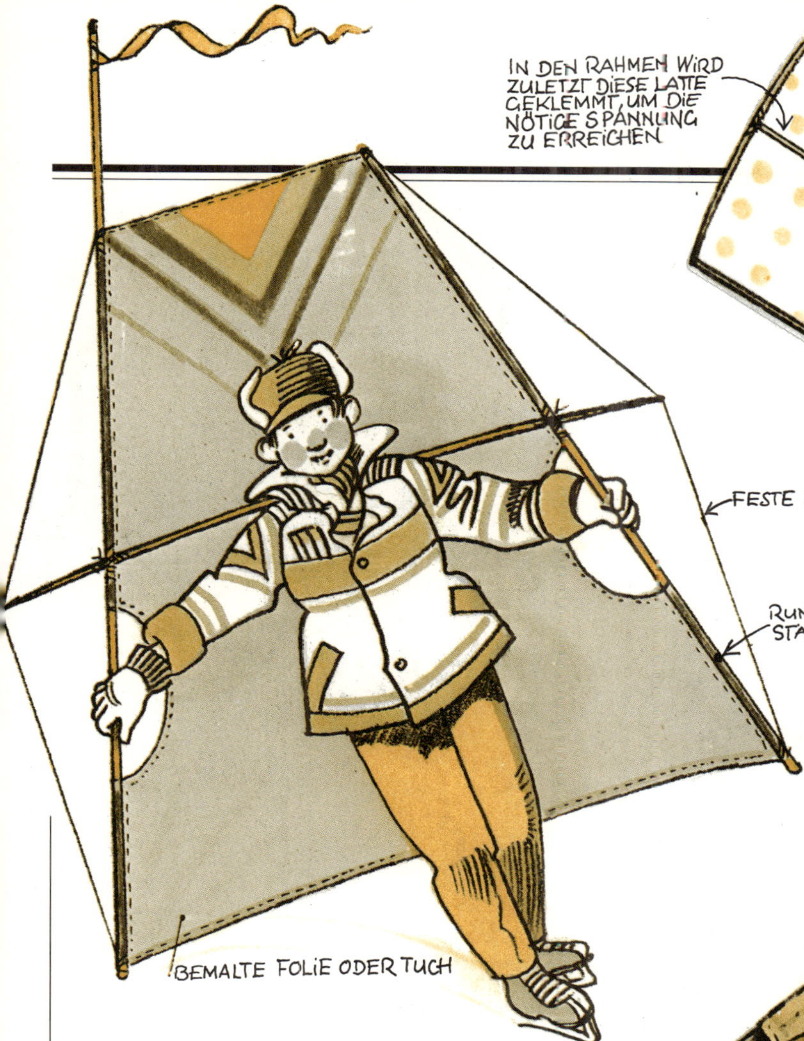

Eissegeln

Mit einem selbstgebastelten Eissegel wirst du zur kleinen Konkurrenz der großen Eissurfer und Eissegler mit ihren Kufenschlitten. Dein Segel kann verschiedene Formen haben – die Größe richtet sich nach deiner Körpergröße. Als Bespannung eignet sich starke Malerfolie oder Tuch.

Das gleichschenklige Dreieckssegel läßt sich mit seinen drei Schrauben und Flügelmuttern leicht zusammenlegen. Halte es mit ausgestreckten Armen auf dem Rücken und laß dich vom Wind vorwärts drücken. Durch Schrägstellen des Segels kannst du deine Geschwindigkeit regulieren und bei einer Änderung der Fahrtrichtung die Balance halten. Gut Wind!

Eisbär-Bar
ARCTIC
MARONEN
KINDERPUNSCH
BRATÄPFEL
FOLIENKARTOFFEL

Eiskarussell
Das Eiskarussell ist etwas für alle, die es gerne haben, wenn's rund geht!
In Ufernähe wird durch ein Loch im Eis ein großer Pfosten in den Grund geklopft. Über Nacht ist er festgefroren, und man kann darauf ein stabiles Brett mit dicker Schraube und Beilagscheibe befestigen. Je länger das Brett ist, desto leichter läßt es sich drehen, und um so schneller wird die Fahrt.

Vogelfutterstellen

Im Winter ist es ganz einfach, Vögel aus nächster Nähe zu beobachten: Sobald sie deinen Futterplatz entdeckt haben, werden sie sich regelmäßig zu ihren kleinen Mahlzeiten vor deinem Fenster einfinden.

Kauf dir einen Beutel gemischtes Vogelfutter und beginne bereits im Herbst damit, kleine Mengen davon auszustreuen. Wenn es dann Winter geworden ist, mußt du deine Gäste mehr füttern.

Mit zusätzlichen Vogelbeeren, Bucheckern, Hagebutten, Beeren vom Weiß- und Rotdorn oder Holunderstrauch, die du schon im Herbst gesammelt und bei schwacher Hitze im Backrohr getrocknet hast, deckst du ihnen einen vitaminreichen Tisch. Auch kleingehackte Nüsse und getrocknete Apfelscheiben und Apfelschalen haben sie sehr gerne.

Weißt du in der Nähe einen Specht, so kannst du versuchen ihn anzulocken: Dazu nimmst du ein Stück Ast, in das du Löcher gebohrt und diese mit Futter gefüllt hast.

Meisen picken sich ihr Futter gerne aus einer »Meisenglocke«. Fülle ausgeschmolzenen Rindertalg aus der Metzgerei, gemischt mit Futterkörnern (Verhältnis 1 : 2) erwärmt in einen Blumentopf. Nach der Abkühlung steckst du ihn auf einen Stock oder hängst ihn an einer Schnur auf. Die Schnur kannst du, noch bevor du den Topf füllst, mit einem Ende an ein Hölzchen knoten, das sich dann im Topf verkeilt, wenn du das andere Ende der Schnur durch das Loch im Boden des Blumentopfes fädelst.

Willst du dir ein Vogelhäuschen bauen, so mußt du darauf achten, daß das Futter vor Nässe geschützt ist. Ziehe deshalb das Dach weit herunter. Um das Bodenbrett nagle eine Leiste, damit der Wind das Futter nicht verwehen kann. Vergiß dabei aber nicht die Ablaufspalten, die verhindern, daß sich Wasser auf dem Brettchen sammelt. Vor Katzen und anderen Vogelfeinden kannst du dein Häuschen mit einer Blechmanschette oder einer Büchse schützen. Befestige sie unter dem Vogelhäuschen.

Vogelhaus und Nistkasten

Aus Kistenbrettern kannst du dir ein einfaches und billiges Vogelhäuschen bauen und die Dreiecksleisten aus den Ecken dabei gut mitverwenden. Suche dir Kisten, die aus dicken, gleichmäßigen Brettern bestehen – dünnes Obstkistenholz ist oft zu hart! Auf das Dach kannst du als Nässeschutz noch Rindenstücke nageln. Füttere die Vögel nicht zu lange – im Frühjahr müssen sie sich ihr Futter wieder selber suchen!

Möchtest du sie aber weiterhin beobachten können, so lade sie mit einem Nistkasten zum Brüten in deiner Nähe ein. Am besten hängst du ihn bereits im Herbst auf, dann können sich deine Wintergäste schon früh an ihn gewöhnen und vielleicht schon als Schlafplatz benützen. Befestige den Nistkasten mit der Flugöffnung nach Südost an einem Platz, der windgeschützt, nicht zu sonnig und nicht zu schattig ist.

Damit es nicht hineinregnet, sollte das Flugloch etwas geneigt und von einem weit überragenden Dach beschützt sein. Die Größe des Flugloches richtet sich nach den Vögeln, die nisten sollen: Meisen brauchen eine Öffnung von 3 cm Ø (Durchmesser), Stare eine Öffnung von 5 cm Ø, eine Hohltaube benötigt ein 8 cm Ø großes Loch, und für einen Waldkauz müssen es schon 13 cm Ø sein.

Bachstelze, Rotkehlchen und Amsel aber bevorzugen einen halboffenen Kasten. Dazu mußt du die Vorderseite des Nistkastens statt mit einem Lochbrett mit einem einfachen Brett vom Boden an bis zur Mitte zunageln. Für beide Kästen eignen sich am besten ungehobelte, rauhe, ca. 2 cm starke Bretter, an deren Oberfläche sich die Jungvögel gut festkrallen können.

Schleppt ein Vogelpaar unermüdlich Gräser, Halme, Fäden usw. in deinen Nistkasten, dann weißt du, daß er als Brutplatz angenommen worden ist.
Jetzt kannst du dich ihm noch ganz vorsichtig nähern. Liegen aber erst einmal die Eier im Nest, dann vermeide jede Störung, denn wenn du die brütenden Vogeleltern erschreckst, kannst du sie damit für immer vertreiben.
Am Gezwitscher merkst du, daß die Jungen geschlüpft sind. Nicht mehr lange, und sie unternehmen ihre ersten Flugversuche, und bald kehrt niemand mehr in den Kasten zurück. Nimm ihn nun vom Haken, öffne ihn, reinige ihn und richte ihn bezugsfertig für das nächste Frühjahr her, denn die Vögel kehren gerne an ihre alten, bewährten Nistplätze zurück.

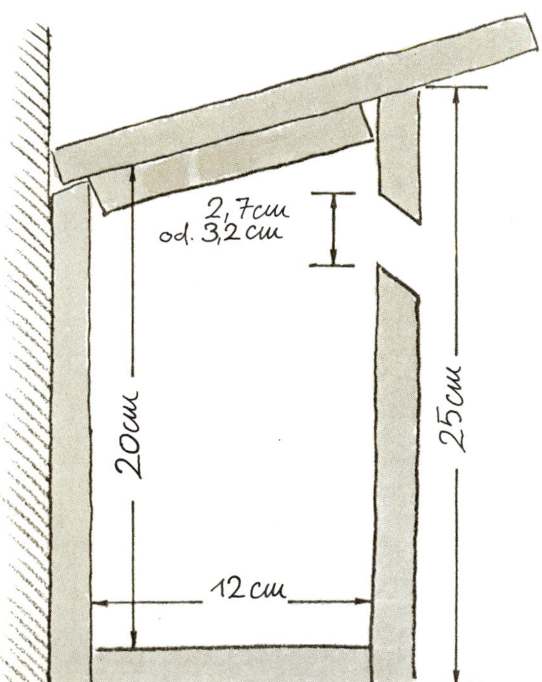

NISTKASTEN FÜR MEISEN ODER STARE

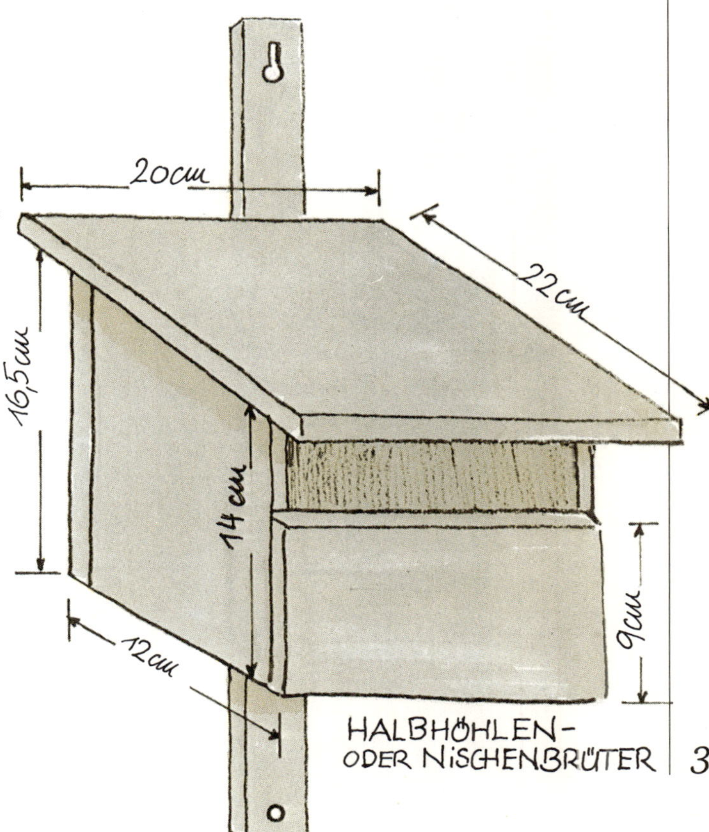

HALBHÖHLEN- ODER NISCHENBRÜTER

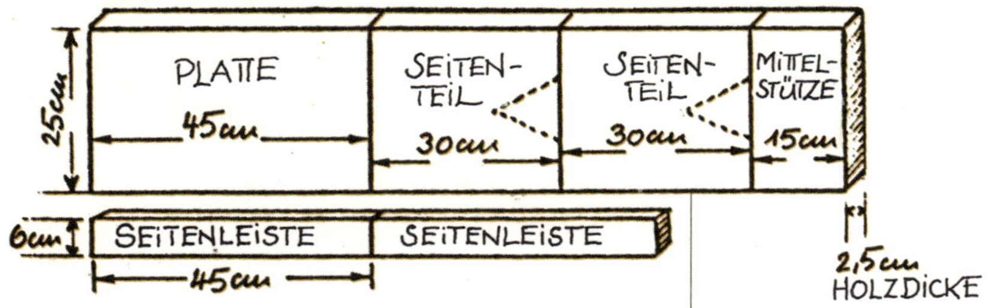

Arbeitshocker

Wenn du gerne mit Holz arbeitest, aber nicht möchtest, daß dein Kinderzimmertisch darunter zu leiden hat, dann bau dir einen Arbeitshocker! Auf ihm kannst du nageln, sägen, bohren, klopfen, ausstemmen, raspeln und feilen. Schrammen und Löcher machen bei ihm nichts aus: Er darf Arbeitsspuren zeigen! Zum Absägen von größeren Brettern drehst du den Hocker um und legst die Bretter in die V-Einkerbung der Beine. So kannst du sie gut festhalten. Wenn du mit deiner Laubsäge Sperrholz sägen willst, dann kannst du den Hocker dazu auf den Tisch stellen.

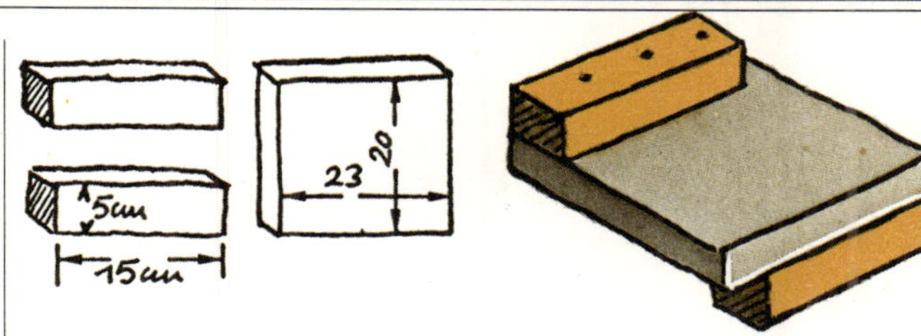

Nun zum Bau: Laß dir beim Schreiner oder beim nächsten Heimwerkermarkt die vier Zuschnitte aus 2,5 cm starkem Weichholz machen. Von einer gleich starken, 6 cm langen Leiste brauchst du zweimal 45 cm.
Streiche Holzleim auf die 15 cm-Schnittkante der Mittelstütze und auf die Mitte der Hockerbeine, laß ihn etwas antrocknen und nagle beides mit 5 cm langen Nägeln zusammen. Mit dem zweiten Bein machst du es genauso.
Umrande jetzt mit einem Stift die Hockerbeine auf der Arbeitsplatte, drehe beides wieder um und leime und nagle es zusammen. Zum Schluß mußt du die Randleisten auch an den Beinen festnageln.

Anschlaglade
Mit einer Anschlaglade kannst du Leisten, Rundhölzer und kleinere Bretter beim Sägen leichter festhalten und genauere Schnitte machen.
Auf eine 2,5 cm starke Preßspanplatte schraubst du zwei Leisten. Sie schließen auf der einen Seite mit der Platte ab, auf der anderen Seite lassen sie aber einen ca. 5 cm großen Freiraum.
Dieses kürzere Ende der Oberleiste soll dir als Führung beim Sägen für dein Sägeblatt dienen: Legst du die Säge an der Leiste an und setzt den Schnitt auf deinem Holzstück davor fort, so kann der Schnitt niemals schief werden.

Wasserfall

Nimm das oberste Brettchen von der Breitseite wie ein Kartenspiel in die Hand. Neigst du es leicht vornüber, klappt das nächste Brettchen nach hinten, und schon stürzen die folgenden mit Geklapper nach. Jetzt legst du die Hand mit dem ersten Brettchen nach hinten, und diesmal stürzen alle anderen nach vorne.

Säge dir die 9 Brettchen von einer 8 mm starken und 45 mm breiten Leiste. Jedes Brettchen ist 85 mm lang. Von einem 1 cm breiten Baumwollband brauchst du 24 Streifen von je 8 cm Länge. Klebe sie mit Pattex – so wie du es auf der Zeichnung siehst – fest und lasse zwischen den Hölzern einen »luftigen« Zwischenraum von 8 mm (=Brettchenstärke!).

Willst du das »Fallen« der Brettchen noch besser sehen, so bemale beide Seiten des »Wasserfalls« mit Kontrastfarben: Weiß/Schwarz oder Rot/Grün usw. Du kannst auch einen »Farbverlauf« von hell nach dunkel oder umgekehrt malen oder eine Seite regenbogenfarbig, die andere weiß.

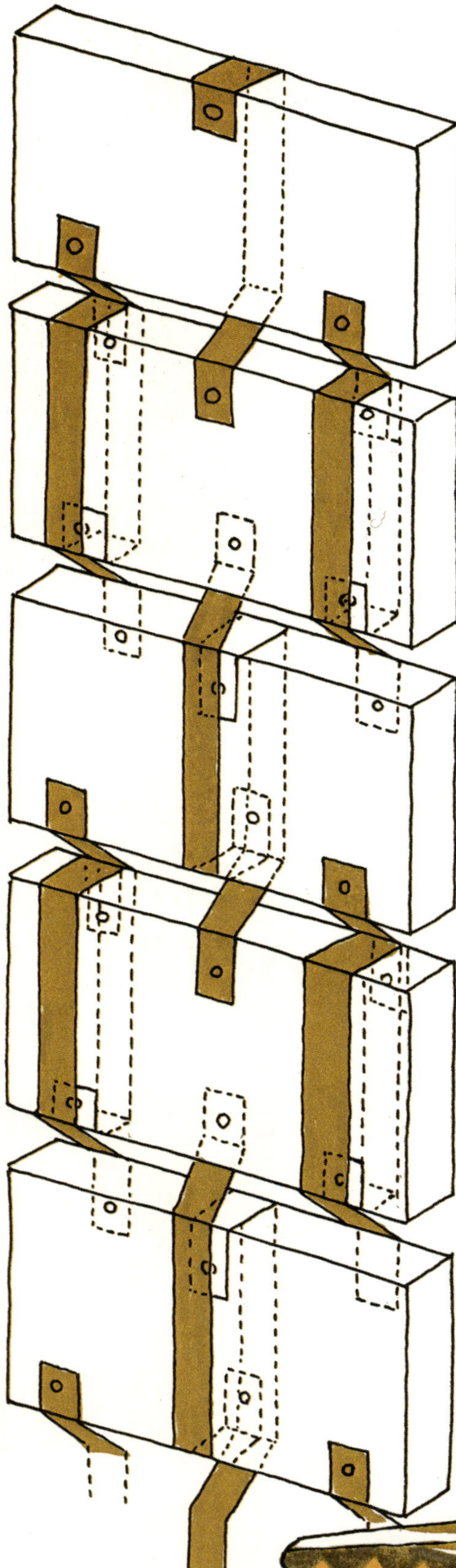

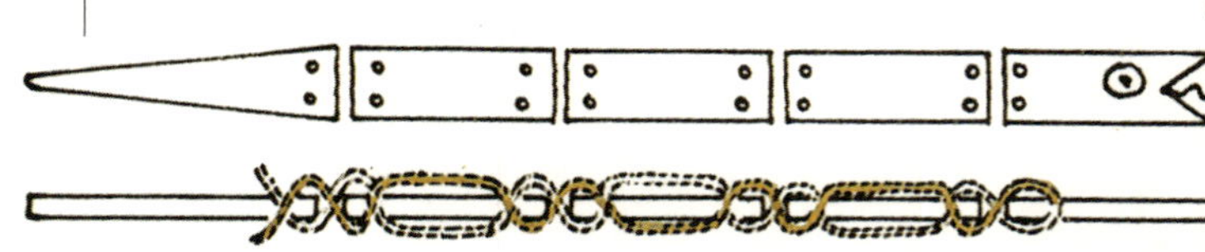

Turner
Nimm das Reck des Turners in eine Hand und drücke beide Seitenleisten unterhalb des Querholzes gegeneinander: Die Schnur strafft sich, und das leichte Männchen schwingt sich rückwärts oder vorwärts um seine »Turnstange«.
Den Körper des Turners sägst du dir am besten aus dünnem Sperrholz, bohrst mit einem Drillbohrer Löcher hinein (an den Händen und den Seitenleisten mit 1 cm Abstand) und befestigst mit Schnur die Teile am Körper.
Die Seitenteile werden mit dünnen, 3 cm langen Nägeln auf das 2 cm starke Querholz genagelt. Wie du das Männchen auf die Schnur oben fädeln mußt, zeigt dir die Zeichnung.

Schlange
Aus fünf Teilen von je 7 cm Länge besteht die bewegliche Holzschlange. Packe sie am Schwanz, halte sie waagerecht vor dir her, und sie wird sich sehr »lebendig« mal in die eine, mal in die andere Richtung bewegen.
Die Löcher für die Schnur werden 0,5 cm von oben und unten und 1 cm von der Sägekante entfernt gebohrt. Wenn du sie bohrst, bevor du die Leiste in Stücke zersägst, geht es leichter! Die einzelnen Teile mußt du mit zwei Schnüren, so straff du nur kannst, aneinanderbinden – je fester die Schnur gespannt ist, um so leichter »schlängelt« die Schlange.

25cm

Specht und Kegelfiguren

Dieser Specht ist ein Türklopfer. Vor deiner Zimmertür befestigt, ist er nicht zu überhören!
Er wird, wie die Kegelfiguren, aus einem dicken Vierkantholz (Bohle) gebaut und mit einfachen Holzwerkzeugen bearbeitet (Säge, Raspel, Holzfeile). Wie bei den Holzfiguren unten mußt du die Vorder- bzw. Rückansicht und die Seitenansicht (ohne Schnabel) auf die Seiten deines Holzstükkes zeichnen. Säge das überflüssige Darumherum mit geraden Schnitten weg und rasple sämtliche Kanten rund. Feile ein Stückchen von einem Hartholzrundstab spitz zu einem Schnabel und klopfe vorsichtig, damit das Holz nicht springt, einen dünnen Nagel mit einem breiten Kopf hinein. In das andere Ende des Schnabels bohre ein Loch (halte dabei das Holzröllchen zwischen Schraubstockbacken fest) und leime ein Dübelhölzchen halb hinein. Die andere Hälfte des Dübelhölzchens klebe in das Loch im Vogelkopf.
Nachdem du den Körper mit Sandpapier schön glatt geschliffen hast, kannst du den Holzvogel mit Farbe in einen Grünspecht, Grauspecht, Schwarzspecht, Buntspecht oder Phantasiespecht verwandeln.
Wenn du ihn jetzt noch, wie in der Zeichnung, an einem halbierten Baumstamm befestigst, sieht er besonders »echt« aus.

Bärenbad

Voller Wonne sitzt unsere Bärin in der Wanne, denn sie ist kein Dreckbär und gerne sauber. Ihr Bad ist frisch lackiert, und endlich hat sie Platz für ihre vielen Parfüm-Pröbchen und Mini-Cremes. Niemand merkt, daß ihr Spiegelschrank eigentlich eine Zigarrenkiste ist, ihr Spiegelrahmen eine Camembertschachtel und ihre Seifenschale eine Zündholzschachtel. Die Badewanne ist aus Styropor. Die ganze Badezimmereinrichtung wurde mit Holzleim festgeklebt. Und bald wird angebaut: eine Küche, ein Schlafzimmer, ein Wohnzimmer . . .

Gliederpuppe
Wenn du für deine Puppenwohnung keine Puppe in passender Größe hast, kannst du dir selber leicht ein Gliederpüppchen basteln:
Die Pelz-Wuschelkopfpuppe wird aus einer breiten Leiste gesägt. Für Arme und Beine nimmst du eine schmalere Leiste.

Etwas schwieriger ist das Männchen mit Hut zu bauen. Es wird aus einem Vierkantstab gesägt; eine Seitenkante davon wird benützt, um das Gesichtsprofil einzukerben. Wenn du die Beine locker genug anbindest, kann das Kerlchen auch sitzen und knien.

Osterbuschen

In Salzburg gehört zum vorösterlichen Brauch der grüne Osterbuschen mit seinen bunten Holzspan-Locken.

Auf einen Haselnuß-Stecken bindet man einen Strauß aus Tannen-, Latschen-, Buchs-, Wacholder-, Stechpalmen- und Weidenzweigen. Dazwischen stecken, an dünnem Draht befestigt, gefärbte Spanlocken.

Palmsonntag wird der Buschen geweiht und ziert von nun an den Herrgottswinkel in der Stube.

Möchtest du dir auch diesen Zimmerschmuck binden, so bitte einen Schreiner um möglichst lange Holzspäne. Nachdem sie in Wasser eingeweicht wurden, rollst du sie auf, tauchst sie in Holzbeize oder Eierfarbe und läßt sie trocknen.

Hühnchenkissen

Dies ist ein Huhn zum Ruh'n, gedacht als Geschenk für Frühjahrsmüde. Schneide dir aus weißem oder gemustertem Baumwoll- oder Wäschestoff zwei gleiche Teile in Hühnchenform (etwa 35 cm lang). Lege zwischen die Kopfflächen »Lappen« und »Kamm« aus andersfarbigem Stoff (die Schnittkanten werden mit Zickzackstichen eingefaßt) und laß beides nach innen zeigen. Nähe die aufeinanderliegenden Teile 5 mm von der Schnittkante entfernt zusammen, wende das Ganze und fülle das Huhn durch ein Loch auf der Bauchseite mit Füllwatte oder Federn.

Eierfärben mit Naturfarben

Den Brauch, zur Osterzeit Eier zu färben, gibt es schon seit Jahrhunderten. Aber früher konnte man die Farben nicht wie heute im nächsten Supermarkt kaufen, man benützte Naturfarben! Sie sind nicht so grell und intensiv wie die heutigen Chemiefarben; dafür passen sie in ihren zarten Tönungen untereinander sehr gut zusammen.
Du mußt alle Pflanzen, die du zum Färben nimmst, so klein wie möglich schneiden und in einem Topf, der sich gut wieder reinigen läßt, mit Wasser zum Kochen bringen. Ein Schuß Essig dazu, und die Farbe hält noch besser.

Das Ei stichst du am stumpfen Ende mit einer Nadel an und legst es für 8 Minuten in den sprudelnden Sud. Fische es dann mit einem Suppenlöffel heraus und schrecke es mit kaltem Wasser ab. Nur so läßt es sich später gut schälen.
Wenn dir die Farbe jetzt noch nicht kräftig genug ist, mußt du das Ei noch länger kochen oder über Nacht in dem kalten Sud liegen lassen.
Die Farben Gelb und Orange bis Rotbraun bekommst du von Zwiebelschalen; von Roten Rüben die Farbe Dunkelrosa bis Ziegelrot. Lila gewinnst du aus unverdünntem Blaubeer- und Holunderkompott, Blaugrün aus Rotkohl. Frischer Spinat erzeugt Grün, Petersilie die Farbe Gelbgrün. Zerkleinerte und lange gekochte Kiefernzapfen ergeben ein kräftiges Goldgelb.
Natürlich kannst du auch »Überraschungsfarben« herstellen: Versuche es mal mit kräftigem Tee, mit Kaffee, Malve, Kamille, mit Kümmelkörnern oder Efeublättern!

Stecknadelbatik

Für deinen »Wachsschmelzofen« brauchst du eine Drahthalterung, eine kleine leere Konservenbüchse und ein Teelicht. Stelle ihn auf eine Unterlage aus Alufolie und lasse das Wachs (zerbröckelte weiße Kerzenreste und etwas Bienenwachs – damit die Wachstropfen auf der Eierschale besser haften) schmelzen. Wenn das Wachs am eingetauchten Stecknadelkopf erstarrt, noch bevor du das Ei erreicht hast, dann ist es noch zu kalt; fängt es zu rauchen an, dann ist es zu heiß geworden, und du mußt das Teelicht etwas zur Seite rücken. Hat dein Wachs die richtige Beschaffenheit, so tauche die an einem Bleistift befestigte Stecknadel hinein und tupfe oder streiche den hängengebliebenen Wachstropfen schnell auf das Ei.
Mit der »Tropfenform« und dem Punkt, den der Stecknadelkopf erzeugt, erhältst du, immer anders kombiniert, die unterschiedlichsten Muster.
Und so wird gebatikt: Decke auf einem weißen Ei nur so viel mit Wachsmustern ab, wie du später in der Farbe Weiß haben willst. Tauche das Ei dann in abgekühlte Ostereierfarbe aus dem Päckchen und fische es mit einem Löffel heraus. Es ist nun gelb oder rot usw. und hat, wenn du das Wachs entfernst, ein weißes Muster. Vor dem nächsten Wachsauftrag muß es ganz trocken sein, weil sonst das heiße Wachs nicht darauf hält.
Nachdem du das zweite Wachsmuster angebracht hast, tauchst du das Ei wieder in eine Farbe, z. B. das gelbe Ei in Rot – so bekommst du ein oranges Ei mit weißem und gelbem Muster. Wenn du weiter batikst, wird das Ei immer dunkler.

Tropfbatik

Bei dieser Art der Batik brauchst du das Wachs nicht in einer Büchse zu schmelzen – die Tropfen einer Kerze bilden hier dein Wachsmuster. Wenn du mit dem Batiken fertig bist, kannst du das Ei auf einer saugfähigen Unterlage (Küchentücher aus Papier) ins Backrohr legen und das Wachs bei 100 Grad abschmelzen.

Radieschenblättersuppe
Koche die gewaschenen grünen Blätter von zwei Bund Radieschen zusammen mit vier geschälten, kleingeschnittenen Kartoffeln in etwas Salzwasser 20 Minuten lang. Dünste in einem Topf eine kleingewürfelte Zwiebel in 30 Gramm Butter glasig und gib einen Liter Brühe dazu. Passiere nun die weichen Radieschenblätter und Kartoffeln durch ein Sieb hinein und laß alles noch einmal aufkochen.

Kräutersoße
Zerdrücke das Eigelb von 3 hartgekochten Eiern mit der Gabel und hacke das Eiweiß zu kleinen Würfelchen. Gib einen Eßlöffel Senf, etwas Salz und Pfeffer dazu, dann Sahnedickmilch (1 Becher pro Person) und feingehackt alle frischen Kräuter, die es bei deinem Gemüsehändler oder in deinem Kräutergärtchen auf dem Küchenfensterbrett gerade gibt.

Spinatsalat
1 Kilo frischer Spinat wird gewaschen, geputzt und in Salzwasser kurz gekocht. In ein Sieb abgegossen kühlt er aus und wird dann mit Salz, Pfeffer, Zitronensaft, Olivenöl und kleinen Zwiebelwürfeln gewürzt.

Gebackene Kartoffeln
Wasche neue Kartoffeln (2 Stück pro Person) samt Schale sauber ab, halbiere sie der Länge

nach und reibe sie ringsherum mit Fett ein. Brösle auf die Schnittflächen etwas gekörnte Brühe und lege die Kartoffeln (mit der Schnittfläche nach oben) 45 Minuten lang bei 200 Grad auf ein Blech im Backrohr (oberste Schiene).

Französischer Rhabarberpfannkuchen
Streiche eine feuerfeste Form mit Öl aus, schnipsle 1 Kilo Rhabarber (oder anderes Obst) hinein und gieße darüber die verrührte Teigmasse. Backe den Kuchen bei 225 Grad ungefähr 45 Minuten lang auf der mittleren Schiene und serviere ihn noch lauwarm mit Vanillezucker-Schlagsahne.

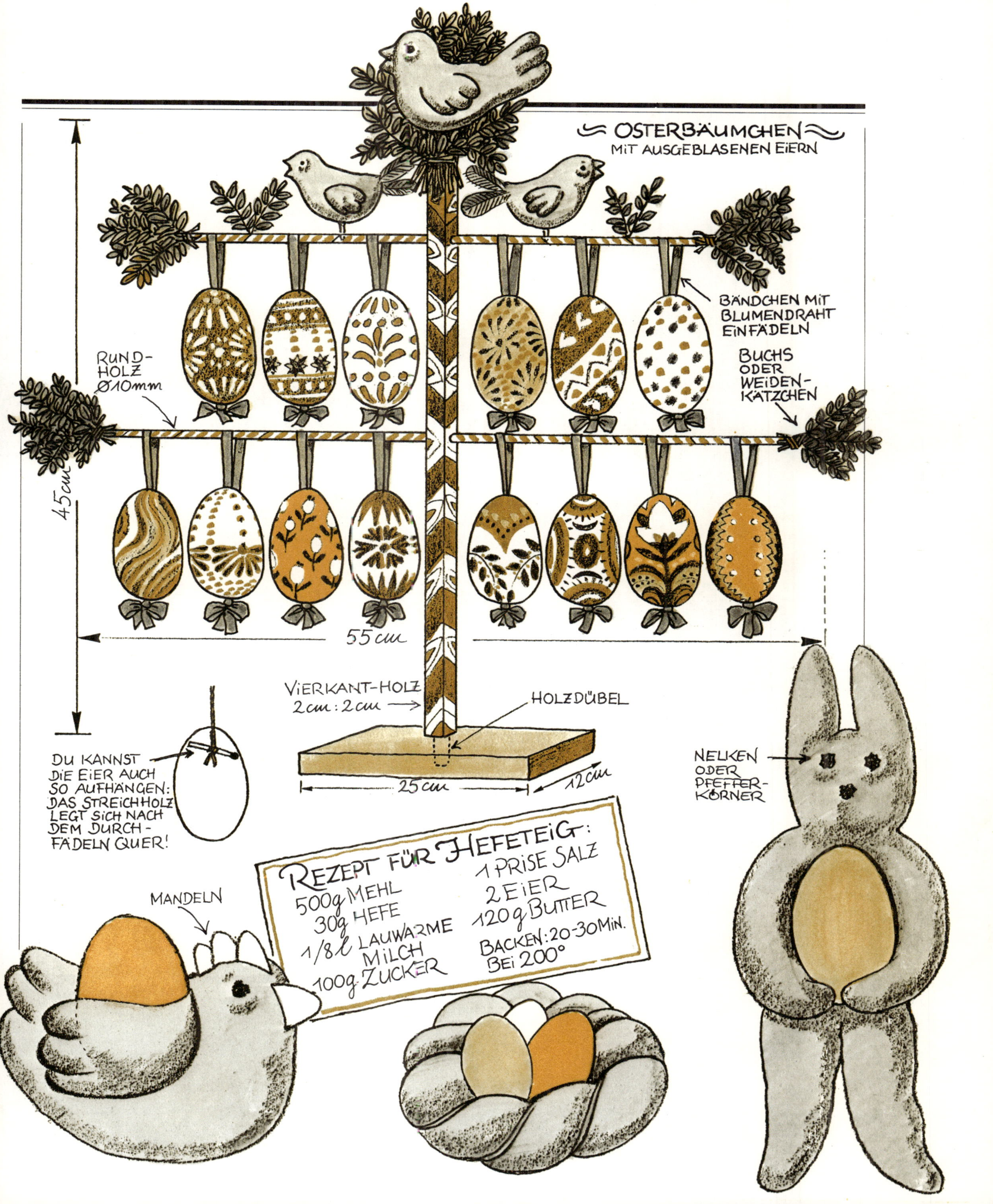
OSTERBÄUMCHEN
MIT AUSGEBLASENEN EIERN
BÄNDCHEN MIT BLUMENDRAHT EINFÄDELN
BUCHS ODER WEIDEN-KÄTZCHEN
RUND-HOLZ Ø10mm
45cm
55cm
VIERKANT-HOLZ 2cm : 2cm
HOLZDÜBEL
25cm
12cm
DU KANNST DIE EIER AUCH SO AUFHÄNGEN: DAS STREICHHOLZ LEGT SICH NACH DEM DURCH-FÄDELN QUER!
NELKEN ODER PFEFFER-KÖRNER
REZEPT FÜR HEFETEIG:
500g MEHL
30g HEFE
1/8 l LAUWARME MILCH
100g ZUCKER
1 PRISE SALZ
2 EIER
120g BUTTER
BACKEN: 20-30 MIN. BEI 200°
MANDELN

Kräutergärtchen auf der Fensterbank

Wenn es draußen noch winterkalt ist und eine Schneedecke die neue Saat bis weit in den April hinein bedeckt, kannst du dir den Frühling schon ins Zimmer holen: mit einem Kräuter- und Blumengärtchen auf der Fensterbank. Junge Kräuterpflänzchen, die im Winter von den Gärtnern in Treibhäusern gezogen werden, gibt es schon sehr früh bei den Gemüsehändlern oder auf dem Markt zu kaufen. Die kleinen Töpfe kannst du in ein Weidenkörbchen stellen, dessen Boden du mit Aluminiumfolie vor überlaufendem Gießwasser geschützt hast. Wenn du zwischen die Kräutertöpfchen noch junge Narzissen-, Osterglocken- oder Tulpensprößlinge stellst und auf ein Stöckchen eine kleine Blumenkugel (oder eine größere Christbaumkugel) steckst, dann wird es wie ein kleiner Bauerngarten im Frühling aussehen.

Bei guter Pflege – nicht zuviel Wasser, sonst faulen die Wurzeln! – kannst du für die Gründonnerstagssuppe oder die »Grüne Soße« Petersilie, Schnittlauch, Dill, Liebstöckel, Melisse und Kerbel schon selber ernten. Im Mai pflanzt du die Kräuter in den Garten oder stellst sie, in größeren Töpfen und Kästen, auf den Balkon. Deine Mutter hat dann das ganze Jahr über frische Kräuter für die Küche. Manche Pflanzen sind sogar »winterhart« und kommen im nächsten Jahr wieder.

Mini-Treibhaus aus einer Styroporschale

Du mußt deine Kräuterpflänzchen und Frühlingsblumen nicht unbedingt als Jungpflanzen kaufen, du kannst sie auch selber ziehen: Streue die Kräutersamen aus den Tütchen in gut befeuchtete Erde und drücke sie leicht an. Bei Zimmertemperatur, mit einer Frischhaltefolie zugedeckt, zeigen sich bald die ersten Triebe.
Stelle sie dann an ein helles, sonniges Fenster.

Aus einer Styroporschale (Verpackungsmaterial), Schaschlikstäbchen, Frischhaltefolie und einer aufgeschnittenen Klarsichthülle läßt sich ein richtiges kleines »Treibhaus« bauen. Nach 3–4 Wochen werden die Folien abgenommen, damit sich die Kräuter abhärten können. Dann pflanzt du sie in größere Töpfe und stellst sie auf dein Fensterbrett oder ins Freie. Schnell treibend sind Senf- und Kressesamen. Säe sie in einen Eierkarton, dann kannst du die Blättchen schon nach 10–14 Tagen für dein Butterbrot ernten.
Zum »Vorziehen« von Blumenzwiebeln brauchst du eine flache Schale. Fülle sie mit Kieselsteinen oder grobem Sand und setze deine Zwiebeln darauf. Das eingefüllte Wasser sollte sie aber nicht berühren! Die Schale stellst du in einem warmen Raum ans Fenster. Zuerst bilden sich Wurzeln und nach 4–5 Wochen die Triebe.

Der Hyazinthenzwerg

läßt seinen Wurzel-Wallebart in eine zerschnittene Mineralwasserflasche aus Plastik hängen. Wie die meisten Zwerge lebt er am liebsten im Dunkeln, unter der Erde (Keller, bei 8–10 Grad). Zeigt sich unter seinem Papierhut ein 5–6 cm hoher, gelbgrüner Schopf, dann mag er es wärmer haben und kann in die Wohnung heraufgenommen und an einen hellen Platz gestellt werden.
Sein Mützchen legt er aber erst ab, wenn der Haarschopf 12–15 cm in die Höhe steht. Bald spitzen rosarote, weiße oder blaue Blüten hervor, und ein süßer Frühlingsduft zieht durch dein Zimmer.

Balkonzucht

Auf dem Balkon kannst du nur solches Gemüse ziehen, das keine tiefwachsenden Wurzeln hat und nicht zuviel Platz braucht. Egal, in welche Behälter du die Pflanzen setzt – in Töpfe, Wannen oder Holzkistchen –, wichtig ist, daß die Gefäße Abflußlöcher für das Gießwasser haben. Eine Schicht Kieselsteine oder Blähton auf dem Boden des Behälters sorgt für eine bessere Luftzirkulation. Darüber verteilst du normale Gärtnererde. Einige Gemüse- und Obstsorten kannst du gleich in die Gefäße auf dem Balkon säen, andere müssen zuerst vorgezogen und später in die Balkon-Töpfe umgepflanzt werden.

Und das gedeiht gut auf einem sonnigen Balkon:
Tomaten: Sobald sich nach den Keimblättern die ersten richtigen Blätter zeigen, mußt du die Pflanzen einzeln in Töpfchen setzen. Nach 6 Wochen nimmst du sie von der Fensterbank und setzt sie an eine warme, sonnige Stelle auf dem Balkon und bindest jede Pflanze an einen Blumenstab. Wenn du alle Nebentriebe, die zwischen den Blättern wachsen, abzwickst und viel gießt, dann kannst du nach ungefähr 10 Wochen die ersten Früchte ernten.
Erdbeeren: Sie werden in Kakteenerde vorgezogen und nach den »Eisheiligen« in einem Abstand von ungefähr 20 cm ins Freie gepflanzt. Die ersten Blüten mußt du abzupfen, damit du mehr Früchte bekommst. Monatserdbeeren kannst du schneller ernten.
Bohnen: Mit ihnen läßt sich ein dichter Vorhang auf dem Balkon bilden. Lege ab Mitte Mai je fünf Bohnen im Halbkreis um je 2 m lange Stangen, die in einem tiefen Pflanztrog stecken. Nach etwa 3 Monaten sind die Schoten reif, und du kannst, wenn du den »grünen Daumen« des erfolgreichen Gärtners gehabt hast, deine Freunde zu einem Erntefest einladen.

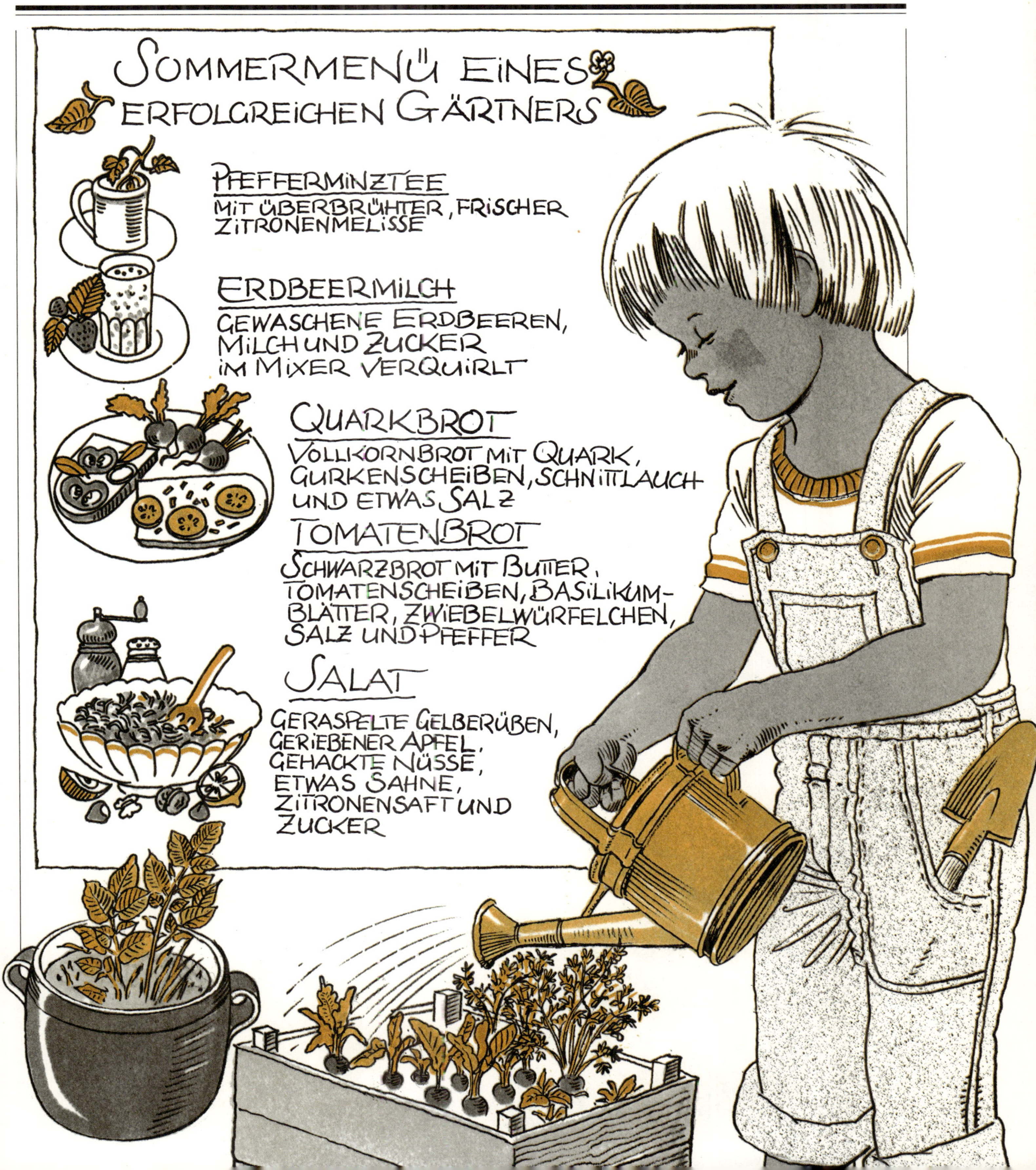
SOMMERMENÜ EINES ERFOLGREICHEN GÄRTNERS
PFEFFERMINZTEE
MIT ÜBERBRÜHTER, FRISCHER ZITRONENMELISSE
ERDBEERMILCH
GEWASCHENE ERDBEEREN, MILCH UND ZUCKER IM MIXER VERQUIRLT
QUARKBROT
VOLLKORNBROT MIT QUARK, GURKENSCHEIBEN, SCHNITTLAUCH UND ETWAS SALZ
TOMATENBROT
SCHWARZBROT MIT BUTTER, TOMATENSCHEIBEN, BASILIKUMBLÄTTER, ZWIEBELWÜRFELCHEN, SALZ UND PFEFFER
SALAT
GERASPELTE GELBERÜBEN, GERIEBENER APFEL, GEHACKTE NÜSSE, ETWAS SAHNE, ZITRONENSAFT UND ZUCKER

Das eigene Beet

Wenn du die Möglichkeit hast, im Garten ein eigenes kleines Beet anzulegen, mußt du schon im Herbst damit beginnen: Suche dir ein sonniges, windgeschütztes Plätzchen und grabe den Boden um. Da du mit dem Spaten ungefähr 30 cm tief stechen mußt, ist dies eine sehr anstrengende Arbeit, bei der dir am besten ein Erwachsener hilft.
Mit der Hacke, der Gabel und dem Rechen kannst du die Erdschollen dann zerkleinern, lockern und glätten.
Lege dein erstes Beet nicht zu groß an – 100 × 60 cm reichen für die ersten Gärtnerversuche! Du solltest bequem zu deinen Pflänzchen hinlangen können. Zur Begrenzung und damit du bei der Arbeit nicht zu schmutzig wirst, kannst du das Beet mit Holzbrettern, Kies oder Steinplatten einfassen. Die Gemüsegärten der Bauern haben oft eine genagelte Holzbrettumrandung.

Im Frühling mußt du die Erde deines Beetes an der Oberfläche mit der Harke lockern, düngen und Unkraut und Steine entfernen. Der beste Dünger für das Beet ist Kompost (abgelagerte Küchen- und Gartenabfälle). In einer etwa 5 cm hohen Schicht wird er auf das Beet verteilt und unter die Erde gemischt.
Im Sommer solltest du ab und zu den durch Sonne und Wind verkrusteten Boden zwischen den Pflanzen lockern.
Nicht nur die Pflanzen brauchen lockeren Boden – auch die kleinen Tiere, die den Pflanzen beim Wachsen helfen. Ekle dich nicht, wenn du beim Umgraben auf einen Regenwurm stößt, er ist sehr nützlich! Er befreit die Pflanzen von verfaulten Wurzeln, verdaut sie und lockert damit den Boden.

In die feuchte Erde deines Beetes kannst du entweder »vorgezogene« Pflänzchen setzen oder Zwiebeln stecken oder Samen streuen. Gesät und gepflanzt wird in Reihen, die du dir mit einem Hölzchen in die Erde ziehst. Die Samenkörner sollten nicht aufeinander liegen. Sie werden in den Boden gedrückt und mit Erde leicht zugedeckt. Die »vorgezogenen« Pflänzchen ziehst du am besten in einem »Frühbeetkasten« (Holzumrandung mit Glasabdeckung) oder in deinem »Mini-Treibhaus« auf der Fensterbank. Wenn die März- oder Aprilsonne warm daraufscheint, mußt du lüften, sonst ersticken die zarten Pflänzchen. Wie tief und in welchem Abstand du säen, pikieren (= eng stehende Triebe trennen) oder auslichten mußt, kannst du auf der Rückseite der verschiedenen Samentütchen lesen.

Wieviel Wasser die Pflänzchen brauchen, richtet sich nach dem Wetter. Gieße auf alle Fälle so viel, daß die Pflanzen für ein paar Tage Vorrat haben. Junge Pflanzen und Samen brauchen wenig, aber dafür öfter einen Schluck Wasser. Bis sich die ersten grünen Spitzen zeigen, mußt du den Boden gleichmäßig feucht halten.

GEMÜSE & SALATE

SORTE	AUSSAAT INS BEET	ERNTE
Radieschen	ab März den ganzen Sommer über	ab Mai
Kopfsalat	ab Mai	ab Juni
Kohlrabi	ab Mitte Mai	ab Juli
Gelbe Rüben	ab Mitte Mai	ab August
Zucchini	ab Mitte Mai	ab Juli
	BLUMEN	**BLÜTE**
Tulpe	ab März als Jungpflanze oder ab Oktober als Zwiebel	April–Juni
Ringelblume	ab Mitte April und später	Juni–Oktober
Zinnien	ab Mitte Mai	Juli–Sept.
Strohblumen	ab Mitte Mai	Juli–Sept.
Sonnenblume	ab April 3–4 Kerne um eine Stange setzen	August

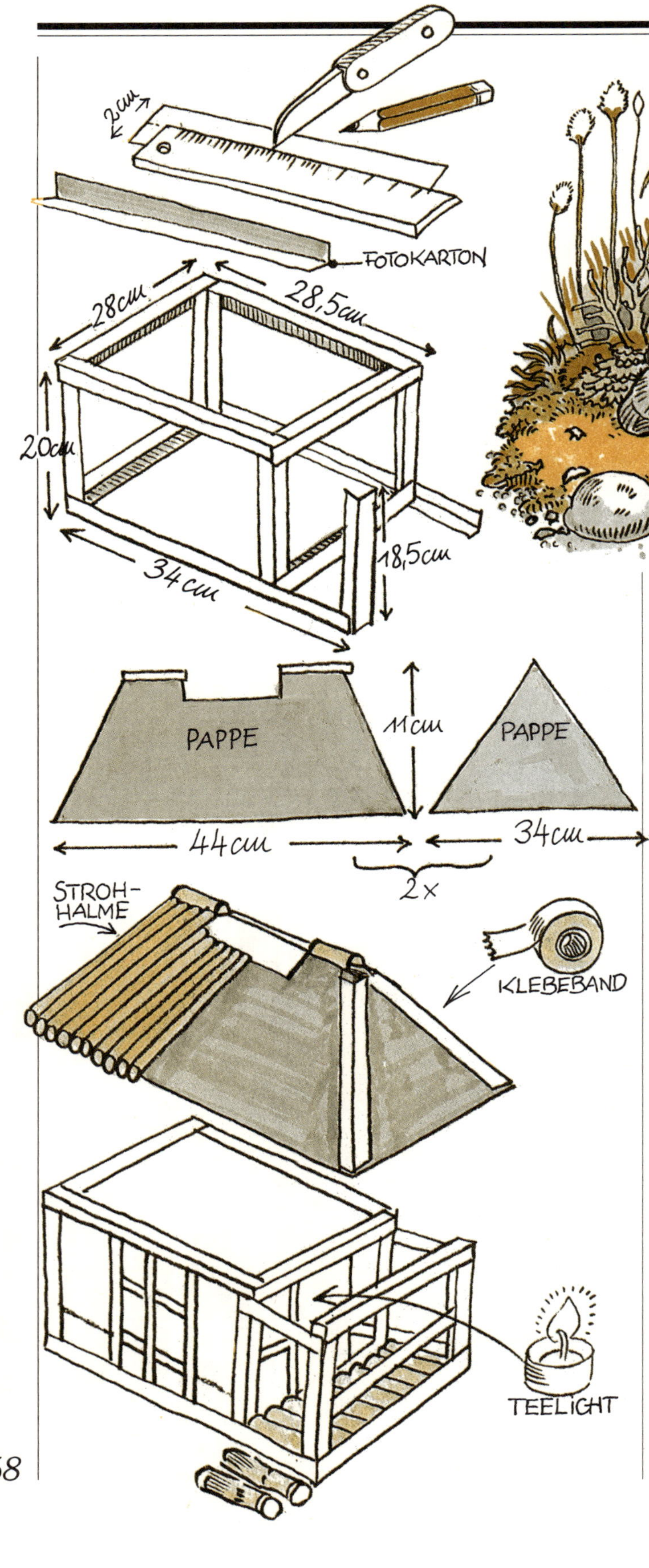

Kleine Zimmergärten

laden dich ein zum Spielen oder Spazierengehen – in deiner Phantasie. Vorbei an Gräsern und Steinbrechgewächsen, zwischen Blättern und Moospolstern schlängelt sich ein Weg durch den »Japanischen Garten«, hinauf zum kleinen Teehaus. Es ist aus Winkelschienen konstruiert und mit Transparentpapier von innen beklebt. Das Dach besteht aus Pappe und ist mit Schilf oder Strohhalmen gedeckt. Wenn du im Dach eine Öffnung als Rauchabzug läßt, kannst du abends ein Teelicht darunterstellen. Zu einem japanischen Gärtchen gehören außer Pflanzen auch noch bizarre Wurzeln und rundgeschliffene Steine, wie du sie an Flußufern finden kannst. Kleine Treppen und Terrassen werden aus Bambushölzchen angefertigt und mit Kieselsteinen oder kleinen Tonkügelchen bestreut.

Als Unterlage für deine Gartenanlage und auch für das »Moosgärtchen« brauchst du ein Brett mit Rand – ein großes Tablett zum Beispiel –, das du mit Malerfolie auslegst, damit es wasserundurchlässig wird. Bedecke den Boden mit Kies, gemischt mit Holzkohlestückchen oder Blähtonkügelchen, und häufe darüber eine Schicht Torf. Laß den Moospolstern noch genügend »Heimaterde«, wenn du sie im Herbst aus dem Wald holst. Und vergiß das Gießen nicht, dann wirst du auch im Zimmer noch lange Freude an den »Walderinnerungen« haben.

Erinnerungskarte

Gehst du auch so gerne mit deinen Eltern auf Wanderschaft? Dann kennst du bestimmt diese Situation: Ihr kommt an eine Weggabelung, dein Vater faltet seine Landkarte auseinander, schiebt den Hut aus der Stirn und beugt sich über das Blatt. – Er hat eine topographische Karte, auf der alles genau eingezeichnet ist: jeder kleine Weg, jeder Bach und jede sumpfige Wiese. An den Wellenlinien und den Zahlen darin kann man sehen, wie steil oder wie hoch ein Berg ist.

– Dein Vater hebt den Kopf, schaut in die eine und in die andere Richtung und bestimmt dann: »Diesen Weg gehen wir weiter!« Meist ist es richtig – manchmal aber auch nicht.

Möchtest du auch gerne immer wissen, wo ihr gerade seid oder wie weit ihr noch laufen müßt? Bitte deine Eltern, wenn ihr noch zu Hause seid, um eine Fotokopie des Teils der Landkarte, auf dem sich eure Wanderroute befindet. Stecke das DIN-A4-Blatt in eine Klarsichthülle und bastle dir daraus eine Kartentasche.

Während der Wanderung kannst du auf der Karte deine persönlichen Eintragungen machen und sie später zusammen mit deinen Fotos in ein Album kleben.

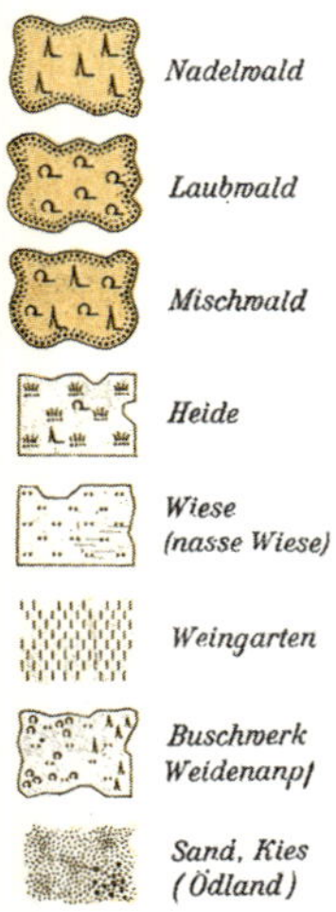

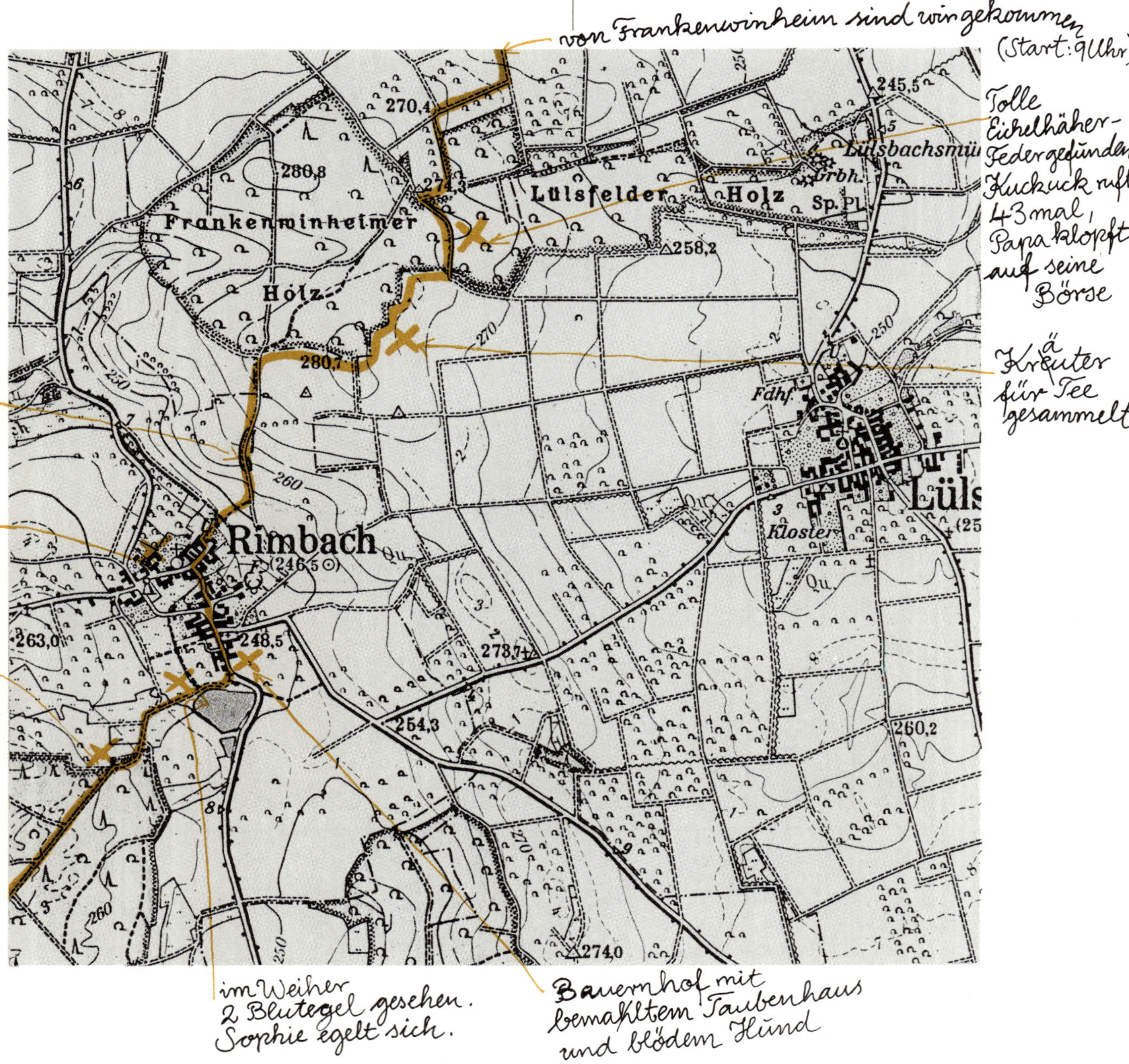

Rezept für eine Super-Salami aus Schokolade:

- 150 g Butter im Wasserbad schmelzen;

dazu gibst du:

- 50 g Kakao,
- 100 g Zucker
- 50 g gemahlene Nüsse
- 1 Eigelb

↓

Das alles mit 200 g fein zerkrümelten Leibniz-Butterkeksen verkneten, 1 geschlagenes Eiweiß darunter ziehen.
Mit nassen Händen eine dicke Wurst formen, in Alu-Folie wickeln und über Nacht im Kühlschrank lagern.

Der Adlerhorst
wird aus lose im Wald herumliegenden Ästen gebaut. Wenn du die Hölzer geschickt zwischen nah beieinander stehenden Bäumen verkeilst, wird es ein stabiler Hochstand und – mit Laub gepolstert – ein luftiges Nest für Vogelkinder.
Bevor sie aber nach Hause fliegen, machen sie dem Förster die Freude und zerlegen den Horst wieder.

Die Zapfenhexe
hat eine möglichst lange Stengelnase, kugelrunde Beerenaugen und trägt dein Taschentuch als Kopftuch. Auf einem Zweig als struppigem Besen reitet sie mit dir durch den Wald.
Glaube nicht, es sei Zufall – ihre Hexerei ist es, wenn du plötzlich auf eine Lichtung mit vielen Walderdbeeren stößt!

Der schlafende Hirt
sollte eigentlich seine »Butzelkühe« hüten, aber er ist eingeschlafen und hat die Augen fest geschlossen (mit einer Augenbinde könnt ihr nachhelfen). Wenn er wüßte, wie viele hungrige Waldbären um seine Weide schleichen und sich eine fette Butzelkuh aus dem Pferch rauben wollen!
Doch unser Hirt traut seinen Ohren: Kaum hört er es in seiner nächsten Umgebung rascheln, wird er mit geschlossenen Augen sofort in diese Richtung schlagen. Er darf sich dabei aber nicht von seinem Platz erheben! Ein getroffener Bär ist ein »toter Bär« und scheidet aus.
Nach 5 Minuten kann der Hirt seine Binde von den Augen nehmen, seine verbleibenden Zapfenkühe zählen und bestimmen, wer der nächste Hirt sein soll.
Wer die meisten Kühe gerettet hat, wird Oberhirt und darf das nächste Waldspiel bestimmen, z. B. »Rette sich, wer kann« (siehe nächste Seite).

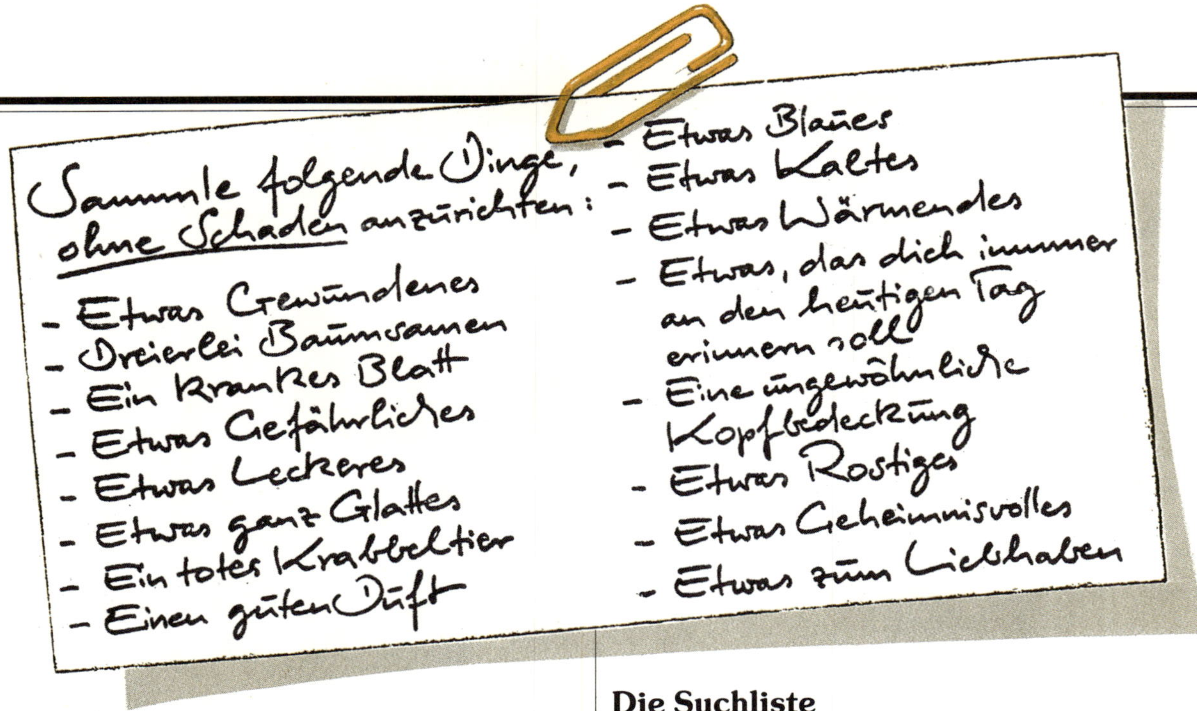

Die Suchliste
wird am Anfang eines Wandertages zusammen mit einem Plastikbeutel an alle Wanderteilnehmer ausgegeben. Um die einzelnen Aufgaben erfüllen zu können, brauchst du nicht nur ein scharfes Auge, sondern auch Witz und Phantasie: »Etwas Weiches« kann ein Stückchen Moos, eine flaumige Feder oder ein Klümpchen Lehm sein. Am Ende des Wandertages findet eine große Ausstellung sämtlicher Fundstücke statt. Auf einem großen Stein, auf Blättern oder auf einem Tuch kannst du sie schön ausstellen.
Nun wird anhand der Liste gewertet: Die Funde werden vorgezeigt, und für jedes Stück, das die anderen nicht in ihrer Sammlung haben, bekommst du einen Punkt. Als Ausstellungsführer trägst du dabei natürlich die »ungewöhnliche Kopfbedeckung«.

»Rette sich, wer kann!«
ruft derjenige, der zuerst einen Baumstumpf erblickt. Alle stürzen darauf zu und versuchen sich und die anderen oben zu halten – keiner darf auf dem Boden zurückbleiben!

Die tragbare Pflanzenpresse
wird wie eine Umhängetasche über der Schulter getragen. Sie ist in Wirklichkeit ein billiges Fotoalbum, in das du mit einem scharfen Messer oder Stemmeisen Schlitze für die Bänder schneidest. Auf der Deckelinnenseite wird jeweils ein Knoten ins Band geknüpft, der das Durchrutschen verhindert. Zwischen die Kartonseiten legst du große gefaltete Löschpapierblätter, mit dem Bug nach außen. Eingelegte Pflanzen können so bei geschlossenen Bändern nicht herausfallen.
Die gesammelten Pflanzen sollten trocken – also weder tau- noch regennaß – sein. Sie fangen sonst zu schimmeln an. Beim Picknick kannst du dich zum »Pressen« auf das Album setzen.
Was machst du mit den gepreßten Pflanzen? Du kannst dir Bilder kleben, z.B. Blumensträuße, die in gemalten oder aus Papier geschnittenen Vasen, Schalen oder Kelchen stecken (Faltschnitt). Erfinde Phantasiegewächse, deren Blüten, Knospen und Blätter von verschiedenen Pflanzen stammen, oder klebe einfach Musterblätter mit gleichmäßigen Reihen von Blättern und Blüten.
Auf weißem oder farbigem Fotokarton und hinter Glas gerahmt, werden sie zu kleinen Schmuckstücken.

Du kannst dir aber auch eine Pflanzensammlung anlegen: Ein Heft, in das du Blätter, Blüten, Halme und Gräser klebst. »Herbarium« nennt man ein solches Buch. Große Botaniker wie Carl von Linné und Alexander von Humboldt legten berühmte Pflanzensammlungen an und werteten sie wissenschaftlich aus.
Mit Pflanzenbestimmungsbüchern kannst du herausfinden, was du gesammelt hast. Nimm das Büchlein als lebendes Tagebuch und als Erinnerung an schöne Wandertage.

Die Wiesenkönigin

Mit ihrer gesteckten Blätterkrone, den Blumenketten, dem Ohrschmuck (mit Löwenzahnmilch geklebt!) und einem grünen Horn auf der Nase siehst du sie manchmal, an sonnigen Sommertagen, über die Flure ziehn – sei leise, sonst erschreckst du sie! Sie jubelt mit den Lerchen, rettet Käfer aus der Rückenlage und schaukelt sich auf langen Grashalmen im Wind.
Ab und zu verrät sie eines ihrer Geheimnisse:

Frischer Wald-und-Wiesen-Tee

Sammle wilden Klee und junge grüne Tannennadeln, Schafgarben, Frauen- oder Silbermantel und – mit einem Taschentuch! – Brennesseln. Bringe Wasser zum Sieden und überbrühe die frischen Pflänzchen damit in einer Kanne. Sie müssen 5 Minuten lang ziehen, damit sich ihr Aroma voll entfalten kann. Trinke den Tee heiß und süße ihn mit Honig oder braunem Zucker.
Alte Kräuterhexlein wissen, wie gesund er ist!

Am Taschentuchfallschirm

schwebt, eingepackt in ein Stückchen Stoff, Plastiktüte oder ein großes Blatt, eine Kastanie zu Boden. Zum Hochschleudern mußt du Kastanie, Schnur und Taschentuch zu einem kleinen Päckchen wickeln. Paß auf, daß du niemanden triffst, wenn du die David-Schleuder schwingst!

Bumerang-Werfen

geht nur auf freiem Gelände, wo du niemanden gefährden kannst: Die Flugbahn des geschleuderten Bumerangs ist zu unberechenbar und die Wucht, mit der er angeflogen kommt, so groß, daß ich dir nicht raten würde, ihn mit bloßen Händen aufzufangen. Du weißt ja: Er war die Jagdwaffe der australischen Urbevölkerung!
Der Bumerang ist ein im Winkel von ca. 100 Grad gekrümmtes Wurfholz. Die Bauform der beiden Schenkel ähnelt dem Tragflügel eines Flugzeugs.
Wird er richtig geworfen, kehrt er rotierend in einem weiten Kreis- oder Kurvenflug zum Werfer zurück.
Mach dir zuerst eine Papierschablone:
Zeichne mit Lineal und Winkelmesser die beiden Schenkel des Winkels auf und dann, darum herum, die beabsichtigte Form. Falte das Papier zusammen und schneide die halbe Bumerangform aus. Lege den Papierschnitt auf ein Sperrholzbrett (Stärke 12 mm), umfahre ihn mit dem Bleistift und säge die Form mit der Laub- oder Stichsäge aus. Zum Abrunden der Kanten hältst du das Holz am besten mit Schraubzwingen an der Tischkante fest. Rasple nun den Bumerang so, wie du es an den Querschnitten auf der Zeichnung siehst:
Die Mitte wird gleichmäßig abgeflacht – bis zu den Enden verlagert sich die dickste Stelle mal nach innen und mal nach außen. Die Rückseite des Bumerangs bleibt flach!
Nach dem Raspeln wird er mit Schleifpapier geglättet und mit kräftigen Farben bemalt (Lackfarben oder Deckfarben mit Klarlack).

Beim Werfen hältst du den Bumerang in der rechten Hand leicht schräg nach außen, mit der gewölbten Seite nach links (zum Körper) gerichtet. Gib ihm beim Wegschleudern durch Herunterziehen des Handgelenks den Drall, den er zum Rotieren braucht.

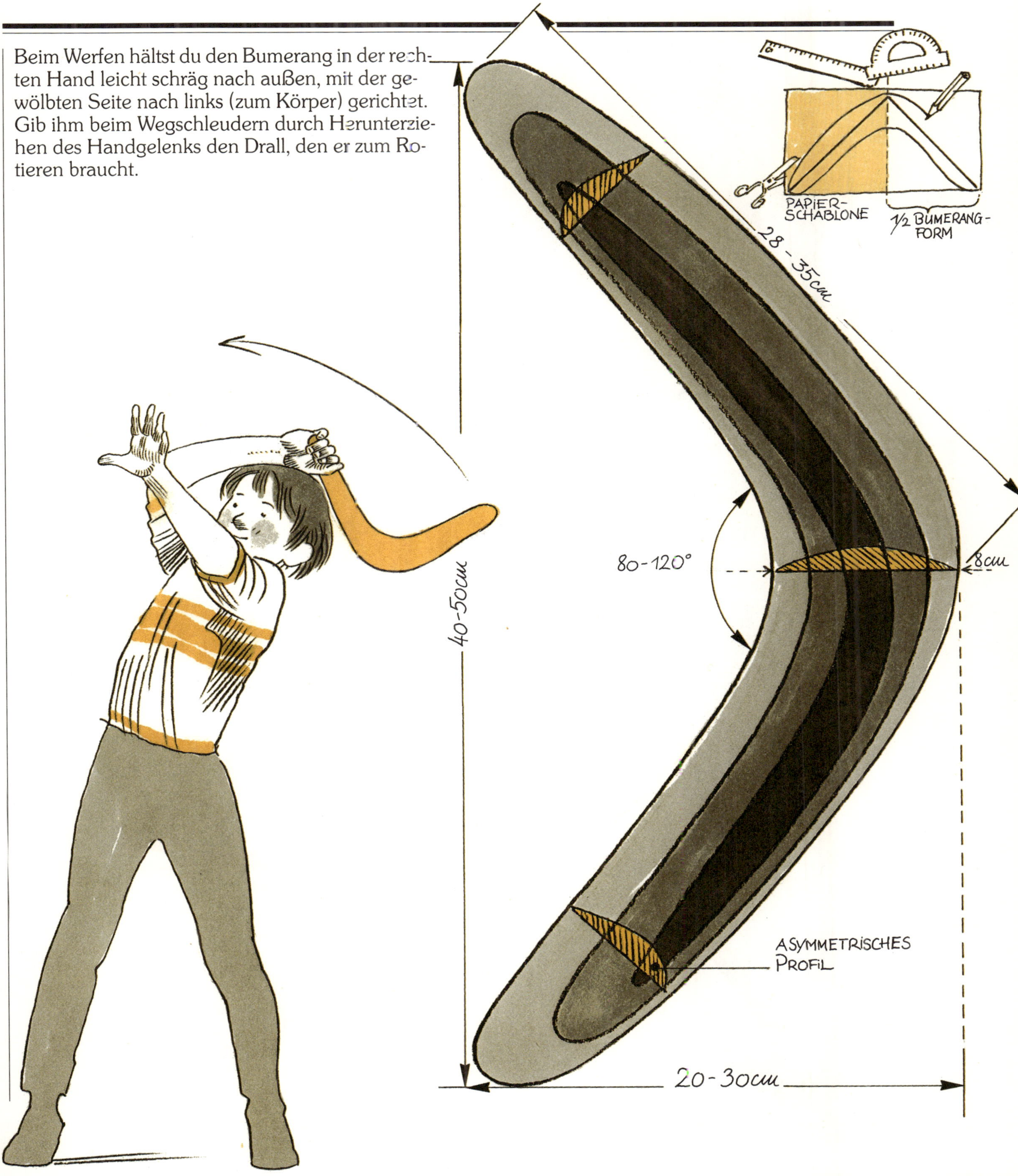

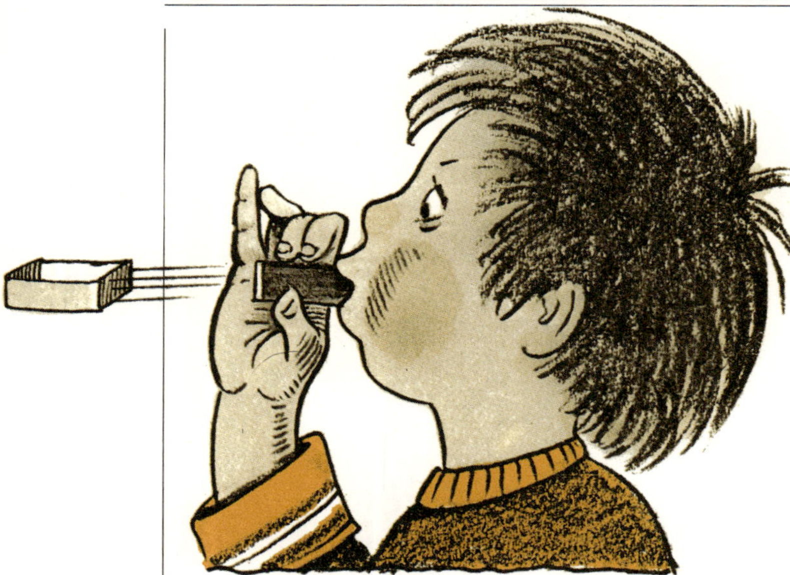

Streichholzschachtelpusten
Versuche es einmal und schaue, wie weit du dabei kommst! Besser, du probierst es aus, wenn die Suppe noch nicht auf dem Tisch steht!

Die Streichholzpyramide
ist etwas für Tüftler mit einer ruhigen Hand. Die Aufgabe lautet: Bilde mit sechs Streichhölzern vier Dreiecke mit gleichen Seitenlängen!

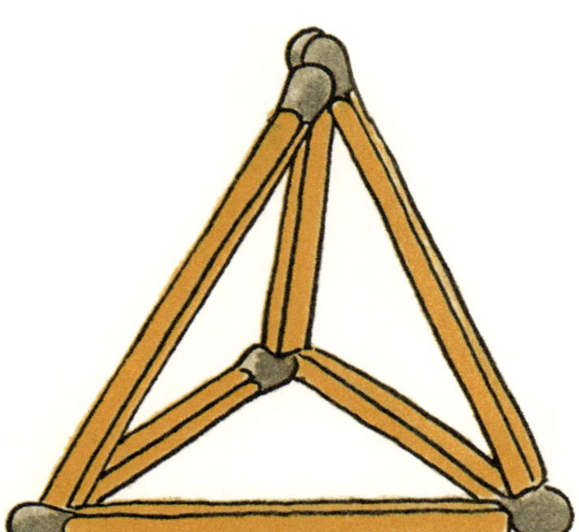

Telegraph
nennt sich diese Streichholzkette. Wie mit Strom über eine Leitung setzt sich ein Fingerdruck vom ersten bis zum letzten Hölzchen fort.
Wichtig ist, daß du die Streichhölzer genau wie auf der Zeichnung hinlegst, sonst funktioniert es nicht.

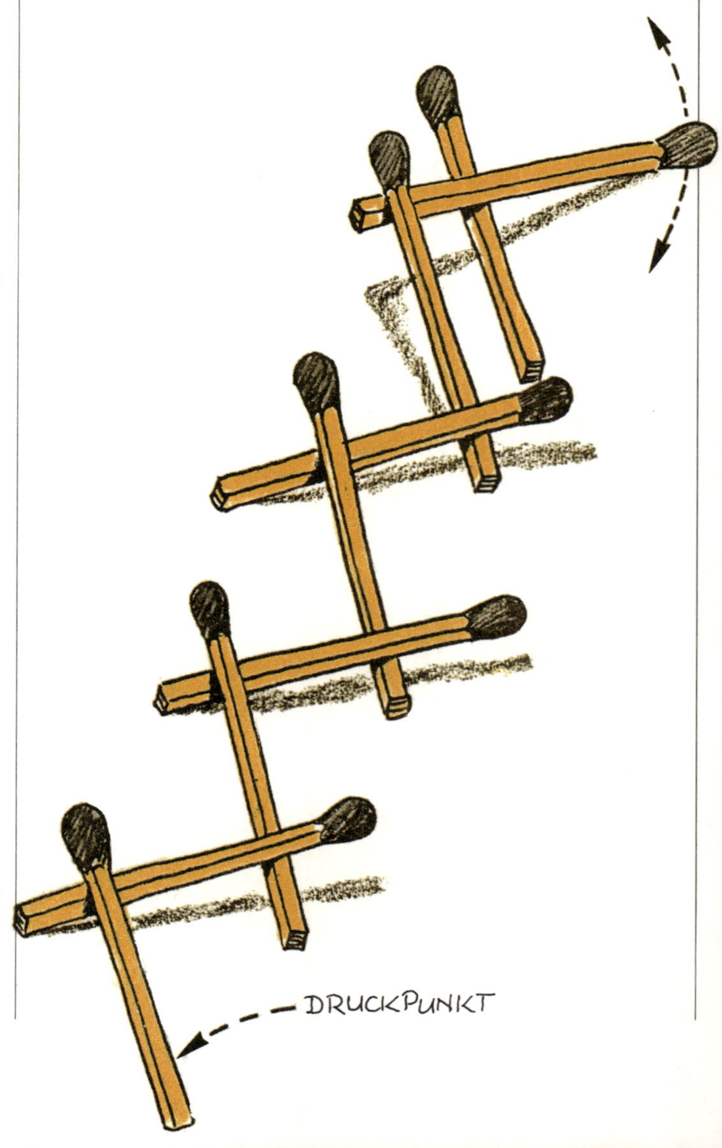

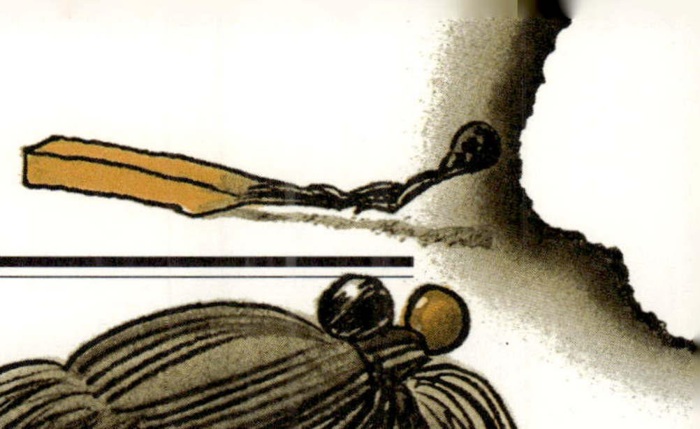

Die Sofortbildkamera
ist eine geschlossene Streichholzschachtel mit ein paar selbstgezeichneten »treffenden Fotos« im Innern.
Durch den aufgemalten Sucher »fotografierst« du dein »Opfer«, und nach einem hörbaren »Klick« oder »Klack« ziehst du an dem Bändchen.
Es ist mit einem Ende an der Deckelinnenseite festgeklebt und schiebt jetzt das Schubkästchen mit dem »Foto« nach oben.
Wenn das Foto gefällt, kannst du es herschenken, denn in deiner Kamera stecken noch viele andere vorbereitete »Fotos«.

Den Streichholzturm
kannst du für dich alleine oder zusammen mit anderen bauen. Hintereinander legt ihr eure Hölzchen auf – wem der Turm einstürzt, der muß ein Pfand hergeben.
Später, beim Auslösen, könnt ihr dann den »Schachteltransport« spielen.

Schachteltransport
– per Nase – wird zwei Pfandeigentümern als Auslöseaufgabe gestellt: Ein Streichholzschachteldeckel muß an einen vorher bestimmten Ort gebracht werden, ohne daß er zu Boden fällt.

Packesel
heißt dieses Geschicklichkeitsspiel und ist um einiges schwieriger, wenn du den Streichholzturm auf eine hochkant aufgestellte Streichholzschachtel – den Esel – packst.

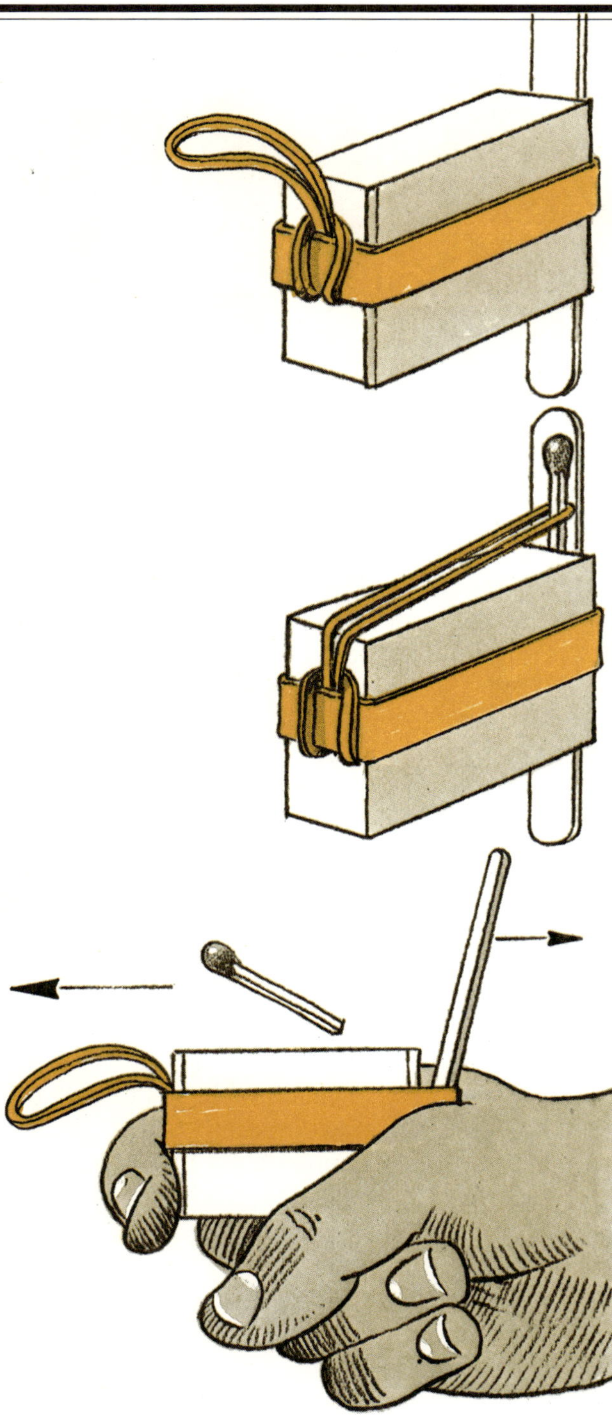

Das Streichholzkatapult
Du brauchst einen Eisstiel aus Holz, Streichhölzer, zwei Gummibänder und eine Streichholzschachtel.
Drücke auf das untere Ende des Eissteckerls, und schon zischt das Wurfgeschoß davon!

»Filippzippzipp«
nennt sich der kleine Morseapparat, weil es »zipp, zipp« macht, wenn du auf das Ende des eingespannten Streichholzes tippst.

Der »Klacker«
ist ein lautes Rhythmusinstrument. Klemme zwei Holzperlen an einer Schnur seitlich zwischen Schachteldeckel und Schubschächtelchen. Von unten stecke einen Bleistift hinein. Nimmst du nun den Stift zwischen beide Handflächen und rollst ihn hin und her, so klackern die Perlen laut gegen die Schachtel.

Beim Hosentaschentheater
öffnest du mit dem Streichholzschachteldeckel den Vorhang zu einer kleinen Wunderwelt.
Die verschiedenen Teile für das Mini-Bühnenbild zeichnest und malst du auf Zeichenpapier.
Der Hintergrund (Schachtelrückwand) ist eine Fläche, die Kulissenteile und Figuren werden auf umgeknickten Stegen davor geklebt.
Außer Theater- oder Märchenszenen kannst du dir auch z. B. eine Zimmereinrichtung, die plastische Ansicht deines Ferienortes, eine Unterwasserphantasiestadt oder ein Stück Weltraum mit schwebendem Weltraumlabor in die Schachtel basteln.

Bei der Wendepuppe
werden auf einen Streichholzschachteldeckel vorne und hinten Gesichter gemalt und geklebt. Jetzt kannst du mit nur einer Handspielpuppe und verstellter Stimme ein Zweipersonenstück aufführen!

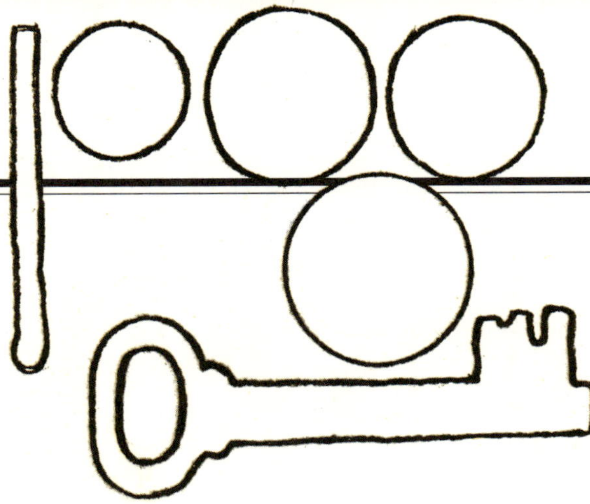

Schlüsselraten
Schaffst du es, die Dinge, die du in deiner Hosentasche hast, in ihrer natürlichen Größe zu zeichnen? Du darfst sie aber dazu nicht herausholen, erst hinterher kannst du das Original mit der Zeichnung vergleichen!

Blind zeichnen
ist gar nicht so einfach – vor allem für solche, die sich schon sehenden Auges damit schwertun. Jeden einzelnen Strich mußt du dir dabei genau überlegen! Deine Mannschaft hat bestimmt ganz schön herumzurätseln an der Zeichnung, die du nach den eingeflüsterten Anweisungen des Spielleiters angefertigt hast. Aber wart's nur ab, gleich sind die anderen dran, und denen wird es nicht besser ergehen …

Pfadfinden,
den richtigen Weg, von Zahl zu Zahl, gilt es bei diesem Spiel einzuschlagen. Niemals darfst du eine schon gezeichnete Linie kreuzen – und das Ganze geht auf Zeit!

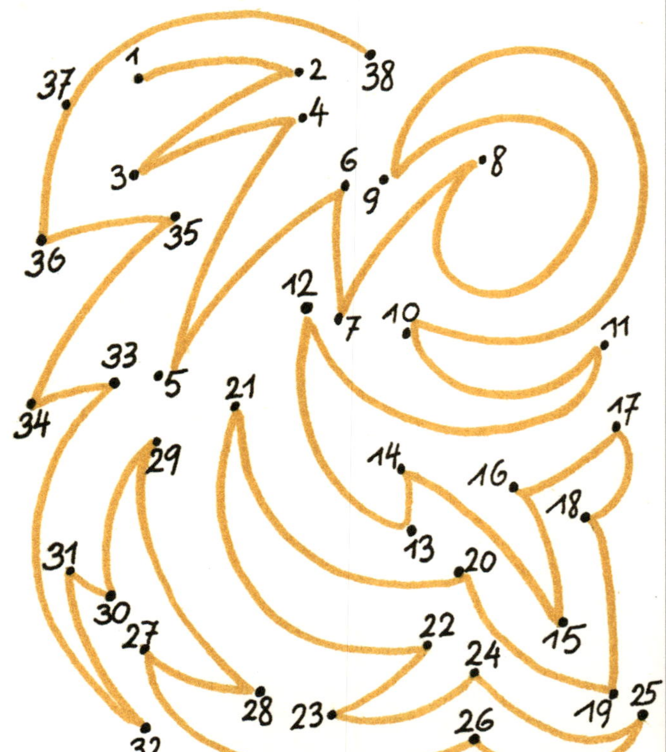

»Wer will mit nach Amerika?«

Natürlich alle, die sich auf dem stolzen Luxus-Liner »Andrea Gloria« befinden! Es ist die Creme der Gesellschaft: Renate und Horst, Monika und Kerstin. Aber ob sie sich die Schiffsreise auch alle leisten können, das ist hier die Frage. Ihre Finger sind zwar mit Ringen bestückt, doch leider haben sie alle ein teures Laster: Sie sind dem »Bierdekkelroulette« verfallen! Ihr ganzes Geld haben sie schon verspielt. Jetzt geht es um ihre Juwelen.

Ihr braucht pro Spieler ein Blatt Papier (Papierserviette), einen Stift und einen Bierdeckel. Jeder legt seine Hand auf das Papier und umfährt sie mit dem Stift. An jeden Finger, außer dem Daumen, malt ihr einen Ring und ans Handgelenk ein Armband oder eine Uhr. Aus einem Bierdeckel und einem Bleistift macht ihr einen Kreisel, der so viele Spalten aufgezeichnet bekommt, wie ihr Mitspieler seid. Schreibt eure Namen hinein und laßt ihn kreiseln, indem ihr den Stift mit den Handflächen drallert. Wenn der Kreisel umfällt, bleibt er auf der Seite und bei einem Namen liegen: Das ist der glückliche Gewinner! Auf unserer Zeichnung ist es die Monika. Sie bekommt von Horst, dem Vordermann, an dem das Glück vorbeigegangen ist, einen Ring. Das heißt: Horst streicht ihn auf seiner Papierhand aus, und Monika darf ihn sich an einen Finger malen.

Für einen Spieler ist das Spiel beendet, wenn er seinen gesamten – auch den gewonnenen – Schmuck verloren und ausgekritzelt hat. Mit so einer schwarzen Hand kann sie oder er sich nur noch als Tellerwäscherin oder als Heizer auf dem Dampfer verdingen!

Sieger ist derjenige, dem die Glücksgöttin wohlgesonnen war und an dessen Hand die meisten Ringe funkeln.

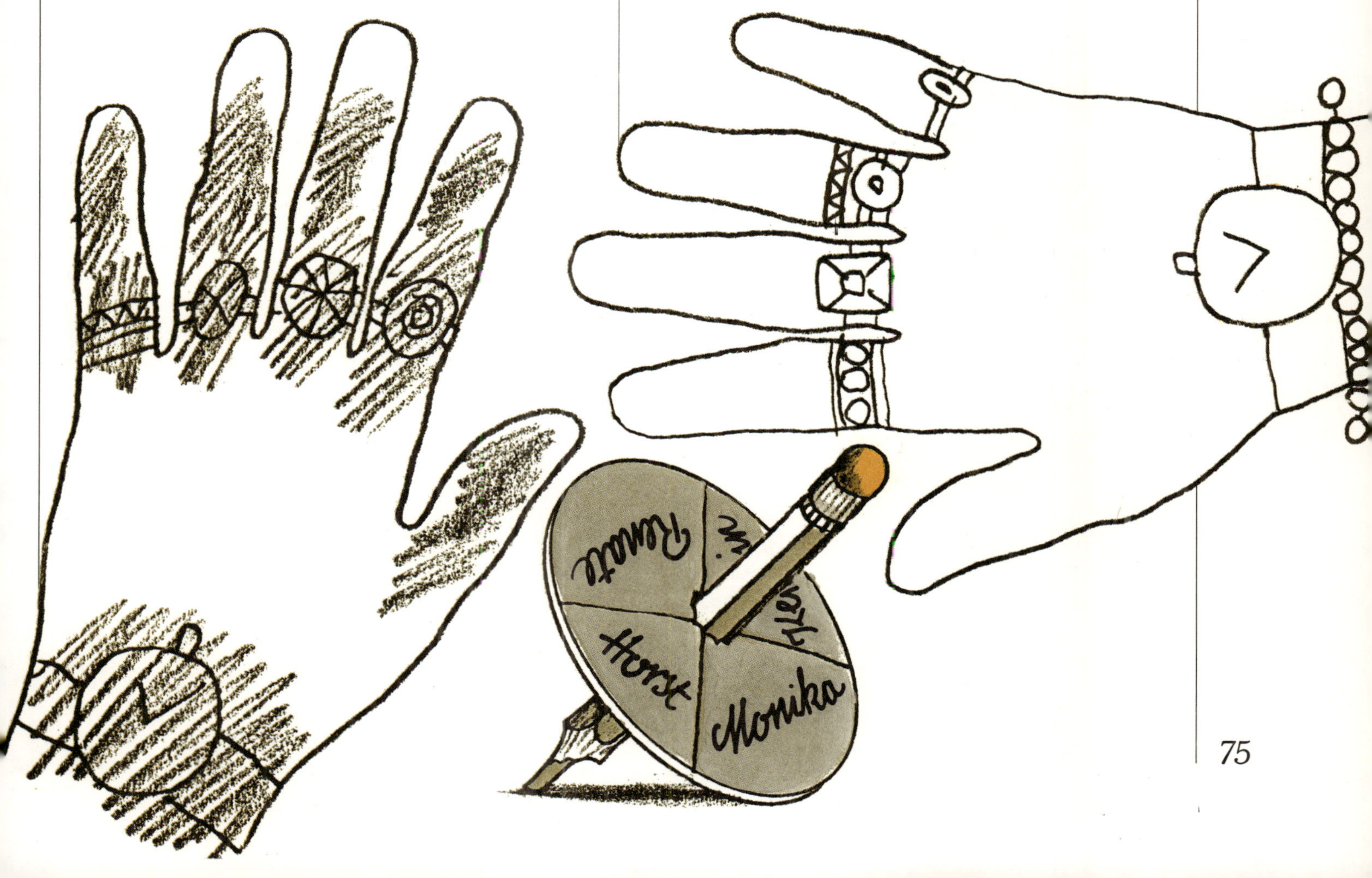

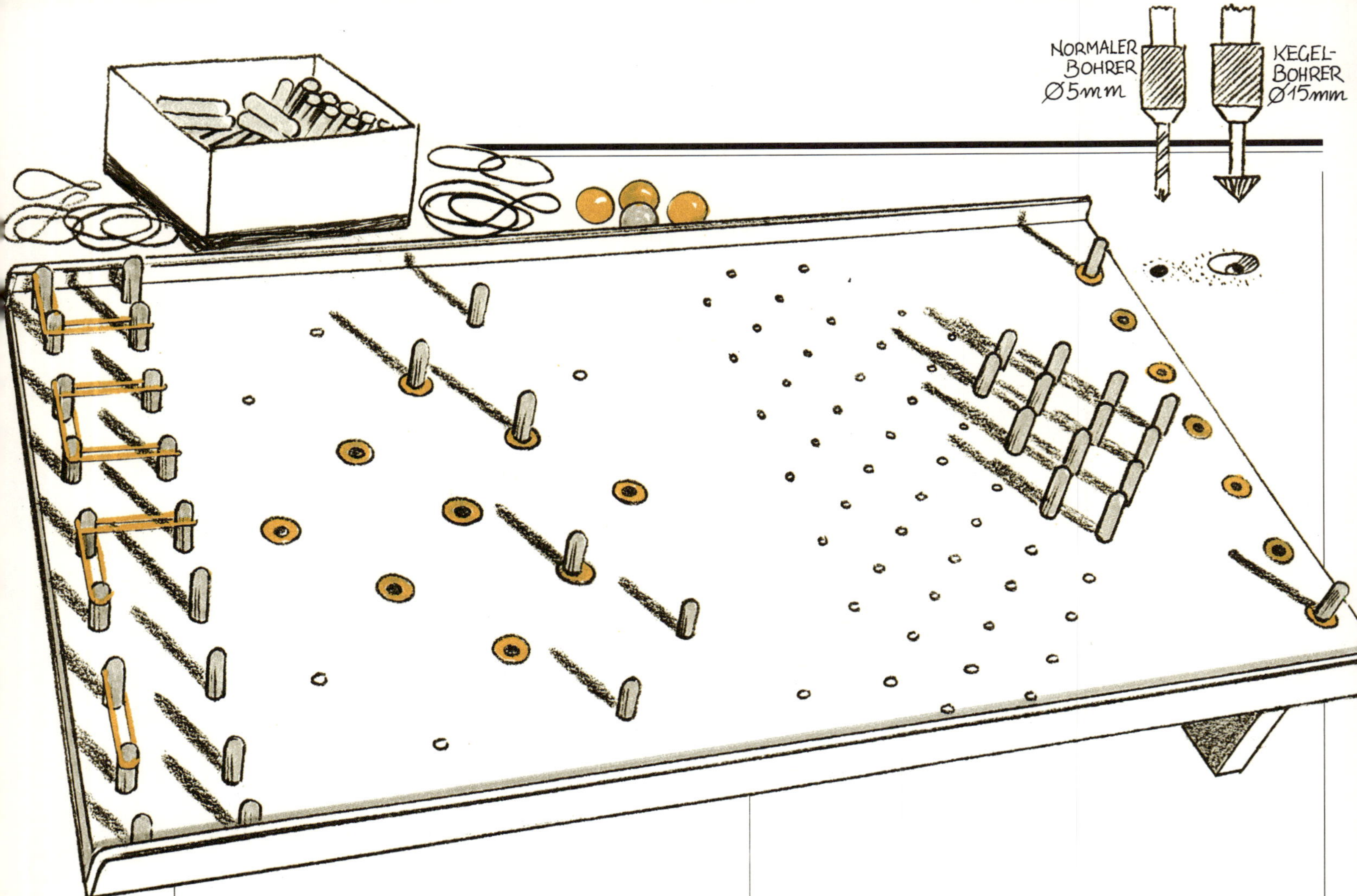

Das Kugelbrett

Wenn du einmal krank bist, im Bett bleiben mußt, es dir aber schon wieder so gutgeht, daß du dich zu langweilen beginnst, dann ist dieses Spielbrett das richtige für dich. Vielleicht bastelt es dir dein Vater oder dein großer Bruder. Bist nicht du krank, sondern ein Freund von dir, wäre es ein tolles Geschenk für ihn, das du selber gebastelt hast.

Das Spielbrett besteht aus einem verleimten Kiefern- oder Fichtenbrett (70 cm : 40 cm : 2 cm). Zwei Leisten (70 : 4,5 : 1 cm) werden an die Längsseiten gedübelt, und ein Steg (40 : 6 : 2 cm), der dem Brett die nötige Schräge gibt, wird mit Dübeln in die Unterseite des Brettes gesteckt und geklebt. Alle Kanten und Ecken der Hölzer müssen abgerundet und glattgeschliffen werden, damit sich der Spieler nicht daran verletzen kann. Umgedreht – mit der glatten Seite nach oben – läßt sich das Brett wunderbar als Tischchen zum Spielen und Basteln im Bett verwenden. Wenn du das Lochschema ordentlich auf das Brett gezeichnet hast, hilft dir bestimmt dein Vater oder ein Schreiner, mit der Standbohrmaschine die Löcher zu bohren; damit werden sie am saubersten. Aber egal, ob mit Hand- oder Standbohrmaschine – der 5 mm Ø (= Durchmesser) Bohrer darf nur 10–12 mm weit aus seinem Bohrfutter herausschauen, damit deine Löcher immer die gleiche Tiefe bekommen. Die dazupassenden Dübelstekker (5 mm Ø) gibt es in fertigen Packungen zu kaufen. Du brauchst ungefähr 100 Stück – man-

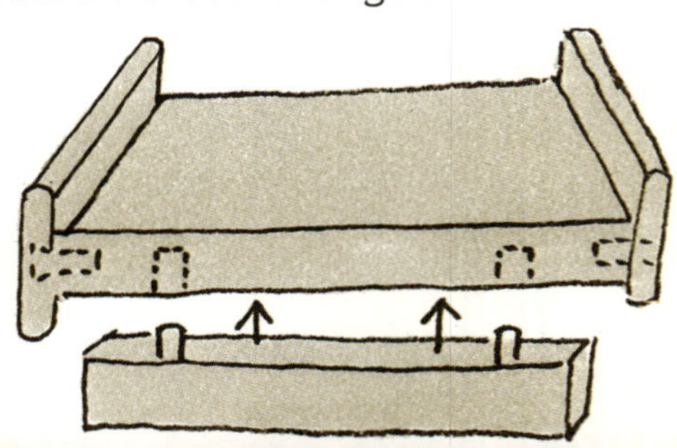

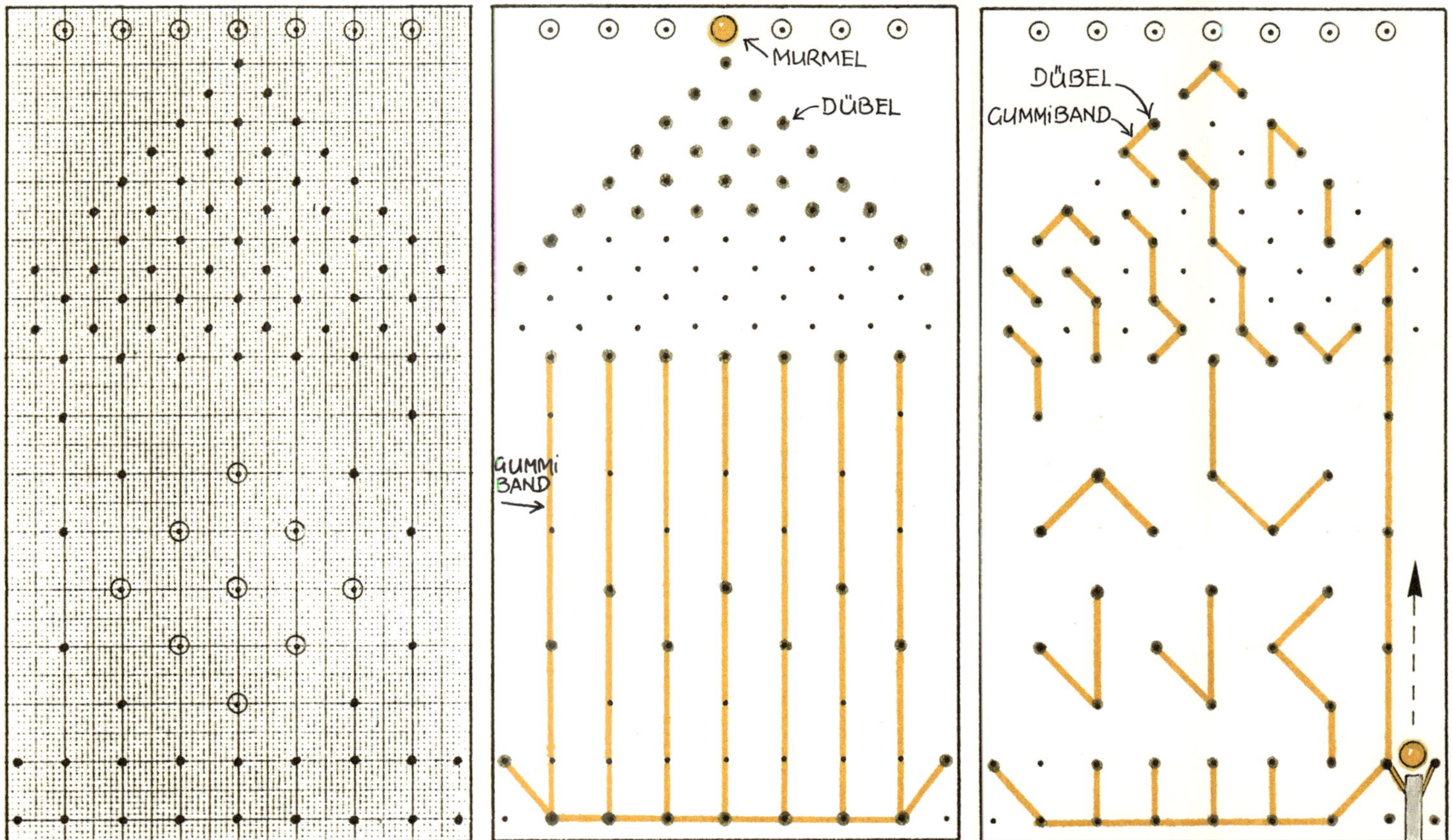

LÖCHER-SCHEMA PYRAMIDE FLIPPER FLIPPER-BOLZEN

che, die zu sehr klemmen, mußt du aussortieren. Zum Spielen brauchst du jetzt noch 50 Gummiringe von verschiedener Größe und 30–50 Glasmurmeln. Damit die Kugeln nicht gleich von ihren Startplätzen am oberen Rand des Brettes rollen, mußt du die Löcher schälchenförmig mit einem »Kegelbohrer« vergrößern.
Und so wird gespielt: Stecke die Dübel in die Löcher und spanne Gummiringe als federnde Hindernisse darüber. Damit dir die Schusser nicht auf den Boden oder ins Bett rollen, kannst du den unteren Brettrand gleich mit Dübeln und Gummiringen sperren. Jetzt werde zum eigenen Spielerfinder! Du kannst dir z. B. Tore bauen und die Kugeln mit gespanntem Gummi hineinschießen. Oder du verwendest neun Murmeln als Kegelfiguren:

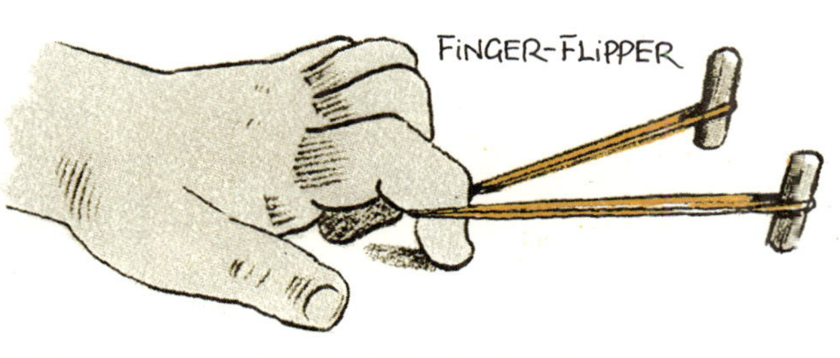

Lege sie auf die Schälchen in der unteren Hälfte des Bretts und rolle sie mit anderen Kugeln von ihrem Platz. Mit wie vielen Würfen schaffst du alle?
Du kannst dir einen Irrgarten mit gummibegrenzten Wegen stecken und versuchen – indem du das Brett behutsam schwenkst –, die Murmeln auf den richtigen Weg zu leiten.
Wie wär's mit einem »Flipperbrett«? Du stellst dir aus einem durchbohrten Rundholz einen kräftigen Bolzen her, der die Flipperkugeln mit Wucht nach vorne schießt. Oder du läßt alle deine Kugeln aus der mittleren Startkuhle auf das oberste Hölzchen der gesteckten Pyramide zurollen. Welchen Weg werden sie nehmen, rechts herum oder links herum? Welches Fach hat wohl die meisten Kugeln bekommen, wenn alle Murmeln gerollt sind?

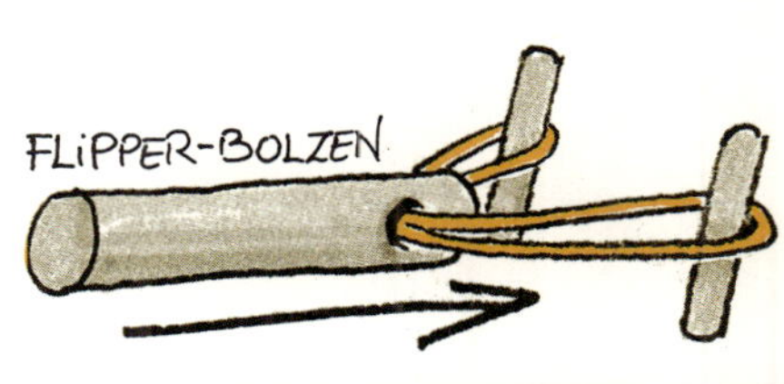

Die Fingerpuppen
haben Köpfe aus einer Plastikmasse, die an der Luft schnell trocknet. Du erhältst sie in jedem Bastelladen. Der Puppenkörper ist dein Finger, das Kleidchen ein Stück Stoff. Der Kopf wird aus einer Kugel (so groß wie ein Tischtennisball) geformt, die du auf deinen Finger steckst. Drücke sie noch etwas länglich und erweitere das Fingerloch – es schrumpft beim Trocknen.
Klebe die Nasen, Schnauzen, Rüssel und Schnäbel, die Augen, Ohren und Hörner an. Verstreiche die »Nahtstellen« gut mit dem Untergrund, die kleinen Teile fallen sonst beim Trocknen wieder ab.
Nach dem Trocknen und Bemalen (mit Deckfarben und Klarlack) kannst du den Kleidchenstoff ringsherum in das Fingerloch kleben oder – was noch lustiger ist – extra über einen Finger legen und den Puppenkopf zum Festhalten darüberstülpen. So kann deine Fingerpuppe alle paar Minuten in ein neues Kleid schlüpfen – vorausgesetzt du hast viele bunte Stofffleckchen.

Das kleine Theater
baust du am besten aus einer leeren »Philadelphia«-Käse-Schachtel (für 6 Käsestückchen): Laß dir von einem Erwachsenen ein Brettchen ablösen und klebe es mit Uhu als Standfläche unten an den Rahmen. Male dir mit Filzstiften auf steifes Papier (Aktendeckel) deine Spielfiguren – z. B. den Glücksdrachen Fuchur, Jim Knopf, den Lokomotivführer, Mia Maus oder den Bären Bruno Brummig – und klebe auf die Rückseite einen Führungssteg. Dann bemalst du ein Schild mit schönen Mustern, knickst es unten an seiner Längsseite fingerdick um und befestigst es als Dekoration am oberen Rahmenrand deines Theaters. Jetzt denk dir eine Geschichte aus!
Schön ist es, wenn auch deine Mutter mitspielt. Ihr könnt dann gemeinsam eine Geschichte erfinden und es dabei vielleicht so machen wie der Schriftsteller Eugen Oker in seinen Zwiegesprächen »vom Papa und dem Maxl«.

Sie beginnen immer gleich:
»Da sind einmal der Maxl und der Papa in den Wald gegangen …« (oder anderswohin – der Maxl darf es bestimmen!).
»Und wie der Maxl um den Baum herumschaut, was sieht er da?« fragt der Papa.
»Ein Krokodil!« sagt der Maxl. »Ja, Krokodil, was machst du denn da?« fragt wieder der Papa – und der Maxl antwortet. Daraus entsteht eine ganze Geschichte, in der du alle deine gezeichneten Figuren mitspielen lassen kannst.
Also, Vorhang auf, die Vorstellung beginnt!

Weitere Vorschläge für Spielsachen, mit denen du dich im Krankenbett beschäftigen kannst, findest du auf den Seiten 222/223.

REZEPT
FÜR BUNTE KNETMASSE AUS TEIG:

* 400g MEHL
* 200g SALZ
* 2 ESSLÖFFEL (11g) ALAUNPULVER
* 3 ESSLÖFFEL ÖL
* 1/2 l KOCHENDES WASSER
* LEBENSMITTEL-FARBE (NACH BEDARF)

Eine bunte Knetmasse
kannst du dir aus nebenstehendem Rezept leicht selber herstellen. Die Menge ergibt fünf große Knödel. Alaunpulver bekommst du in der Apotheke und die Lebensmittelfarben bei den »Backwaren« im Supermarkt. Mit den Grundfarben Rot, Gelb und Blau lassen sich eine Menge anderer Farbtöne mischen: Mit viel Gelb und wenig Blau bekommst du ein Gelbgrün, mit viel Blau und wenig Gelb die Farbe Blaugrün. Viel Rot und etwas Blau gibt Weinrot, viel Gelb und wenig Rot – Orange. Die Farben Rot, Gelb und Blau zusammengemischt ergeben einen Braun- oder Grauton; aus wenig Rot, Grün oder Blau mit der wei-

ßen Grundmasse vermischt wird Rosa, Hellgrün und Hellblau. In Frischhaltefolie verpackt, bleiben die bunten Knödel monatelang weich.
Die geschmeidige und ungiftige Masse läßt sich gut kneten: Sie bröselt nicht, bleibt nicht an den Fingern kleben, wird nicht weicher und trocknet weniger schnell aus als Salzteig oder Ton.
Auf diesen Seiten findest du ein paar Beispiele für das, was du alles mit der Knetmasse formen kannst. Wie beim Töpfern mußt du die einzelnen Teile, die du aneinanderfügst, immer gut miteinander verstreichen. Sie lösen sich sonst beim Trocknen wieder ab. Den Aufhänger des Hühnchenbildes mußt du besonders gut feststreichen, sonst bricht er dir ab, wenn du das Relief nach dem Trocknen an einen Nagel hängst. Deine gekneteten Werke kannst du an der Luft trocknen lassen. Es dauert unterschiedlich lange (je nach Dicke), bis sie steinhart geworden sind. Die Farben werden etwas ausbleichen, aber mit Klarlack kannst du sie wieder auffrischen. So, jetzt knete und quetsche, rolle und knuddle schön deine Walzen und Würste, deine Kugeln und Schlangen – zu Brezen und Zwergen, zu Echsen und Mondautos!

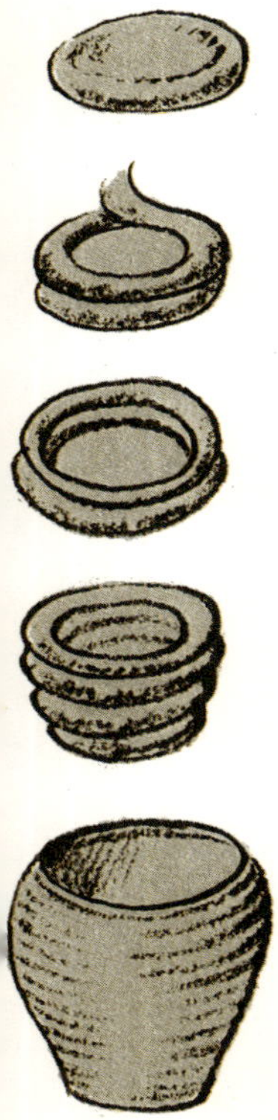

Aufbaukeramik
nennt man Gefäße und Figuren, die aus übereinandergelegten und miteinander verstrichenen Würsten aus Ton aufgebaut werden. Unsere Vorfahren vor 4000 Jahren bauten sich so schon ihre Schüsseln und Wasserkrüge, und bei den meisten Naturvölkern entstehen noch heute die Gefäße auf diese Weise. Ton oder Lehm – er besteht aus feinsten Teilchen ausgewaschenen Urgesteins – findet man als Ablagerung von Flüssen, meistens in Ufernähe. Mal ist er hellbeige, mal grau oder rotbraun, je nachdem, welches Mineral die Lehmmasse in größerer Menge enthält.
Du kannst dir Ton bei einem Töpfer oder im Bastelladen besorgen.

Das Leuchterweiberl, die Butterliesel und der Käsekönig entstehen alle auf die gleiche Weise: Setze auf eine fingerdicke Scheibe aus Ton (etwa so groß wie ein Fünfmarkstück) drei bis vier ebenfalls fingerdicke Tonwurstringe zu einer kleinen Schale (Oberkörper der Figur).

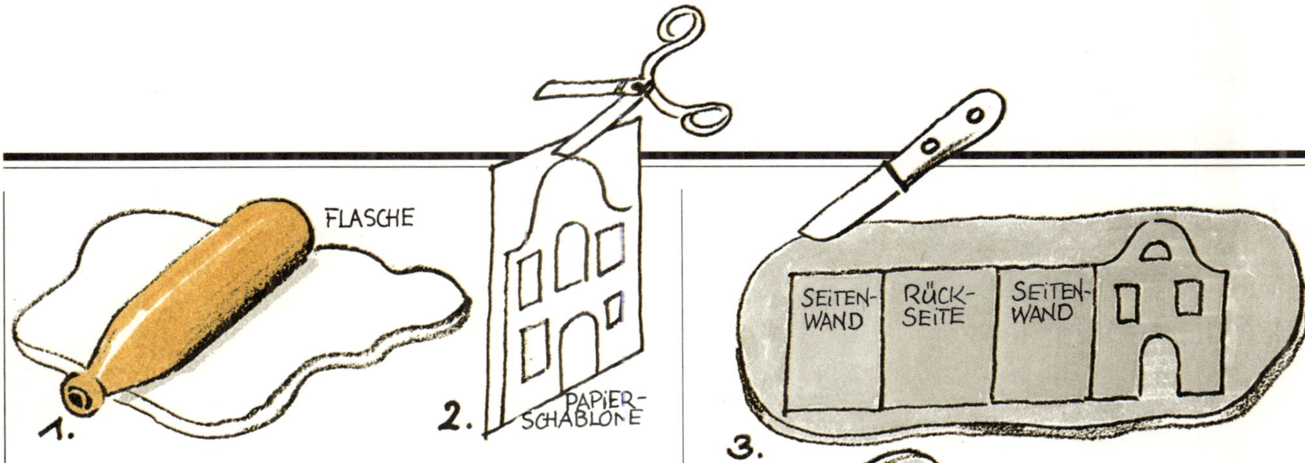

Verstreiche dabei jeden neu aufgesetzten Ring mit dem vorhergehenden!
Dann erweitere die Form: Setze die nächsten Wurstringe mehr nach außen. Sie werden zum Rock der Damen oder zum weiten Mantel des Käsekönigs, unter denen sich später ein Stück Butter oder Käse verstecken soll. Wenn das Gefäß die gewünschte Größe erreicht hat, drehst du es um, stellst die Kopfkugel, die Arme, die Krone oder das Kerzenkörbchen her und verstreichst sie gut mit der Hohlform. Beim Töpfer oder in der Schule kannst du deine Figuren brennen lassen.
Der Tabakindianer ist ein glasierter Tontopf mit einem Indianerkopf als Deckelgriff. In ihm hält sich der Pfeifentabak deines Vaters oder Großvaters frisch. Allerdings muß der Deckel dabei gut schließen. Klebe ringsherum auf die Deckelinnenseite einen Tonwurstring, der vom Rand so weit entfernt ist, daß er beim Schließen des Gefäßes dessen Öffnungskante um Millimeterbreite nicht berührt. Mit den Tonplatten, der Butter- und Käseglocke kannst du es genauso machen; sie stehen dann rutschfest.

Lichterhäuser
sind mit Hilfe einer Papierschablone ganz einfach zu bauen. Walke den Ton fingerdick aus und schneide dann mit einem spitzen Messer an der Schablone entlang deine Hauswände aus. Jetzt kannst du sie mit Tonwürsten zusammenkleben, die du in den Ecken verstreichst. Bau dir eine ganze Häuserzeile und stelle sie auf die Fensterbank oder in die – im Winter verschneiten – Blumenkästen auf dem Balkon. Wenn es dämmert, stellst du brennende Teelichter in die Häuser – gleich leuchtet es gemütlich aus allen Fenstern.

Ein friedliches Völkchen
trifft sich jedes Wochenende im Sommer an der Flußmündung.
Hier läßt es sich leben – in Sommerhütten auf Pfählen und in strohgedeckten Baumhäusern. Man angelt und unterhält sich, man füttert die Tauben oder rudert aufs Meer hinaus, dem Sonnenuntergang entgegen.

Aus Styroporplatten und Spachtelmasse
kannst du dir ein solches Landschaftsrelief bauen. Die Styroporplatten (vom Baumarkt) mit ihrem festen Überzug aus Spachtelmasse eignen sich gut zum Befestigen von Stäben, Hölzern, Ästen, Draht und fester Pappe: Man steckt sie einfach hinein. Besorge dir ein Grundbrett und klebe darauf mit Uhu-por oder Spachtelmasse (Moltofil) die einzelnen Styroporplattenstücke, denen du zuvor mit einem spitzen Messer, einer Feinsäge oder der Raspel die gewünschte Form gegeben hast.

Rühre nun in einem Gefäß die Spachtelmasse mit Wasser dickbreiig an. Wenn du in das weiße Pulver gleich die Farbe (Dispersions- oder Pulverfarbe, aufgelöste Holzbeize) gibst, ersparst du dir später ein mühevolles Bemalen mit dem Pinsel. Beim Überspachteln des Styroporreliefs mußt du dich aber beeilen, denn die Masse bleibt nur etwa 10 Minuten lang streichfähig!

Aus Zeitungspapier und Kleister lassen sich schnell und einfach größere Figuren bauen. Für die lebensgroße Katze und das Hühnchen legst du locker zerknüllte Papierknödel auf einen kleisternassen Zeitungsbogen und wickelst sie darin ein. Die »Knödel« selbst sind nicht kleisterbestrichen; du kannst dir aber deine Kleisterhände – vom Einwickelbogen-Einstreichen – daran abtrocknen.

Da der erste Bogen fast immer reißt, kommt gleich ein zweiter nasser Bogen darüber, und vielleicht brauchst du auch noch einen dritten. Der Hühnchen- oder Katzenkopf wird extra geknüllt und obenaufgesetzt. Ein darübergelegter Kleisterpapierbogen befestigt ihn am Körper. Schnabel und Kamm, Flügel und Schwanz sowie Ohren und Pfoten werden aus kleisternassen Papierstückchen geformt und mit einem kleinen »Verband« aus Papierschnipseln angeklebt. Die feuchtglänzenden Tiere brauchen zwei bis vier Tage, bis sie trocken und steif geworden sind und bemalt werden können – nimm Dispersionsfarbe, sie bildet einen wasserfesten Überzug; Wasserfarbe würde den Kleister wieder aufweichen. Du wirst dich wundern, wie leicht der »dicke Kater« ist!

Der leckere Fisch auf dem Pappteller ist auf die gleiche Weise entstanden, nur wurden die »Knödel« in seinem Inneren flachgedrückt. In den Beinen der Reitpferde stecken Schaschlikstäbchen, die mit Kleisterpapierstreifen umwickelt wurden.

Die lustigen Hüte der Kinder bestehen aus kleisterpapierüberzogenen und zerschnittenen Luftballons mit einer Pappkrempe (siehe Seite 14, Masken aus Kleisterpapier).

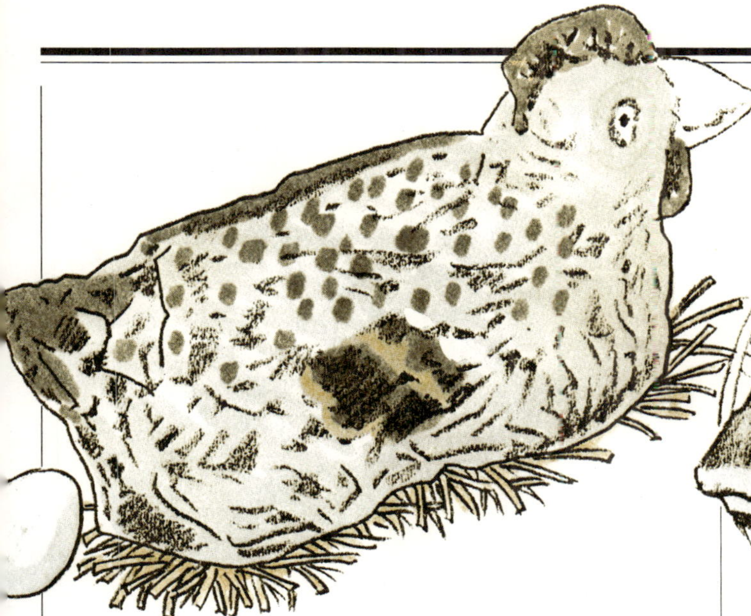

Die Luftschlösser
aus Styroporwürfeln und Schaschlikstäbchen lassen sich beliebig weiterbauen – bis ins Wolkenkuckucksheim.
Bau dir zuerst mehrere Würfelelemente, die du dann miteinander zu einem großen Bauwerk verbindest. Stabiler wird der Bau, wenn du durch die Würfel diagonal (von Ecke zu Ecke) Streben steckst oder die einzelnen Seiten des Würfels so verstrebst.

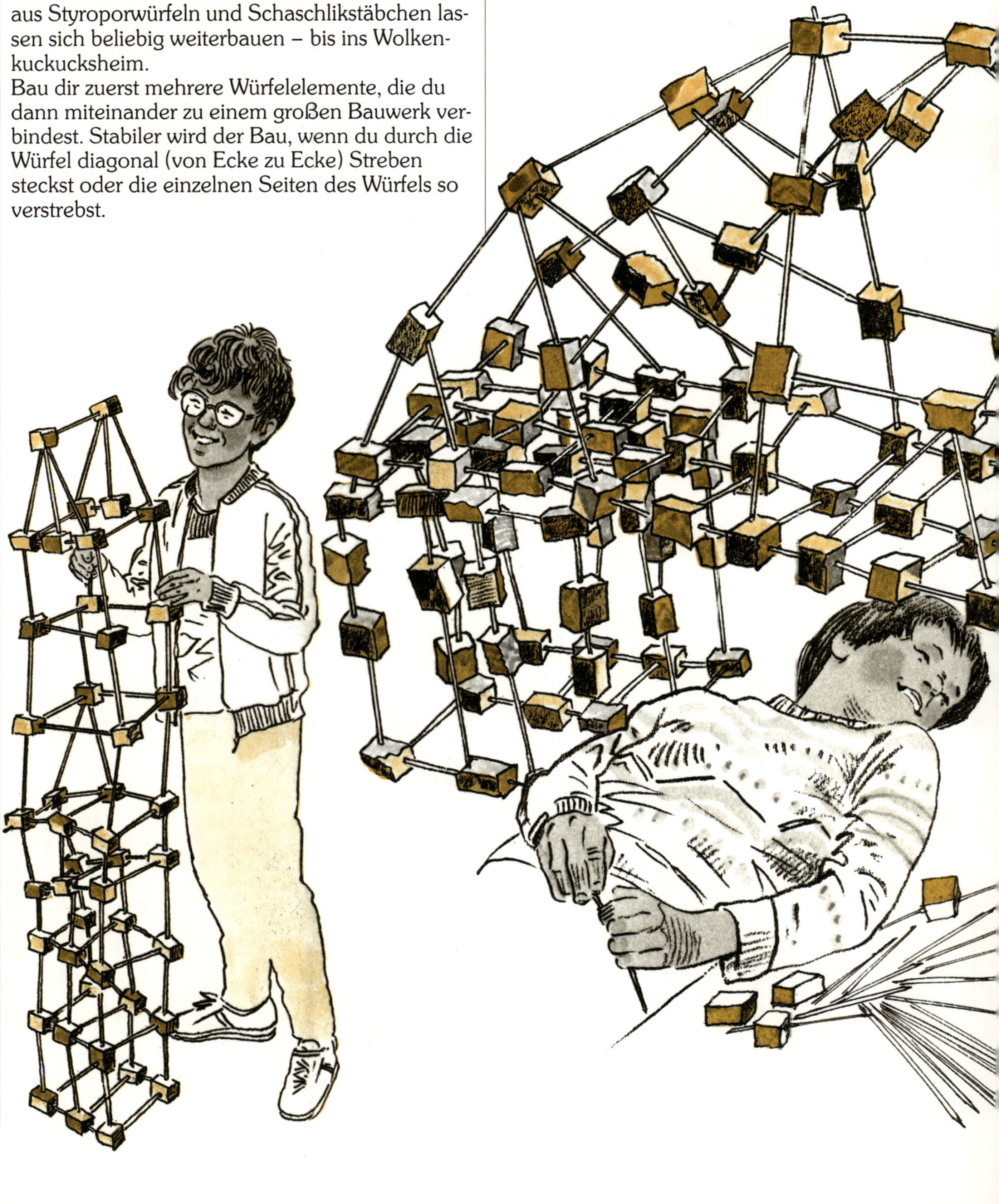

RUND-
HOLZ
ZEITUNG
KLEB-
STOFF
1.
2.
3.
DISPER-
SIONS-FARBE
BLUMEN-
DRAHT
4.
KASSE

Der Toboggan und das Riesenrad sind aus Papier gebaut und trotzdem so stabil, daß das Riesenrad bedenkenlos mit Schwung gedreht werden kann. Durch die vielen Schichten von gerolltem Zeitungspapier und durch den Überzug aus Dispersionsfarbe werden die Röhren so steif, daß du sie sogar in eine mit Spachtelmasse überzogene Styropor-Grundplatte stecken kannst. Schiebe aber trotzdem – zur Sicherheit – zusätzlich Rundhölzer in die offenen Röhren der Standbeine. Rolle die Röhren nicht zu fest, das Rundholz, mit dem du aufrollst, muß sich wieder herausziehen lassen können! Zerschneide die Papierröhren erst nach dem Bemalen in die kleinen Stücke, die du brauchst, sie können sich dann nicht mehr aufrollen! Die Speichen des Riesenrades werden auf Blumendraht gefädelt (s. S. 230) und auf Pappkreise geklebt. Über die Rutsche des Toboggans kannst du Kugeln herunterrollen lassen. Sie ist eine U-Schiene aus Tonpapier, mehrmals eingeschnitten und zu einer Wendelbahn geklebt.

Schachtelhausen

Die Sommersonne scheint seit Tagen, und im Garten ist »Schachtelhausen« entstanden. Alle Freunde der Umgebung haben mitgeholfen: Fleißig haben sie Pappkartons und anderes Verpackungsmaterial aus Pappe herbeigeschleppt und sie mit Kleister und bunten Papierbahnen aneinandergeklebt. Sie haben mit einem spitzen Messer vorsichtig die Öffnungen für die Fenster und Türen herausgesäbelt und mit dicken Pinseln kräftig in die Farbtöpfe gelangt.
Heute ist Stadteinweihung! Zur Feier des Tages, und weil er auch noch Geburtstag hat, spendiert der »Bürgermeister« zur Freude aller eine Rolle Wellpappe
(s. S. 110!).

BUS

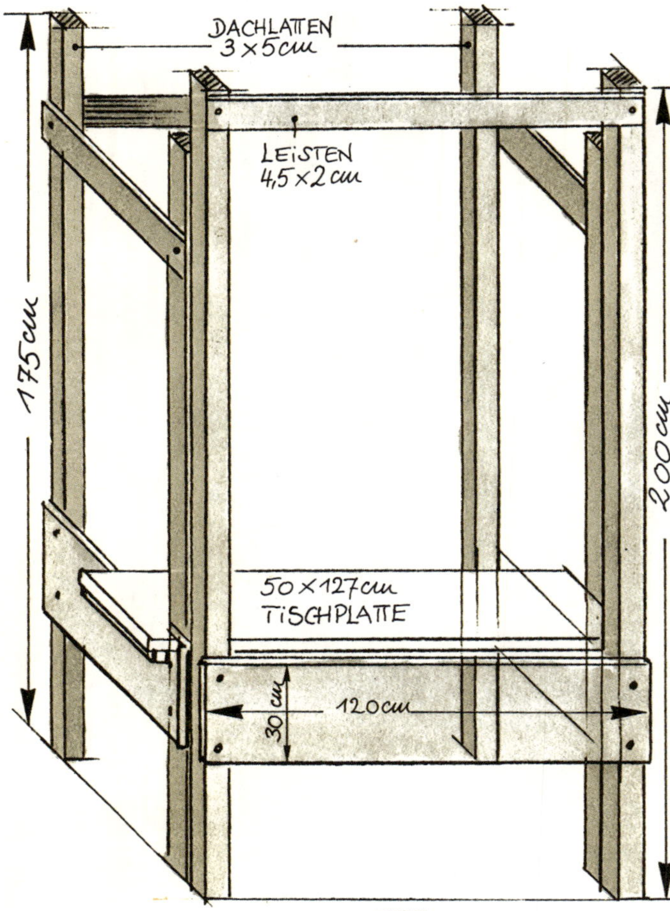

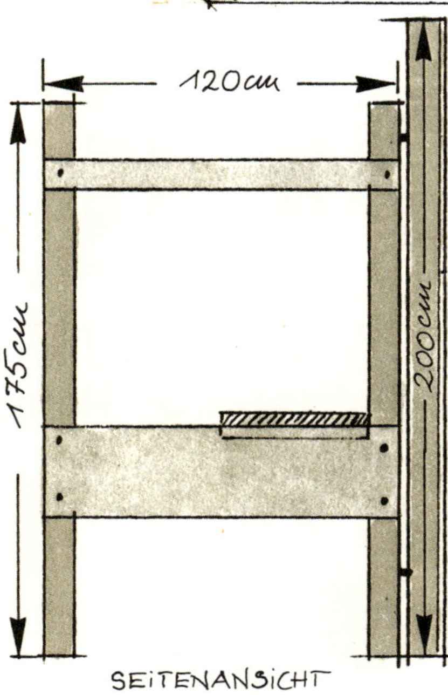

Die Aktionsbuden

bestehen aus Dachlatten, Leisten, Preßspan- oder Tischlerplatten und buntgestreiftem Stoff. Dazu kommen noch Gewindeschrauben, Beilagscheiben und Muttern und ein paar Dosen Farbe. Die Stände gehören zu den Attraktionen eines Sommerfestes, lassen sich schnell auf- und wieder abbauen und entstehen in Zusammenarbeit von Erwachsenen und Kindern.

Mit leuchtenden Acryl-Lackfarben könnt ihr die Tischblenden beschriften und bemalen. Als Markisen streicht ihr alte Bettücher mit Dispersionsfarbe und einer Malerrolle (getrocknet bilden sie das Dach und hängen an der Rückseite bis fast auf den Boden herunter). Bemalt Fähnchen aus Papier und schmückt die Pfosten mit Kreppapierstreifen und Bändern aus bunter Spiegelfolie. Für den Schützenstand sägt ihr Tiere aus Sperrholz aus.

Auch die meisten »Preise« für die Gewinner könnt ihr selbst herstellen: So gibt es bei der Schießbude nach drei Schuß mit Tannenzapfen für den Gewinner eine Blume (s. S. 209), für den Verlierer einen Becher mit »Zielwasser« (Tee mit Zitrone). Wer bei der Angelbude den Hauptgewinn herausgefischt hat, bekommt, auf einem Pappteller serviert, einen Rollmops aus dem Glas.

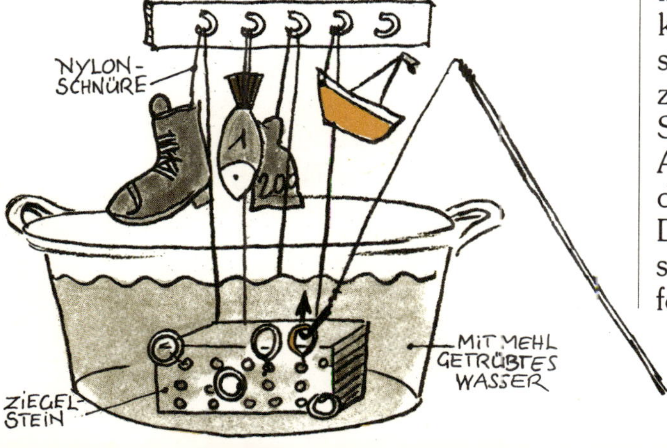

Am Nagelstand gibt's als Gewinn ein Schmalzbrot, damit den Muskeln das verbrauchte Schmalz zurückgegeben wird, und beim Schildkrötenrennen (s. S. 213) junge Salatpflänzchen aus eigener Zucht. Der Wundertütenverkäufer von der nächsten Seite kann euch noch mehr Preisvorschläge machen!
Um die Budenwände zusammenzusetzen, könnt ihr anstelle der 4 Ringschrauben und Schraubhaken auch breites Klebeband benützen. Drückt die senkrechten Latten der Vorder- und Seitenteile zusammen und umwickelt sie 2–3mal an zwei Stellen (oben und unten) mit dem Band. Beim Abbau lassen sich die Hölzer mit einem Schnitt durch den Spalt schnell wieder trennen.
Die Schraubmuttern könnt ihr mit einem Steckschlüssel aus dem Autowerkzeugkasten mühelos festziehen und wieder lösen.

Wundertüten
gab es früher an jedem Kiosk zu kaufen. Sie stapelten sich zwischen Gläsern mit gestreiften Pfefferminzkugeln und den Flaschen mit grüner Waldmeister-Limonade und enthielten – außer viel heißer Luft – buntgefärbten Puffreis, kleine Ringe mit Glassteinen, Knackfrösche und Vogelpfeifen aus Blech.
Ein Kinderfest wäre der rechte Anlaß, mit selbstgebastelten »Tüten-Wundern« zu überraschen! Bittet euren Kaufmann um Papiertüten und schreibt mit breitem Filzstift »Wundertüte« darauf. Unten seht ihr ein paar Anregungen, wie ihr sie mit wenig Mühe und geringen Kosten füllen könnt. Verkauft sie zum Selbstkostenpreis – ihr werdet euch wundern, wie schnell ihr sie losbekommt!

Beim Überraschungsautomaten
reißt ein ballhungriger Tiger sein Maul auf. Wenn er mit dem Ball so richtig eins auf die Schnauze bekommen hat, fällt ihm die Kinnlade herunter – und gleichzeitig fliegt in hohem Bogen eine »Überraschung« auf den Werfer zu: Durch die Wucht des Balles kippt die Maulklappe nach hinten und zieht dabei eine Baumwoll- oder Perlonschnur mit sich. Die Schnur ist an einem Stift (langer Nagel) befestigt, der in zwei Ringschrauben steckt und mit seinem anderen Ende das Wurfbrett festhält. Sobald der Stift ruckartig herausgezogen wird, gibt er das Brett frei, und es schnellt nach oben. Am Brett ist ein Spanngummi (zum Festhalten von Gepäck auf dem Autodach) mit einer »Schelle« befestigt. Als Schälchen für die »Überraschung« dient ein – mit der Feinsäge – halbierter Tennisball. Die andere Hälfte des Balles ist als »Prellbock« über der Maulklappe festgeschraubt, um den Aufschlag des Brettes zu dämpfen.
Besorge dir zwei Preßspanplatten (90 : 90 cm und 90 : 65 cm) und schraube sie mit Hilfe eines Vierkantholzes (4,5 : 4,5 : 90 cm) zu einem rechten Winkel zusammen. Für das Wurfbrett (100 : 10 : 1 cm) und die Klappe (23 : 23 cm) brauchst du je ein Eisenscharnier mit Schrauben; die Ringschrauben haben an der Vorderseite des Tigers Beilagscheiben und Muttern.

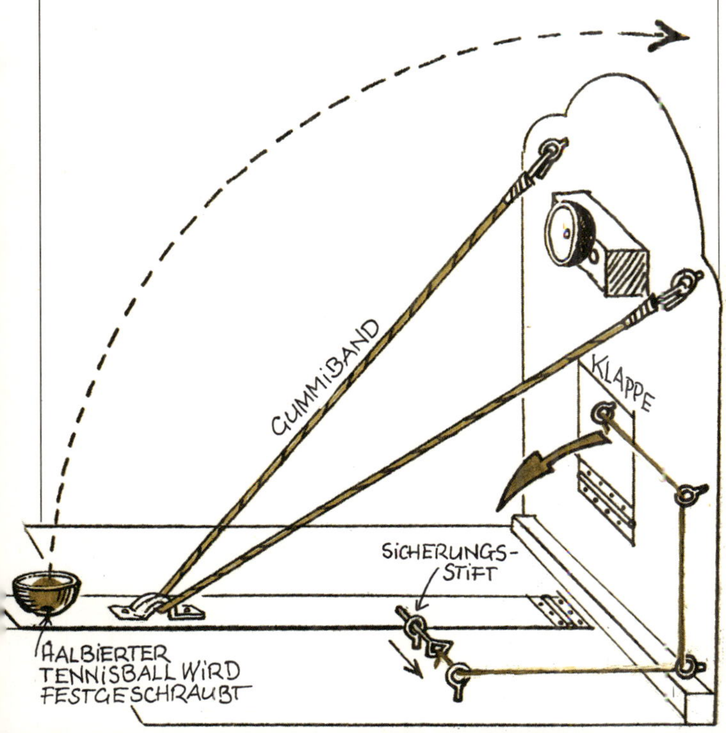

Der Kimstand
ist ein Paravent aus Pappe, durch dessen Löcher du die verschiedensten Dinge zum Riechen, Fühlen und Schmecken erraten mußt.
Kim ist der Name eines indischen Jungen aus einem Roman von Rudyard Kipling. In einer Szene des Romans bekommt er ein Tablett mit Edelsteinen gezeigt, die er sich nur kurze Zeit betrachten darf, dann werden sie zugedeckt. Jetzt muß er aus dem Gedächtnis die verschiedenen Steine aufzählen. Er muß sie also bildhaft im Gedächtnis haben. Bei unserem Kimstand wird nun nicht dein »Augen-Gedächtnis« getestet, sondern dein Gedächtnis für Gerüche, Geschmäcke und dein Tastsinn.
Du kannst dir aussuchen, in welcher »Disziplin« du geprüft werden willst – im Riechen, Schmecken oder Fühlen.

Halte dann deine Nase bzw. deinen Mund oder deine Hand in die dafür vorgesehene Öffnung und rate, was man dir gibt. Leicht wird es nicht sein, denn hinter der Pappe breitet sich ein ganzes Warenlager aus:
Dort stehen zum Schnuppern Dosen mit Küchengewürzen und Kräutern bereit; in Gläsern, deren Schraubverschlüsse nur kurz geöffnet werden, liegen eine halbierte Zwiebel oder ein Klecks Uhu, Zitronen- und Orangenschalen, frisches Brot, Kaffee, Tee, Essig und etwas Nagellackentferner.
Zum Schmecken gibt es Obst (getrocknet oder frisch), Haferflocken, Essiggurken, Ketchup, süßen Senf und Käse, in Zuckerwasser gekochte Nudeln, Kohlrabi und geraspelte gelbe Rüben.
Zu erfühlen sind ein Tannenzapfen, ein nasser Waschlappen, eine abgeschraubte Türklinke, Reis, Mehl oder Salz auf kleinen Tellern, ein Schneckenhaus, ein Stück Rinde – und der Standbetreuer kann sich noch vieles mehr einfallen lassen!

Das Bermudadreieck
ist jene berühmt-berüchtigte Stelle in der Karibik, an der angeblich Schiffe und Flugzeuge auf geheimnisvolle Weise verschwinden.
Schneide in einen Pappkarton ein Dreieck und versuche mit der eigenen Puste oder einem Blasebalg ein gefaltetes Schiffchen über das Meer zu blasen.
Welchem Schiff gelingt es, bei solchem Sturm den rettenden Hafen zu erreichen? Ein ins Dreieck geplumpstes Schiff bleibt für immer verschwunden, sein Eigentümer scheidet aus, und der nächste Spieler muß sich ein neues falten.

Der Nußknacker
muß »auf zack« sein! Blitzschnell saust sein Holzhammer auf die Nuß herunter – nicht zu früh und nicht zu spät! – genau in dem Moment, wo sie aus dem durchsichtigen Schlauch herausschießt.
Der Schlauch (vom Klempnerbedarf) muß an seinem einen Ende hochgebunden werden, z.B. an einen Pfosten, an einen Baumstamm oder zur Not an das Stuhlbein eines auf den Tisch gestellten Stuhles. Das andere Ende wird auf einem Brett befestigt – der Schlagplatte.
Statt einer »Schelle«, wie auf der Abbildung, kannst du dazu auch links und rechts vom Schlauch je einen Nagel einschlagen – aber nicht zu tief; die Nagelköpfe befinden sich fast so hoch über dem Brett wie die Oberseite des Schlauchs – und sie mit Blumendraht verbinden.

Der kleine Eiswagen
war einmal ein Puppenwagen. Ein Pappkarton wurde über ihn gestülpt und mit zerknülltem Zeitungspapier und Styroporplatten (vom Baumarkt) gefüllt. In den ausgeschnittenen Löchern an der Oberseite stecken zwei Suppentöpfe voll Speiseeis und Waffeltüten vom Konditor. Damit es nicht sofort schmilzt, wird zwischen das Eis und den Deckel eine dicke Styroporscheibe gelegt.

Ein Fotoparavent
gehörte früher zu jedem Jahrmarkt: Man stellte sich entweder vor eine gemalte Landschaft oder steckte den Kopf durch eine dafür vorgesehene Öffnung (auf der Abbildung) und ließ sich zum Andenken an einen schönen Tag fotografieren. Unser bemalter Paravent besteht aus vier einzelnen Wänden. Für jede Wand werden zwischen 2 Längsleisten (2:2:200 cm) und 2 Querleisten (2:2:80 cm) 2 Bogen Graupappe (Papiergroßhandel) genagelt.

Aus dem oberen Pappebogen wird die Kuhle für den Kopf ausgeschnitten; dahinter wird ein Stück Stoff gespannt, der die gleiche Farbe wie der Himmel des aufgemalten Bildes hat. Die einzelnen Seitenleisten werden durch Klebeband miteinander verbunden.
Mit wasserbeständiger Dispersionsfarbe könnt ihr darauf Figuren malen, die euch gefallen: Prinzessinnen und Supermänner oder Astronauten und Popstars.

Der Melkstand »Muh«
ist ein Prüfstand für zukünftige Senner und Sennerinnen. Wer ist der Schnellste beim Handschuhmelken? An der Skala des durchsichtigen Meßbechers könnt ihr ablesen, wieviel in einer Minute geschafft worden ist.
Als Melkhandschuhe eignen sich am besten die weichen Operations-Handschuhe von Ärzten. Erkundige dich in deinem Bekanntenkreis – du treibst bestimmt welche auf.

Riesenseifenblasen
Auf dieses Rezept hast du vielleicht schon lange gewartet – hier ist es. Das wird die Attraktion beim großen Kinderfest! Löse 25 Gramm normalen Tapetenkleister (nicht »Spezial«!) in einem Liter Wasser auf (s. S. 14). Fülle in einen großen Kochtopf 9 Liter Wasser und verrühre darin 1 Pfund Zucker und ¾ kg (= ¾ Flasche) HAKA-Neutralseife. Die dickflüssige Seifenmasse ist zu 99% biologisch abbaubar, aber leider kannst du sie nicht im Geschäft kaufen. Schreibe an das HAKA-Werk, Postfach 1280, D-7035 Waldenbuch, und laß dir eine sich in deiner Nähe befindende Auslieferstelle nennen (es gibt sie in Deutschland und in den Nachbarländern).

Koche die Masse auf und lasse sie über Nacht stehen. In die ausgekühlte Brühe gibst du den aufgelösten, durchsichtig-klaren Kleister. Mit einem Trichter und einem Schnutenkännchen kannst du jetzt das Gebräu in Flaschen abfüllen. Du bekommst mehr als einen Träger großer Sprudelflaschen voll! Zum Blasenmachen mußt du dir einen dicken Draht zu einer Schlaufe mit Griff biegen und mit Wolle oder Schnur umwickeln. Daran bleibt die Lauge gut haften. Stecke den Griff in einen Flaschenkorken, dann kannst du ihn besser festhalten.

Igelrennen
»Auf die Plätze – fertig – los!« – und schon sausen die Renn-Igel davon. Bei der wilden Jagd geht es um die Luft-Wurst! Wer nach einer Minute die meisten Luftballons mit spitzem Stachel zum Platzen gebracht hat, ist Sieger. Die Igel bestehen aus ferngesteuerten Autos mit einer leichten »Körperhülle« aus Kleisterpapier (s. S. 15). An ihrer Schnauze klebt ein Flaschenkorken, in dem eine Nadel steckt. Die Stachel am Igelkörper sind nicht so spitz – sie sind mit Farbe aufgemalt oder mit Strohhalm- oder Schnurstücken aufgeklebt. Du stichst dich sonst, wenn du den Igel hochnehmen mußt, um das Auto ein- und auszuschalten. Mit ein oder zwei Streifen Doppelklebeband kannst du die Igelhülle an der Autokarosserie befestigen. Als Rennbahn eignet sich eine glatte Fläche (z.B. eine Tischtennisplatte), die mit Brettern oder Pappe eingezäunt wird – sonst machen sich die Ballons selbständig.
Achte darauf, daß beide Autos frische Batterien haben und genügend Luftballons zur Reserve da sind.

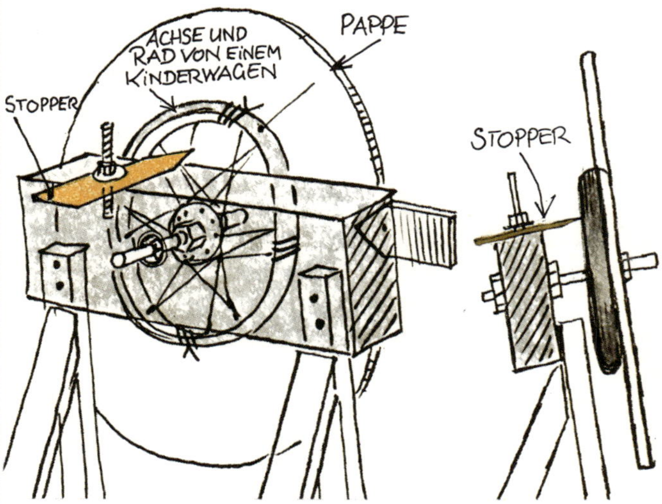

Unser Glücksrad

ist in sechs farbige Abschnitte aufgeteilt; dazu gibt es je einen gleichfarbigen Stein. Auf jedem Abschnitt sind vier Zahlenfelder eingetragen. Versuche dein Glück! Setze den Stein auf eine Zahl zwischen 1 und 4 und bringe das Rad mit einem Schubs in Schwung. Lustig schnarrt dabei der Stopper auf der Rückseite.

Wenn das Rad stillsteht, zeigt der Pfeil links auf ein Feld – diese Zahl und Farbe haben gewonnen! Als Preise gibt es Blumen, frisch aus dem Garten gepflückt.

Bohre in ein Stück Holzbohle ein Loch und klopfe die Achse einer Fahrradfelge (Kinderwagenfelge) fest hinein. Binde an das Rad mit Blumendraht eine Pappscheibe fest und schraube als »Stopper« einen elastischen Teigschaber in das Holz. Befestige vorne zwei Dachlatten als Standbeine und stütze das Gestell hinten mit einer abgeschrägten Latte.

Sommerski, Sänfte und Siegerwagen
können zu Spielen und Wettspielen benützt werden, stehen aber sonst auf dem »Festplatz« jedermann zur Verfügung. Ihr müßt sie aus kräftigen Stangen und Brettern bauen, denn sie haben einiges auszuhalten!
Auf die Skibretter (160:20:2,5 cm) werden mit Beilagscheiben breite Schlauchschlaufen aus Plastik, Gummi oder Nylongewebe aufgeschraubt.
Die Haltestangen der Sänfte und des Siegerwagens müssen mindestens 5 bis 6 cm stark sein. Ihre Griffe werden mit der Raspel gerundet und mit Schleifpapier glattgeschliffen.
Rollen in verschiedensten Größen für den Siegerwagen oder ein »Rollbrett« bekommt ihr im Baumarkt.

Wer setzt sich unter den Wasserfall?

»Nur Mut, meine Herrschaften! Welche furchtlose Dame – welcher tapfere Herr versucht es einmal?« An heißen Sommertagen muß der Ausrufer nicht lange schreien – jeder will sich eine kalte Dusche holen. Es geht nichts über das kribbelige Gefühl, das du hast, wenn du auf dem Stuhl sitzt und ein Ball auf die Zielscheibe zufliegt: Ob der Sturzbach jetzt gleich von oben herunterkommt oder erst beim nächsten Wurf, richtet sich ganz nach dem Ballwerfer – treffsichere Schützen sind gefragt! Die Zielscheibe hängt nur locker an einem Stift, und ein gezielter Wurf reißt sie aus dieser Verankerung. Das Brett mit der Wasserdose bekommt das Übergewicht und kippt nach unten. Hab keine Angst, daß du mit dem Brett einen Schlag auf den Kopf bekommst – wenn du auf einem kleinen Schemel sitzt, kann es dich nicht treffen! Ein Tip für wasserscheue Angsthasen: Füllt die Dose nur zu einem Viertel voll oder mit lauwarmem Wasser – oder haltet einen Regenschirm über euch!

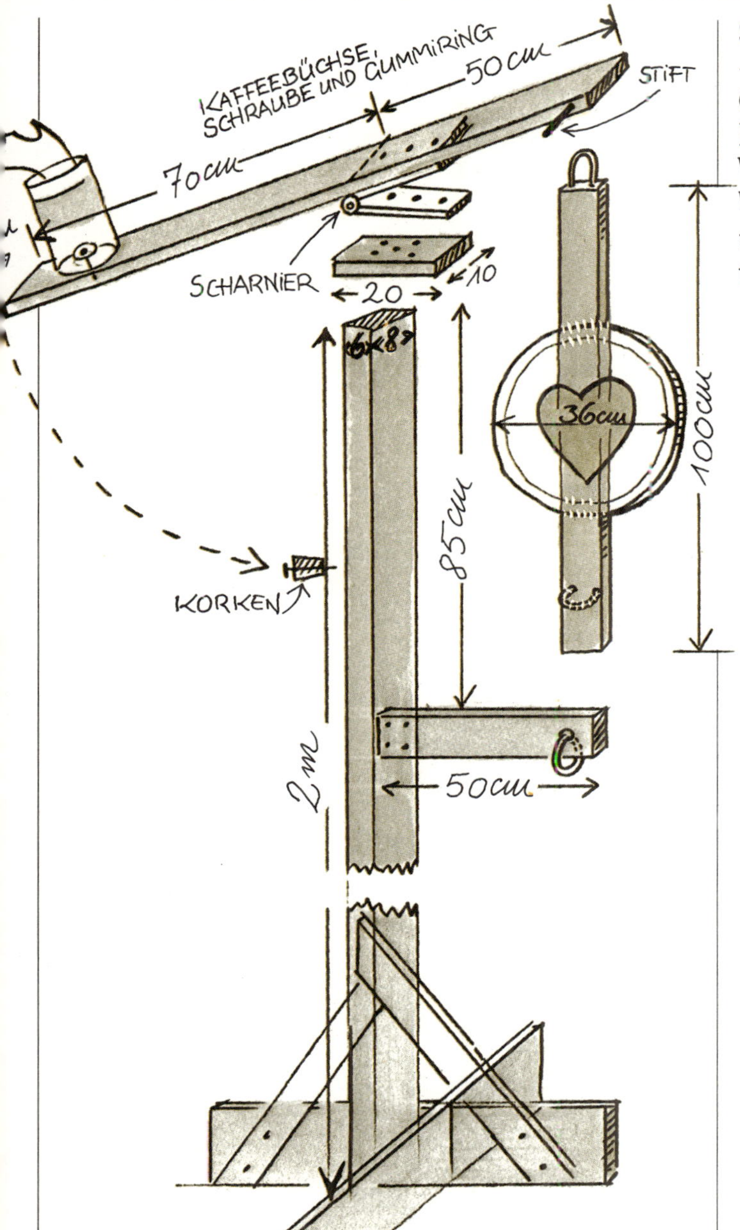

Das Gestell kannst du aus einer einfachen, ungehobelten Bohle und aus Latten zusammennageln und -schrauben. Für die Kippvorrichtung brauchst du ein großes Eisenscharnier; die Zielscheibe wird aus einer Preßspanplatte gesägt. Damit es nicht schon vorher von oben tropft, steckt die Schraube, mit der die Büchse am Brett befestigt ist, in eine Beilagscheibe aus Gummi. Zum Wassernachfüllen mußt du auf einen Stuhl (oder auf einen umgedrehten Bierträger) steigen.

Stan und Ollie

– Dick und Doof – stecken unzertrennlich in ihrer Gemeinschaftshose. Galant grüßen sie die Gäste. Ein elastischer Hosenträger trägt die ganze Verantwortung.

Wenn ihr – du und dein Freund – findet, daß ihr unbedingt auch so eine Hose braucht: Auf Seite 214 findet ihr den Schnitt dazu.

Der Gaudiwurm
ist ein Tausendfüßler von ganz besonderer Art: Er kann sich ganz dicht zusammenschieben – und weit auseinanderziehen, kann sich wie eine Schnecke zusammenrollen und sich mühelos in den eigenen Schwanz beißen (falls es dieser zuläßt!).

Wenn er, wie seine Tante Nessie beim Schwimmen, seinen Körper in großen Wellen rauf- und runterschwingt, sieht das sehr lustig aus (die Kinder gehen abwechselnd in die Knie).
Füttert man ihn mit genügend Krapfen, gibt es ein lautes Geschmatze, und mit ausgebreiteten Flatterflügeln segelt er glücklich davon.

Das Geheimnis des großen Zauberers
ist sein langer, weiter Mantel. Nachdem er sich in seiner natürlichen Größe vorgestellt hat, steigt er damit vorsichtig hinter einem Vorhang oder einem gespannten Tuch eine »unsichtbare« Leiter empor und verblüfft alle, die an seinen Zauberkünsten gezweifelt haben.

Das Kamel
wird von einem Wüstensohn zur nächsten Tränke geführt. Es hat großen Durst, denn unter der zusammengenähten »Höckerdecke« ist es sehr heiß. Die Beine sind Hosen, aus demselben Stoff genäht wie der Kamelkörper. Der Hals und der Kopf bestehen aus gerollter Pappe und Kleisterpapier.

Das Wellpappenlabyrinth
steckt voller Geheimnisse, denn wie im hohen Dschungelgras könnt ihr euch in seinen vielen Schlingen und Schlaufen ganz toll verstecken! Wenn sich deine Mutter eine Rolle Wellpappe besorgt hat, braucht sie sich beim nächsten Kindergeburtstag keine anderen Spiele mehr einfallen zu lassen: Wellpappenspiele erfindet ihr euch selber – immer wieder neue!

Ihr könnt mit der Rolle sowohl im Zimmer als auch im Freien spielen (Achtung, bei Nässe weicht sie auf!). Ihr könnt sie im Ganzen lassen oder euch Stücke davon abschneiden, ihr könnt euch Wellpappenwohnungen bauen, mit Wellpappenbetten und Wellpappenbettzeug, oder einen Tierpark anlegen, mit Gehegen und festen Fütterungszeiten (sehr wichtig bei Geburtstagen!). Wellpappenrollen gibt es in Baumärkten oder im Buchbindereigroßhandel zu kaufen.

In Schlingen ausgerollt, bleiben die Bahnen von selber stehen; ihr könnt sie aber auch mit Wäscheklammern zusammenzwicken, damit sie noch fester stehen. Die Gesamtlänge der Wellpappenbahn beträgt 50 Meter, breit liegt sie 90 cm und ist zusammengerollt so dick, daß ihr sie mit euren Armen nicht umspannen könnt. Ihr müßt euch jedenfalls beim Einkauf und Heimtransport helfen lassen. Das Ein- und Ausrollen aber geht kinderleicht, denn Wellpappe wiegt nicht viel.

Die schönsten Spiele im Wellpappenlabyrinth

sind Versteck- und Suchspiele. Für sie alle gilt die Regel: Du darfst nicht über den Rand der Pappe schauen, wenn du Fänger bist und wenn du gesucht wirst, mach dich so klein wie möglich! Bei manchen Spielen können nicht alle Kinder mitspielen – sie sind dann Zuschauer. Sie werden aber bestimmt ihren Spaß haben, wenn sie stehend von oben in das Labyrinth sehen und das Spielgeschehen mitverfolgen können. Die Galerie-Stehplätze auf Kisten und Stühlen sind die begehrtesten!

Tiger und Sumpfhühner

Der Tiger ist ganz wild auf – nein, nicht auf Sumpfhühner, sondern auf ihre Eier – aus Schokolade! Während sich die Hühner im Labyrinth verstecken, muß der Tiger vor die Türe gehen, denn er darf nicht wissen, in welchem Nest sie sich niederlassen. Ist kein Hühnchenschopf mehr zu sehen, wird der Tiger hereingerufen, und auf leisen Sohlen schleicht er die Gänge entlang. Mal verirrt er sich in einer Sackgassenschlaufe, mal übersieht er ein gut getarntes Nest, doch ab und zu wird er auch fündig, und die kichernden Hühnchen müssen ihre Eier abliefern. Das Spiel endet nach einer vorher bestimmten Zeit. Dann darf der Tiger seine Beute verspeisen, und die nicht gefundenen Hühnchen dürfen ihre Eier selber aufessen.

Affenjagd

Bei diesem Spiel hat der Irrgarten aus Wellpappe mehrere Ein- bzw. Ausgänge. Ein »Äffchen« bekommt eine Banane in den Mund oder in eine Umhängetasche. Es hat vor den anderen nur einen kurzen Vorsprung, und es versucht, das Labyrinth so schnell wie möglich zu durchqueren. Schlägt es am gegenüberliegenden Ausgang an der Wand (oder an einem Baum) an, bevor die anderen wilden Kerle aus der Affenbande es eingeholt haben, ist es in Sicherheit und darf seine Banane alleine essen. Wird es aber von den anderen eingeholt, so muß es seinen Schatz brüderlich mit ihnen teilen.
Gewitzte Äffchen schütteln ihre Verfolger ab, indem sie sich in einer Schlaufe verstecken und warten, bis die Horde vorbeigetobt ist.
Dann können sie zum Eingang zurückkriechen und versuchen, um den Irrgarten herum oder auf einem neuen Weg den rettenden Anschlagpunkt auf der anderen Seite zu erreichen.

Jägerschreck

Die Safarijäger haben das hohe Dschungelgras umstellt und stehen rings um das Labyrinth. Sie machen Jagd auf einen Hasen, der sich irgendwo darin verbirgt, und sind mit weichen Wurfgeschossen bewaffnet (Schwamm, Taschentuchknoten, Sockenball), denn sie wollen sein kostbares Fell nicht beschädigen. Mit einem Spottlied versuchen sie ihn hervorzulocken:
»Häschen in der Grube, sitzt und schläft, sitzt und schläft. Armes Häschen, bist du krank, daß du nicht mehr hüpfen kannst? Häschen hüpf, Häschen hüpf, Häschen hüpf!«
Bis zum »Häschen hüpf« scheint der Hase wirklich zu schlafen, denn nichts rührt sich im Gras, und die Jäger wissen nicht, wo er steckt. Beim ersten »Hüpf« jedoch springt er hoch und zeigt sich kurz, ist aber gleich wieder verschwunden. Das macht er noch zweimal und gibt den Waidmännern Gelegenheit, nach ihm zu zielen. Wurde er getroffen, bleibt er liegen. Sind die Würfe aber danebengegangen, dann sammelt er die herumliegenden »Geschosse« ein und wirft damit nach den verdutzten Jägern.

Der blinde Maulwurf

sitzt mit Futterschätzen in seiner Vorratskammer. Er hat die Augen verbunden. Drei kleine Wühlmäuse sind auf Nahrungssuche und durchstöbern seinen Bau. Jedes Mäuschen sucht auf eigene Faust. Sie bleiben aber fiepend miteinander in Verbindung: Hat eine Maus die Vorratskammer gefunden, fiept sie ihre Freunde herbei, denn nur gemeinsam trauen sie sich, beim Maulwurf einzubrechen.
Natürlich hört auch er das Fiepen, denn er ist zwar blind, aber nicht taub! Mit einem nassen Schwamm, den er nicht aus der Hand läßt, verteidigt er seine Schätze. Jede diebische Maus, die er getroffen hat, muß das Labyrinth verlassen.
Auch dieses Spiel ist nach einer vorher bestimmten Zeit beendet. Der Maulwurf nimmt seine Binde von den Augen und schaut, was ihm noch geblieben ist. In einer gemütlichen Wellpappennische wird er sie gemeinsam mit den Mäuschen vernaschen.

Jedes Jahr im Sommer
schlagen die Indianer am Rande der Prärie ihre Zelte auf. Während einige von ihnen die Gegend durchstreifen und auf (Schnitzel-)Jagd gehen, suchen die anderen Beeren und Kräuter und sorgen für die Kinder.
Nach erfolgreicher Jagd gibt es ein großes Festmahl. Danach wird gespielt und gebastelt, oder man mißt seine Kräfte und Geschicklichkeit bei sportlichen Wettkämpfen.

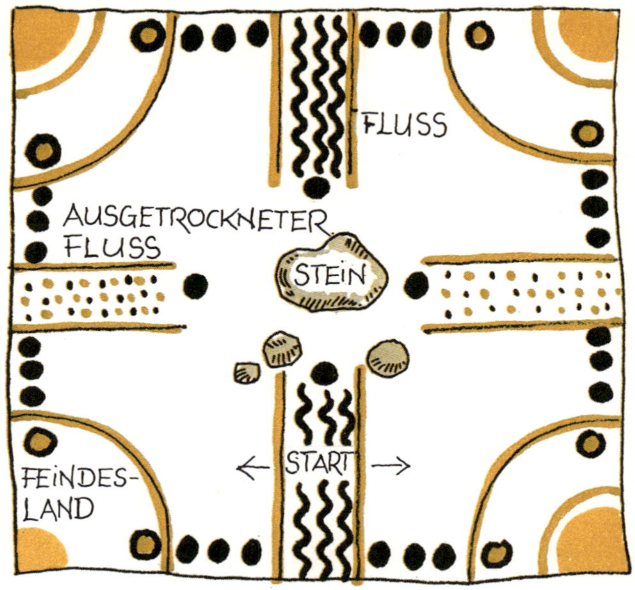

Das »Mensch ärgere dich nicht« der Indianer
wird auf einem Stück Stoff als Spielfeld gespielt. Es ist mit Dispersionsfarbe oder Stoffarbe bemalt. Die Hüpffiguren sind unterschiedlich große Steine, und »gewürfelt« wird mit vier Hölzchen. Sie sind auf einer Seite flach, auf der anderen gewölbt (gespaltene Astholzstückchen); eines von ihnen hat eine Einkerbung. Sie werden zusammen auf einen in der Mitte des Tuches liegenden Stein geworfen, prallen an ihm ab und bleiben auf dem Spielfeld liegen. Der Werfer darf nun so viele Felder vorrücken, wie Hölzchen mit der glatten Seite nach oben liegen. Kommt das Hölzchen mit der Markierung nach oben zu liegen, darf er noch ein zusätzliches Mal werfen. Gestartet wird mit den Hüpfsteinen am Oberlauf eines Flusses. Die Spieler hüpfen abwechselnd nach rechts oder links davon. Irgendwo auf halber Strecke werden sie sich begegnen, setzen ihren Weg aber unbeirrbar fort. Wer auf den Punkt im Fluß trifft oder einen Punkt in »Feindesland« erwischt, muß von vorne beginnen. Ein ausgetrockneter Fluß birgt keine Gefahr. Wer eine Runde geschafft hat, darf sich einen Punkt in einer Ecke des Spielfeldes reservieren; sie ist für ihn nun nicht mehr gefährlich, für die anderen jedoch zu »Feindesland« geworden.
Wer die meisten Punkte in den Ecken besitzt, hat gewonnen.

Das Tipi
war das Zelt der herumziehenden Prärie-Indianer. Es bestand aus Bisonhäuten, die mit Sehnen zusammengenäht waren und über ein Gerüst von langen Stangen gehängt wurden. Die meisten Indianerstämme banden dazu drei Stangen zu einem Dreibein zusammen, stellten es auf (s. S. 114, links oben) und lehnten die übrigen Stangen dagegen. Bei starkem Wind konnten sie es mit einem von oben herunterhängenden Seil an einem in der Erde steckenden Haltepflock befestigen. Mit einer Hebestange hievten sie den Lederüberzug hoch, zogen ihn um die Stangen und befestigten ihn mit Pflöcken am Boden. Die vordere Naht wurde mit Holzstäben zugesteckt, nur für den Eingang blieb ein rundes Loch offen, das mit einer Türklappe aus Leder geschlossen werden konnte. Oben befanden sich noch – wie Ohren – zwei Rauchklappen, die je nach Wind geöffnet oder geschlossen werden konnten. Wenn die Indianer zu neuen Jagdrevieren aufbrachen, war das Tipi schnell zusammengelegt und auf den Packsattel eines Pferdes geschnallt.
Unser Tipi ist nicht aus Leder, sondern aus bunten Stoffresten zusammengenäht. Es besteht aus sechs dreieckigen Teilstücken. Mach dir von einem Teil eine Schablone: Zeichne dir mit Hilfe einer gespannten Schnur und eines Bleistifts einen Viertelkreisbogen auf Papier. Die Schnur muß so lange sein, wie dein Zelt hoch werden soll (1,60 m für einen kleinen Indianer, 2,50 m für eine ganze Sippe). Teile den Viertelkreis in drei Teile, schneide einen davon aus dem Papier und lege ihn als Schablone auf deinen Stoff. Wenn du sie mit einem Stift umfährst, bekommst du immer gleichmäßige Teile. Mit aufgenähten Bändern wird dein Tipi geschlossen, und durch angenähte Schlaufen kannst du es am Boden anpflocken.

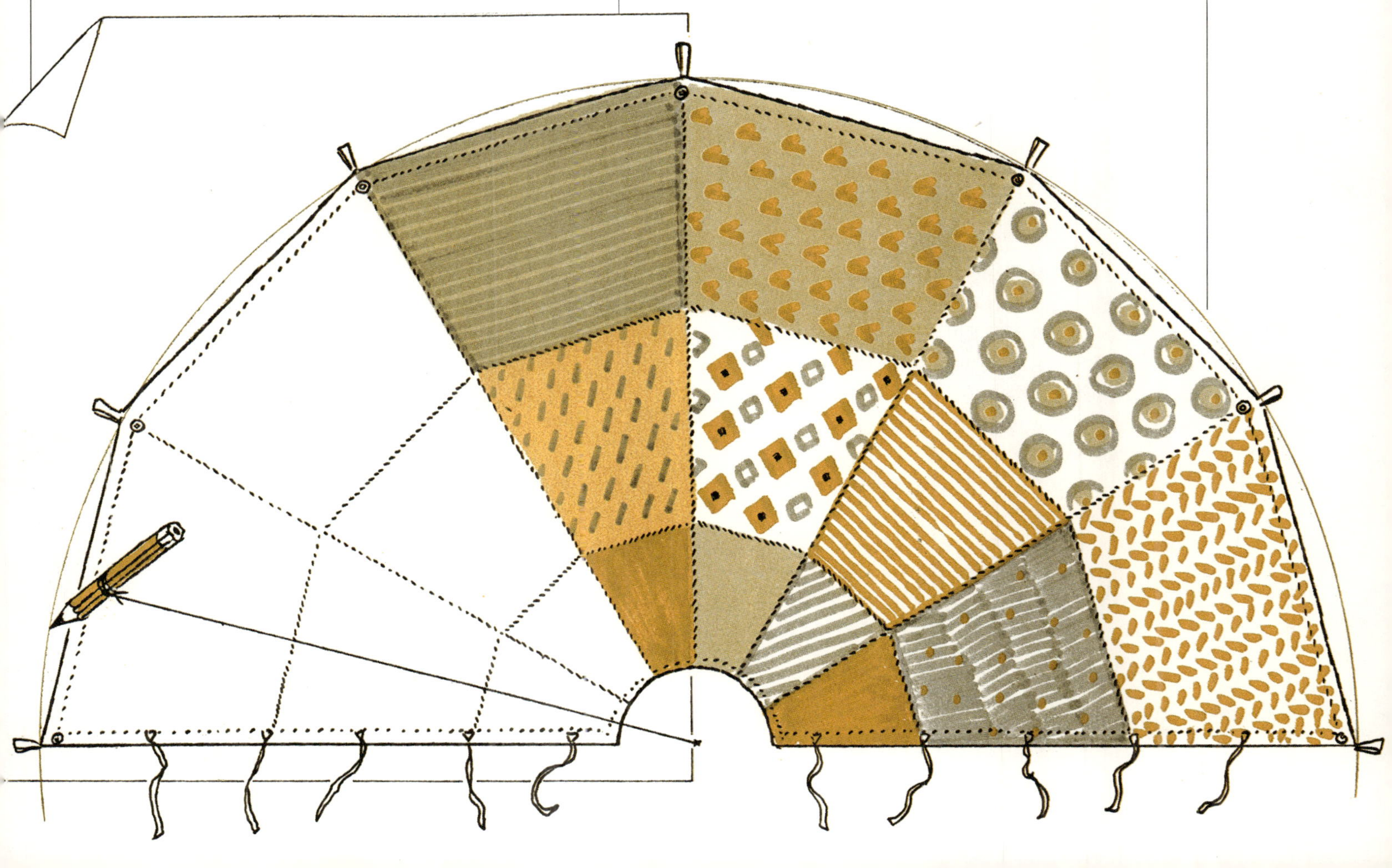

Wesen aus Wiese und Wald
waren die Puppen der Indianerkinder, die damit das Leben ihrer Familien nachspielten. Mit Tipis aus Blättern und Ästen bauten sie ganze Siedlungen, jagten Büffel aus Tannenzapfen oder ritten mit selbstgebauten Steckenpferden in den »Kampf«. Wie ihren Vätern ging es ihnen darum, den Feind herauszufordern und seine Kräfte zu messen, nicht ihn zu töten!
Kehrten sie erfolgreich zurück, dann wurde ihnen zum Zeichen der Anerkennung eine Feder oder ein Stück Pelz an die Kleidung oder an den Tanzspeer gehängt.

Die Indianer-Babytrage
wurde von den Müttern auf dem Rücken getragen und überallhin mitgenommen. Es war ein Holzgestell mit weichem Lederbeutel. Die Babys wurden hineingebunden und darin ins Tipi gehängt oder, auf Reisen, an den Pferdesattel gebunden. Wenn die Mutter außerhalb des Tipis arbeitete, wurde die Trage an die Zeltwand gelehnt, oder sie schaukelte in den Zweigen eines Busches.
Unsere Babytrage besteht aus Ästen, Kleisterpapier und Farbe. Mit Riemen aus Schnur oder Band kannst du sie auf dem Rücken tragen. Statt der oben zusammengebundenen Hölzer könntest du auch eine elastische Weidenrute zu einem »U« biegen: Binde die Enden an das untere Querholz und beziehe den ganzen Bogen über dem Babykopf mit »Leder« aus Kleisterpapier.

Wie ein magisches Auge,
mit einem Mittelpunkt und mehreren verschiedenfarbigen Ringen darum herum, sieht das umschlungene Kreuz aus. »Auge Gottes« sagten die Indianer dazu. Aus bunten Fäden oder verschiedenen Halmen wurden sie von den Indianermädchen gewunden und als »Geisterfallen« an besonders gefährlichen Wegstellen angebracht.

Suche dir zwei Aststücke, halte sie über Kreuz, befestige eine Schnur oder einen Wollfaden daran und umwickle die Hölzer, wie du es auf der Zeichnung siehst: Der Faden legt sich von oben um ein Holz, umschlingt es, legt sich um das nächste Aststück von unten herum, um das folgende wieder von oben usw. Eine Fadenrunde schließt sich dicht an die andere an. Es entsteht ein ganz gleichmäßiger Rhythmus, und nach einer Weile geht es wie von selbst – du magst gar nicht mehr aufhören, bunte Runden zu winden.
Wie sich Indianermädchen Bänder und Gürtel webten, kannst du auf Seite 220 sehen.

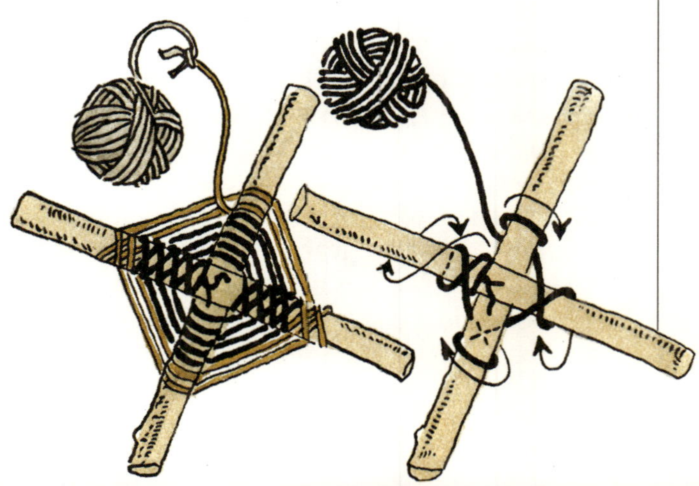

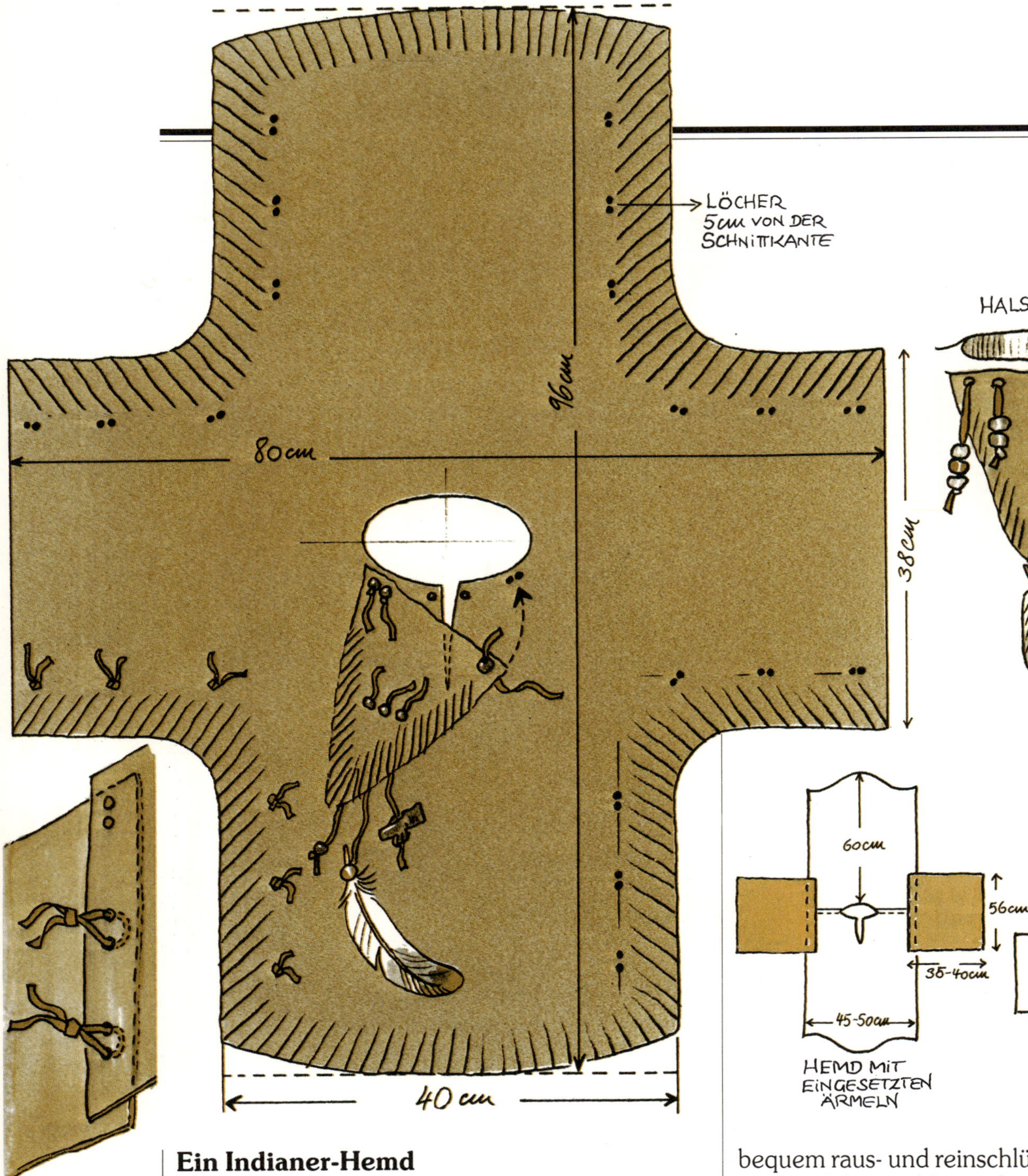

Ein Indianer-Hemd
wird nicht mit Nadel und Faden, sondern mit Lederbändern »genäht«. Du fädelst sie durch ausgestanzte Löcher und verknotest sie dann. Das Hemd besteht aus einem oder mehreren weichen Lederstücken – das richtet sich nach deiner Größe und nach der Größe des Leders, das dir zur Verfügung steht: für einen 5–6jährigen Indianer reicht ein 100 : 80 cm großes Lederstück (große Zeichnung), die Maße für einen 8–10jährigen Indianer siehst du auf der kleinen Zeichnung. Bemesse das Hemd und die Ärmel so weit, daß du bequem raus- und reinschlüpfen kannst. Die Klappe des Halsverschlusses kannst du mit Perlen und Federn verzieren, die du vorher auf Lederbänder gefädelt hast. Du weißt ja, Federn und Fell an der Kleidung sind Zeichen großer Tapferkeit!

Mokassins
heißen die leichten Schuhe der Waldland-Indianer. Sie konnten damit gut über umgestürzte Bäume und über schlüpfrige Felsen klettern. Die Schuhe trockneten schnell wieder und waren bequemer als die harten Stiefel der weißen Siedler.

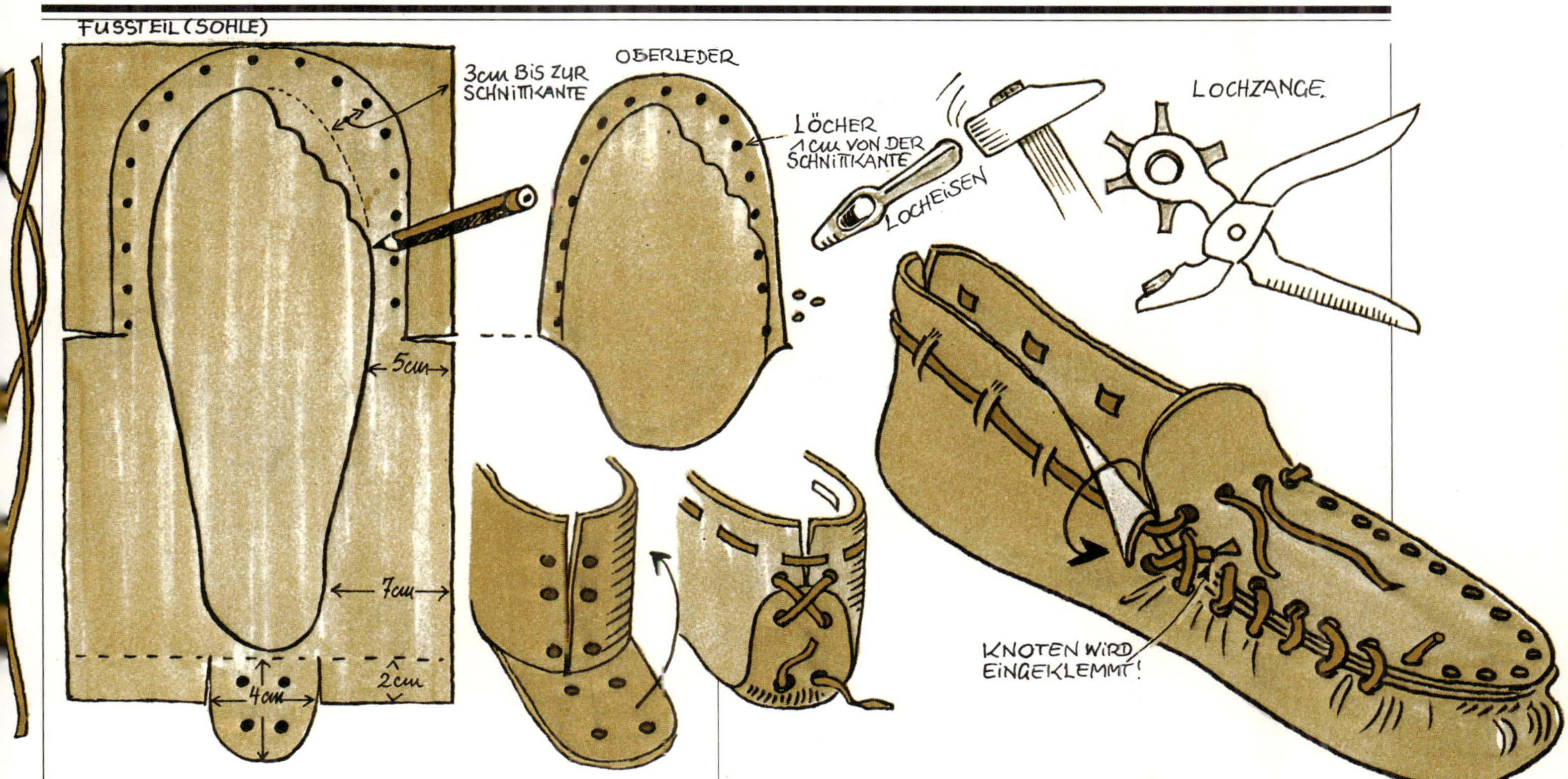

Auch wenn du dich nicht durch den Urwald schlagen mußt, kannst du deine selbstgemachten Mokassins gut gebrauchen: als gemütliche Hausschuhe.
Setze deinen Fuß auf ein Stück Wildleder, umfahre ihn mit einem Stift und schneide das Leder so aus, wie du es oben in der Zeichnung siehst. Das Fußteil und das Oberleder verbindest du mit Lederbändern: Mache einen Knoten in das Band und lasse ihn noch locker aus dem ersten Loch des Sohlenteils hängen. Erst wenn das Band aus dem Loch des Oberleders kommt, klemmst du den Knoten mit einer Schlinge ein. Verbinde nun Fußteil und Oberleder weiter miteinander und befestige das Band am Ende wieder mit einem solchen Knoten. Knüpfe die Ferse fest und schneide mit dem Messer Schlitze für Schnürbänder ein.

Das Indianerstirnband
besteht aus einem Lederband, zwei Lederschnüren, einer Bussardfeder und kleinen Lederteilchen und -schnüren für die Federhalterung. Das Band kannst du mit Kartoffelstempeln mustern. Es läßt sich gut auf jede Kopfgröße einstellen und festbinden.
Schneide dir für die Halterung der Feder ein Lederstreifchen zurecht und klebe es um den unteren Teil des Federkiels (unten bleibt eine Schlaufe offen!). Wickle ein rechteckiges Stück Leder darum und binde es mit Schnüren zusammen. Klappe eine durchlöcherte Lederraute über die beiden Zugschnüre und knüpfe sie mit Lederschnüren an den Federkiel (durch die untere Schlaufe).

»Stock über die Schulter werfen«
war ein Lieblingsspiel der Indianerkinder. Ihr dürft dabei nicht nach hinten schauen! Zeichnet einen Kreis auf den Boden oder legt Steine oder eine Schnur zu einem Ring und versucht aus verschiedenen Entfernungen, hineinzutreffen.

Pferderennen
mit zwei oder noch mehr Reitern auf einem Pferd sind gar nicht so einfach: Man muß beim Laufen den genauen Gleichschritt finden, um schnell ins Ziel zu kommen.

»Bogenstechen«
spielten die kleinen Indianer mit bogenförmig in die Erde gesteckten Zweigen und längeren Stökken. Es war ein Wettlauf, bei dem die auf der Strecke verteilten Zweigbögen mit dem Stock aus dem Boden gelupft werden mußten.
Da waren Schnelligkeit und Treffsicherheit gefragt, so wie später auf der Jagd, wo die Indianer ihre Beute manchmal vom galoppierenden Pferd aus erlegen mußten.

Eine Bola
wird in Südamerika zum Einfangen der Rinder verwendet: Das Lasso mit dem Ball wickelt sich um ihre Beine, und sie kommen zu Fall. Schleudere den Tennisball im Strumpf knapp über dem Boden im Kreis herum und laß die anderen darüberspringen. Wer nicht schnell genug ist, wird durch den Strick gefangen.

Der wilde Mustang
versucht den Fängern – auf einer abgegrenzten Strecke – durch geschickte Manöver zu entkommen. Erreicht der Läufer das Ziel, ohne daß ihm jemand auf den Schwanz getreten ist, bleibt er in Freiheit und hat gewonnen.

Der Riesenfisch
und der Angler versuchen sich durch Ziehen oder Lockern der Leine gegenseitig aus dem Gleichgewicht zu bringen.

Beim Stäbchenversteck
muß ein Mitspieler ein kunstvoll errichtetes Tipi aus neun Hölzchen zertreten und dann laufen, um sich mit den anderen Spielern zu verstecken. Zwei vorher ausgewählte Sucher sammeln die Stöckchen ganz schnell wieder ein und bauen das Zelt damit neu auf: Gegen einen längeren, schräg über einen Stein oder einen Ast gelegten Stock lehnen sie die neun Stäbchen wie die Indianer ihre Tipistangen. Jetzt dürfen sie auf Suche gehen. Sobald sie einen Mitspieler in seinem Versteck sehen, müssen sie ihn abschlagen; erst dann ist er ihr Gefangener, und sie können ihn zum »Zeltplatz« mitnehmen. Schafft es der Gefundene aber, vor den Fängern beim Tipi zu sein, darf er es wieder zerstören. Er rettet damit sich und befreit andere Gefangene, wenn schon welche gemacht worden sind. Die beiden Sucher müssen die Hölzchen wieder aufstellen. Das Spiel ist beendet, wenn alle Spieler gefangen worden sind – und das kann einige Zeit dauern: Die noch nicht Gefundenen versuchen – wie echte Indianer – ihre Stammesbrüder zu befreien. Sie schleichen sich an, zeigen sich kurz vor dem Sammelplatz den entfernten Suchern und schlagen die Hölzchen wieder auseinander.

Das Stöckchenschlagen
wird von zwei Spielern – einem Schläger und einem Fänger, – gespielt. Der Schläger hebt den langen Stock vom Boden auf und schleudert das kleine Hölzchen damit in die Höhe.

Der Fänger muß es fangen. Schafft er es, bekommt er 20 Punkte, und die Rollen werden getauscht. Schafft er es nicht, dann versucht er das kleine Hölzchen von dessen jetzigem Liegeplatz aus auf einen langen Stock zu werfen (wie vorher das kleine Holz, liegt jetzt der lange Stock über den Steinen). Wenn es ihm gelingt, wird er zum Schläger. Hat er es aber wieder nicht geschafft, muß der andere jetzt das kleine Hölzchen schräg über einen Stein legen (wie beim Stäbchenversteck), mit dem Stock auf das überstehende Ende schlagen und es, so weit es geht, davonschleudern.

Dreimal darf er das versuchen.
Ist es ihm geglückt, darf er die Schritte bis zum Hölzchen zählen und sie sich als Punkte anrechnen. Jetzt ist Rollentausch, und das Spiel beginnt von vorn – so lange, bis ein Spieler die vorher ausgemachte Punktzahl erreicht hat.

Zwei Klapperschlangen
mit schepperndem Büchsenschwanz und verbundenen Augen suchen sich, und wenn sie sich gefunden haben, umarmen sie sich. Ihr könnt das Spiel aber auch anders spielen: Die beiden Schlangen gehen sich auf einem abgegrenzten Spielfeld aus dem Weg, sie mögen sich nicht. Stoßen sie aber bei ihrem ruhelosen Geschlängel doch einmal aufeinander, dann hat die Schlange gewonnen, die zuerst – selber noch blind – die Augenbinde der anderen als Siegestrophäe in der Hand hält.

Der Jäger und der Luchs
jagen das Wild beide im gleichen Revier. Es ist ein klar abgegrenztes Gelände, auf dem man sich gut verstecken kann. Sie pirschen sich aus entgegengesetzten Richtungen an die Tiere heran und versuchen ihnen das Band zu entreißen. Es ist ein locker befestigter Wollfaden oder ein Kreppapierstreifen. Ohne Band ist das Tier »tot« und verläßt das Gelände. Das Spiel ist aus, wenn alle Tiere erlegt sind und Jäger und Luchs ihre erbeuteten Bänder zählen können – oder wenn sich die beiden im Wald begegnen und einer dem anderen das Band entreißt. Der bandlose Jäger oder Luchs scheidet dann genauso aus wie das Wild. Der Sieger des Zweikampfes schnappt sich noch die letzten Bänder der verbliebenen Angsthasen. Nach einer bestimmten Zeit werden auch hier die »Lebensfäden« gezählt. Ihr könnt aber auch so spielen, daß der Jäger nur den Luchs jagt und dieser nur das Wild. Mal schaun, wieviel das große Katzentier auf leisen Sohlen erlegt, bis es vom Jäger zur Strecke gebracht wird! Das gejagte Wild darf beim Überfall des Luchses aber kein lautes Geschrei machen, sonst verrät es dem Jäger dessen Position.

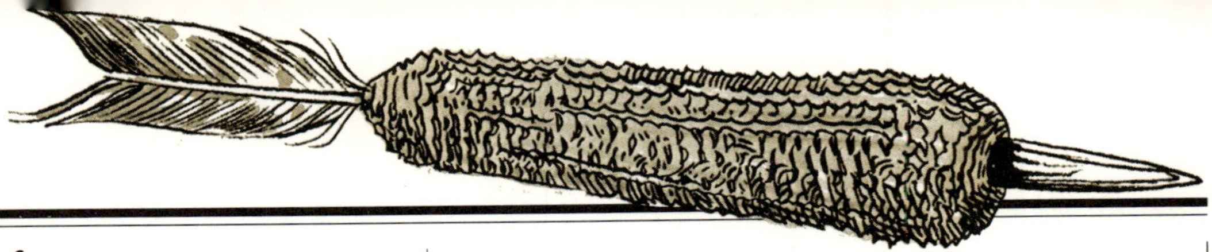

Ein einfacher Grillofen
ist schnell gebaut: Besorge dir ein paar Ziegelsteine, ein Grillgitter (den Rost aus dem Backofen daheim – wenn du versprichst, ihn hinterher zu säubern!) und als Unterlage für die Holzkohle ein mit Alufolie abgedecktes Backblech. Klemme das Blech rechts und links zwischen zwei Ziegel und bereite darauf – in der Mitte – deine Feuerstelle. Lege als unterste Schicht zerknülltes Zeitungspapier, darüber trockenes Reisig oder Obstkistenlatten und verteile darauf etwas Holzkohle.
Als Zündhilfe kannst du auch ein Esbitstückchen (Trockenspiritus) dazwischenklemmen – aber niemals Spiritus aus der Flasche darübergießen, sonst kann es einen schrecklichen Unfall geben, bei dem du vielleicht schwere Brandverletzungen erleidest! Zünde das Zeitungspapier nun mit einem Streichholz an und fächle mit einem Brettchen, einem Stück Pappe oder mit dem Blasebalg Frischluft zu. Wenn du die Ziegelsteine so hingelegt hast, daß der Wind durch die offene Stelle auf das Feuer bläst, kann er mithelfen, es zu entfachen. Sobald es richtig brennt, kannst du Holzkohle aufschütten – vorsichtig, nicht zuviel, damit das Feuer nicht erstickt – und warten, bis eine schöne Glut entsteht. Das dauert seine Zeit. Inzwischen servierst du deinen Freunden ein kaltes Getränk:

»Sibirisches Eiswasser«
Ein Gemisch aus frisch gepreßtem Zitronensaft, kaltem Wasser und Zucker wird aus der Thermoskanne in Gläser gefüllt. In jedes Glas kommen zusätzlich Eiswürfel und ein Gummibärchen. Wenn du den Glasrand vorher mit Zitrone einreibst und in Zucker stülpst, sieht er aus wie gefroren.

Grillen
Wenn die Holzkohle schön rot glüht, legst du das Grillgitter mit den Grillstücken darüber auf die Ziegelsteine. Das Gitter hast du vorher mit Öl bestrichen. Die Grillstücke sollen langsam garen, bei zu großer Hitze verbrennen sie. Das Schwarz-Verkohlte ist ungesund – du mußt es abkratzen! Mit zwei weiteren Ziegelsteinen kannst du das Grillgitter höher setzen und es von der starken Glut entfernen. Paß auf deine Hände auf – es ist heiß!

Würstchen und Spieße
oder handgroße Spareribs-Stückchen brauchen ungefähr 5 Minuten, bis sie gar sind. Für Koteletts und Fisch rechnet man 10–15 Minuten. Fettes Fleisch oder fette Würstchen, Makrelen oder Renken darfst du nicht mehr mit Öl bestreichen. Für mageres Fleisch oder mageren Fisch machst du am besten eine Öltunke: Verrühre 5 Eßlöffel Öl mit Oregano und Paprikapulver (edelsüß) und laß die Grillstücke mindestens eine Stunde lang darin liegen. Fische sie heraus, lasse sie abtropfen, würze sie mit Salz und Pfeffer und lege sie dann auf den Grill. Statt Oregano und Paprika kannst du in das Ölbad auch Zwiebeln, Knoblauch, Thymian, ungemahlenen Rosmarin oder Curry geben.

Gegrilltes Obst und Gemüse schmeckt prima! Hast du es schon einmal probiert? Du kannst es zum Garen – wie Fleisch und Fisch – auch in Alufolie wickeln. Für einen leckeren süßen Früchtespieß steckst du Orangen-, Ananas-, Apfel-, Birnen-, Bananen- und Grapefruitstückchen auf einen Holzspieß und streust Zucker darüber. Wickle den Spieß in Alufolie und lege ihn auf den Rost. Der Zucker schmilzt und karamelisiert. Es wird dir so gut schmecken, daß du dir gleich noch einen Spieß machen mußt. Bananen werden mitsamt der Schale gegrillt.
Nach ungefähr 20 Minuten sind sie weich.

An Gemüsen eignen sich zum Grillen besonders gut Kartoffeln, Tomaten, Broccoli, Auberginen und Paprikaschoten. Du kannst sie (wie das Fleisch) in eine Ölmarinade tauchen, salzen und pfeffern, bevor du sie in Folie wickelst. Zuckermaiskolben, die du über die Glut legst, bestreichst du vorher mit Butter. Sobald die Körner braun werden, nimmst du die Kolben vom Grill und knabberst sie nun, gesalzen oder gezuckert, ab. Aus den leeren Kolbenstrünken kannst du dir mit einem zugespitzten Hölzchen und einer Feder einen Spicker zum Zielschießen basteln.

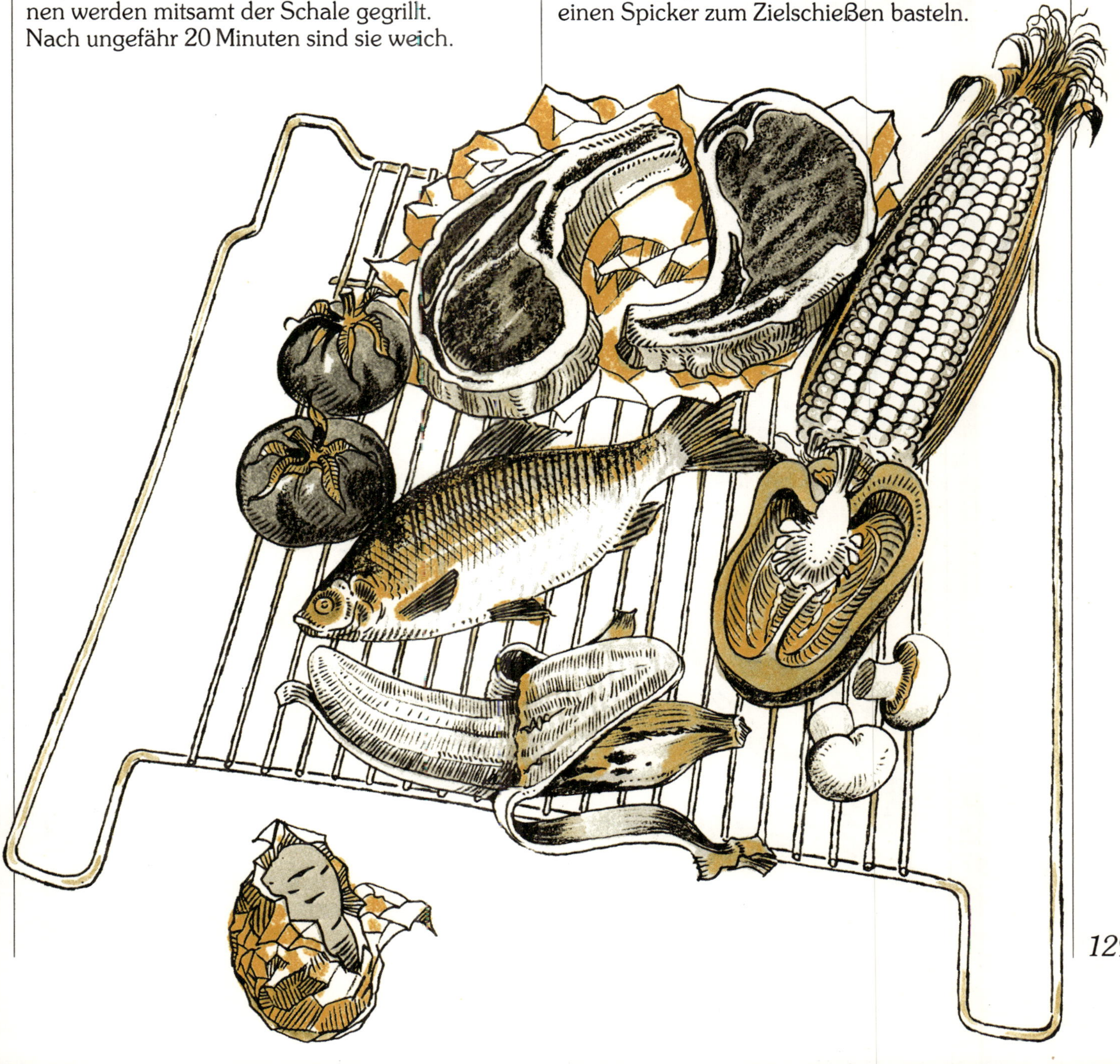

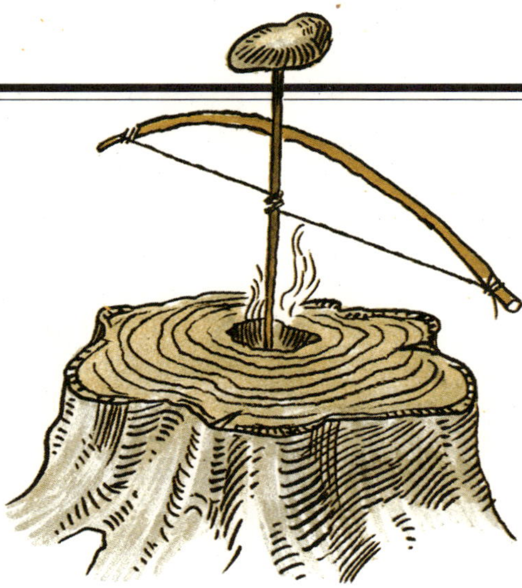

Eine Feuerstelle
darfst du nur an ganz bestimmten Stellen im Freien anlegen: Auf Sand oder Steinen – also am Strand, in einer Kiesgrube oder auf Kiesbänken an einem Fluß. Auf keinen Fall darf Brennbares, z. B. Holz, in der näheren Umgebung sein; es könnte durch Funkenflug entzündet werden! Ein offenes Feuer einfach irgendwo in der Natur oder gar im Wald zu machen ist verboten. Die Stellen, wo es erlaubt ist – speziell ausgewiesene Grillplätze –, nennen dir Gemeindeverwaltungen, Fremdenverkehrsbüros oder Forstämter.
Eine Flamme mit Hilfe eines Streichholzes oder eines Feuerzeuges zu bekommen ist für uns heute so selbstverständlich, daß wir gar nicht weiter darüber nachdenken. Aber wie ist wohl Robinson auf seiner einsamen Insel zu Feuer gekommen?
Er könnte es sich mit einem Span von einem durch Blitzschlag in Brand geratenen Baum geholt haben.
Vielleicht hat er auch Funken mit einem Feuerstein (Quarz oder Granit) geschlagen, oder er war Brillenträger und benützte das Glas dazu, trockenes Gras wie mit einem Brennglas in Brand zu setzen. Er kann das Feuer aber auch durch Reibung erzeugt haben – mit einem Bogenbohrer, wie ihn schon die alten Ägypter, allerdings mit Steinspitze, zum Löcherbohren verwendet haben. Es handelt sich dabei um einen Stab, der mit einer Darmsaite (Musikalienhandlung) gebogen wird. Die Saite ist in ein oder zwei Windungen um ein stärkeres Holz gewickelt, das an einem Ende zugespitzt ist und in ein 1–2 cm tiefes Loch in einem flachen Stück Holz (Baumstamm) gesteckt wird. In der Kuhle befindet sich gekrümelter oder geschabter Zunder (trockenes Moos, Holzspäne, Gras). Mit einem Stein hält man den Stab in das Loch gedrückt und drillt ihn durch schnelles Hin- und Herziehen des Bogens – so lange, bis der Zunder heiß wird, glimmt und, wenn man hineinpustet, Feuer fängt.

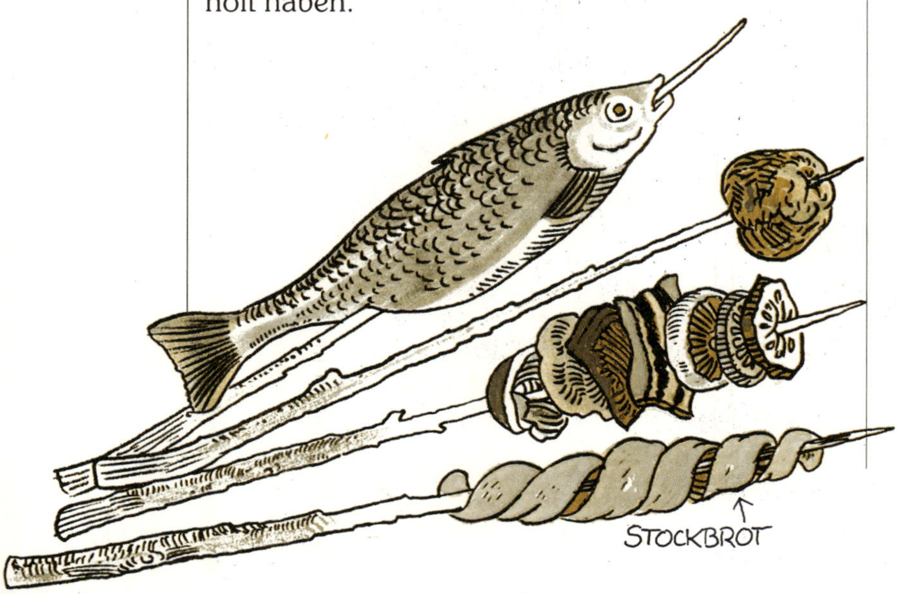

Für seine Feuerstelle hat sich Robinson Crusoe wahrscheinlich trockenes Strandgut und dürre Äste aus dem Wald gesammelt. Er wird bald gemerkt haben, daß das Holz von Birke, Kiefer, Fichte und Lärche schneller brennt als das von Buche, Eiche, Esche und Ahorn – dafür halten diese länger die Glut. Er wird gewußt haben, daß dürre, abgestorbene Äste schneller brennen als solche, die noch in Saft stehen, daß kantiges Holz besser brennt als rundes und daß Späne schneller entflammen als Zweige. Beim Bau der Holzpyramide an seinem Feuerplatz hat er sich bestimmt danach gerichtet: In die Mitte eines Kreises aus Steinen steckte er einen Stock mit einer Astgabel und häufte darum herum Späne aus trockenem Holz, trockene Birkenrindenstücke und Tannenzapfen auf.

Darüber stellte er dürre Zweige und Äste – nach außen hin immer längere und stärkere – zu einem Zelt zusammen. So konnte das Holz nach und nach in die Flammen fallen. Mit einem brennenden Span entzündete er, durch die Ritzen, die Späne in der Mitte an mehreren Stellen gleichzeitig. Du kannst heute als zusätzlichen Zunder auch noch locker geknülltes Zeitungspapier verwenden.

Steckerlfisch, Schaschlik und Stockbrotteig
mußt du auf Stöcke aus grünem Holz, d. h. saftigem Holz stecken bzw. wickeln, die nicht so schnell Feuer fangen wie trockenes Holz. Weidenruten eignen sich gut dazu. Den Hefeteig für das Stockbrot machst du aus 1 kg Mehl, 40 g Hefe, 1 Eßlöffel Salz, 1 Prise Zucker und 2 Tassen lauwarmem Wasser.

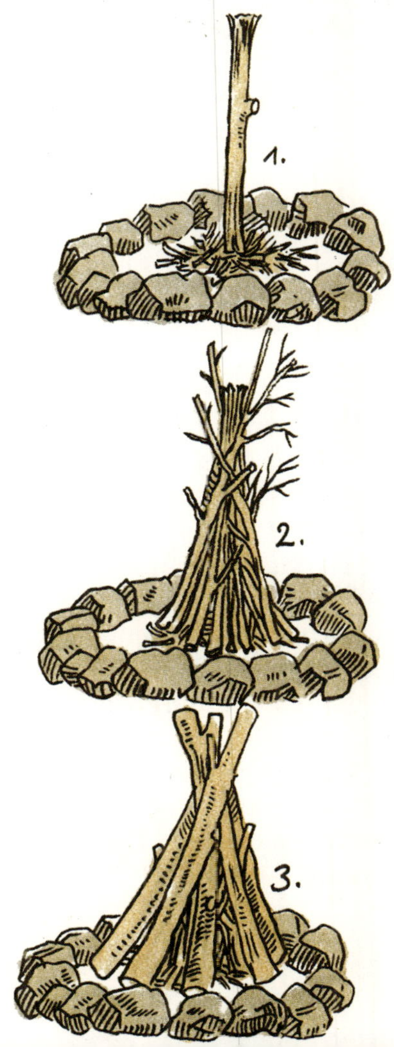

Das Flaschen-Floß
des modernen Robinson ist zwar nicht geeignet für eine wilde Fahrt durch den Grand Canyon, aber im Schwimmbecken oder in Ufernähe kannst du damit viel Spaß haben. Es besteht aus leeren Plastikflaschen (Mineralwasserflaschen), die mit Schnüren zusammengehalten werden. Weil sie Rillen haben, sind die Flaschen sehr griffig, so daß die Schnüre nicht abrutschen. Bei der Form des Floßes kannst du deiner Phantasie freien Lauf lassen: Du kannst Dir einen schwimmenden Sessel bauen, dem Floß die Form eines Flugzeuges geben oder die Flaschen, mit den Hälsen nach innen, zu einer großen »Sonne« zusammenbinden.

Mit dem Floß aus Autoreifenschläuchen, das schnell zusammengebaut und für den Transport leicht wieder auseinandergenommen werden kann, darfst du schon eine kleine Flußfahrt wagen. Es ist ein unvergeßliches Abenteuer, wenn dich die Strömung sachte an wechselnder Landschaft vorbeitreibt, an Wiesen und Weiden, an dichtem Unterholz, hohen Bäumen, durch Schilf, vorbei an Kies- und Sandbänken. In den Flußbiegungen mußt du zum Paddel greifen, damit dich die Strömung nicht an die Uferböschung drückt; auch Stromschnellen und Hindernissen kannst du paddelnd ausweichen. Aber suche dir bitte ein harmloses Gewässer für deine Unternehmung aus, ohne Schiffsverkehr und gefährliche Strömungen, keinen Wildbach! Am besten geeignet ist ein Fluß, der auch von anderen Paddlern und Schlauchbootkapitänen befahren wird. Informiere deine Eltern von deinem Vorhaben, vielleicht bekommen sie auch Lust zu einer Flußfahrt und begleiten dich in einem Schlauchboot (manche Sporthäuser verleihen Schlauchboote!). Selbst wenn du ein guter Schwimmer bist, ziehe dir eine Schwimmweste an (sie schützt dich auch vor Sonnenbrand), denn eine Flußfahrt ist nicht ungefährlich! Es können plötzlich Hindernisse im Wasser auftauchen, oder ein Wehr verhindert die Weiterfahrt. Oft ist ein Wehr vom Wasser aus noch gar nicht sichtbar, man hört es aber von weitem schon rauschen! Jedes Wehr wird mit speziellen Hinweisschildern am Ufer für die Flußfahrer angekündigt. Wenn du so ein Schild siehst, mußt du sofort zum Paddel greifen und das Ufer ansteuern.

Vor jedem Wehr gibt es eine Anlegestelle, an der die Boote an Land gezogen werden können, hinter dem Wehr, weiter flußabwärts, werden sie wieder ins Wasser gelassen. Auf guten Spezialkarten für Flußwanderer sind Hindernisse, Untiefen und Wehre genau eingezeichnet.
Wenn du kein fließendes Gewässer in deiner Nähe findest, kannst du mit deinem Gummifloß auch über einen kleinen See dümpeln und es als Badeinsel verwenden.

Ballonjagd
Die Ballons sind mit etwas Wasser gefüllt, damit der Wind sie nicht fortbläst, und sie treiben im tiefen Wasser. Auf »Achtung, fertig, los!« stürzt ihr euch in die Fluten und greift nach ihnen.
Mehr als zwei der glitschigen Dinger auf einmal werdet ihr schwimmend nicht zur Sammelstelle am Ufer transportieren können. Gleich heißt es wieder: »Umkehren – und die nächsten aus dem Wasser fischen!« Wer sich die meisten Ballons schnappen konnte, ist Gewinner.

Ballonschleudern
Hier krabbelt ihr im seichten Wasser – oder steht im tieferen – kreisförmig um den Schleuderer herum. Wer sich nicht schnell genug duckt, bekommt eine nasse Ohrfeige vom wassergefüllten Luftballon.

Ballontreten

wird am besten auf der Wiese gespielt. Mit viel Zehenspitzengefühl und verbundenen Augen tasten sich die »Schneckentreter« über das eingegrenzte Feld zum Ziel: Berühren sie einen wassergefüllten Ballon, wird er vom Schiedsrichter ein Stück weiter vor ihnen noch einmal auf den Boden gelegt. Wer ohne Ballonberührung und dazu schnell genug die Strecke schafft, hat gewonnen.
Ihr könnt aber auch eine andere Spielregel aufstellen:
Jeder Ballon *muß* mit den Füßen berührt werden – und zwar so kräftig, daß er platzt! Probiert es einmal ohne Augenbinde. Es ist gar nicht so einfach, mit bloßen Füßen die wabbelig-weichen Gummiwalzen zum Platzen zu bringen.
Bevor ihr aber alle Luftballons zerstört habt, benutzt sie noch schnell für das schöne Spiel »Ballonwerfen«.

Ballonwerfen

Stellt euch einzeln oder in Reihen einander gegenüber auf und werft euch vorsichtig einen wassergefüllten Ballon über einen Abstand von etwa einem Meter zu.

Danach macht ihr einen Schritt nach hinten und werft den Ballon, behutsam wie ein rohes Ei, wieder zurück. Wieder geht ihr einen Schritt zurück und so weiter. Nach jedem Wurf vergrößert sich der Abstand zwischen Werfer und Fänger. Es wird immer schwieriger, das schlüpfrige Gummiei zu fangen, und immer näher rückt die Gefahr, daß plötzlich die Ballonhülle platzt und ihr eine kalte Dusche abbekommt.

Badewannendampfer
aus Styropor, schwimmende Inseln und ein Cola-Katamaran gehen mit anderen Booten auf große Fahrt. Sie alle sind, wie das Schiffchen aus Silberfolie ganz oben, sehr leicht und haben dadurch keinen Tiefgang. Der Dampfer mit den hohen Aufbauten (mit Zahnstochern zusammengesteckt) und der Festbeflaggung würde sich zur Seite legen, hätte er nicht das stabilisierende Schlüsselgewicht. Auch das schlanke Astholzschiff braucht seine Ausleger, damit es nicht umkippt, und der Dosen-Katamaran seine Korkenschwimmer. Das Styroporboot mit dem Wärmesegel aus dünnem Blech liegt dagegen breit genug auf dem Wasser um nicht zu kentern. Es wird nicht durch den Wind, sondern durch die von der Kerzenflamme aufsteigende Wärme angetrieben.

Der große Raddampfer
auf dieser Seite befördert seine Fracht flußaufwärts mit Hilfe eines Schaufelrades mit Gummimotorantrieb. Durch Drehen des Rades wird der Gummi verwunden und gespannt; ins Wasser gesetzt, spult er sich langsam wieder ab, und die Schaufelräder treiben das Schiff vorwärts.

Die kleine Holzente
ist fast so groß wie ihre Vettern in der Natur. Schnabel, Kopf und Schwanz wurden mit Dübeln und wasserfestem Kleber befestigt; ihr Federkleid ist mit Deckfarben bemalt und bekam einen mehrschichtigen Überzug aus Transparentlack.
Wenn du sie zum Schwimmen auf einen Ententeweiher ausführst, stürzen sich die echten Enten schnatternd auf den Neuankömmling – bis sie gemerkt haben, daß er nur einen Holzkopf hat.

Komm mit auf Entdeckungsfahrt
zu den Perlenstränden der Südsee und zu den Papageien Südamerikas – mit einem Segelschiff aus Holz, wie es in dieser Form 300 Jahre lang die Meere befuhr.
Du brauchst dazu folgendes Material: 2 gehobelte Fichtenbretter für das Deck und den mittleren Kielsteg; 2 Bohlen für den Rumpf (mit Bohlen aus Balsaholz geht das Rundraspeln einfacher; du bekommst sie aber nur in einem größeren Holzkontor, und sie kosten wesentlich mehr als Fichte).
Die Masten bestehen aus 10 mm Ø-Rundhölzern – als Rahstangen der Segel haben sie einen Durchmesser von 5 mm.
Benutze für alle Holzteile einen 2-Komponenten-Kleber, der sich nicht im Wasser auflösen kann.
Der Kiel besteht aus einem in der Mitte geknickten Weißblechstreifen und einer aufgerollten Bleiplatte als Ballast. Statt der Bleirolle kannst du auch ein Stück Alurohr (Brausetablettenröhrchen) mit Anglerblei oder den Bleistücken, die man zum Auswuchten von Autoreifen verwendet (Autowerkstatt), füllen.
Die Segel sind mit der Zickzackschere aus weißem oder farbigem Baumwollstoff ausgeschnitten. Das Ruder mußt du mit einem langen 5-mm-Dübelholz – durch die Achterdeckaufbauten! – in der 12-mm-Rundstange befestigen. Mit einer Spagatschlaufe, die durch die Ruderpinne geht und die du um einen Nagel spannst, kannst du das Schiff auf Kurs halten.
Bemale die Galeone mit leuchtenden Lackfarben – auch die früheren Schiffe waren mehrfarbig gestreift: Das Oberdeck mit den Achterdeckaufbauten hatte eine andere Farbe als das Unterdeck, und unterhalb der Wasserlinie war das Schiff nicht nur schwarz geteert, sondern sehr oft mit ganz hellen Farben bemalt.
Jetzt mußt du nur noch auf eine steife Brise warten! Aber paß auf, daß dein prächtiger Dreimaster nicht von wilden Piraten gekapert wird!

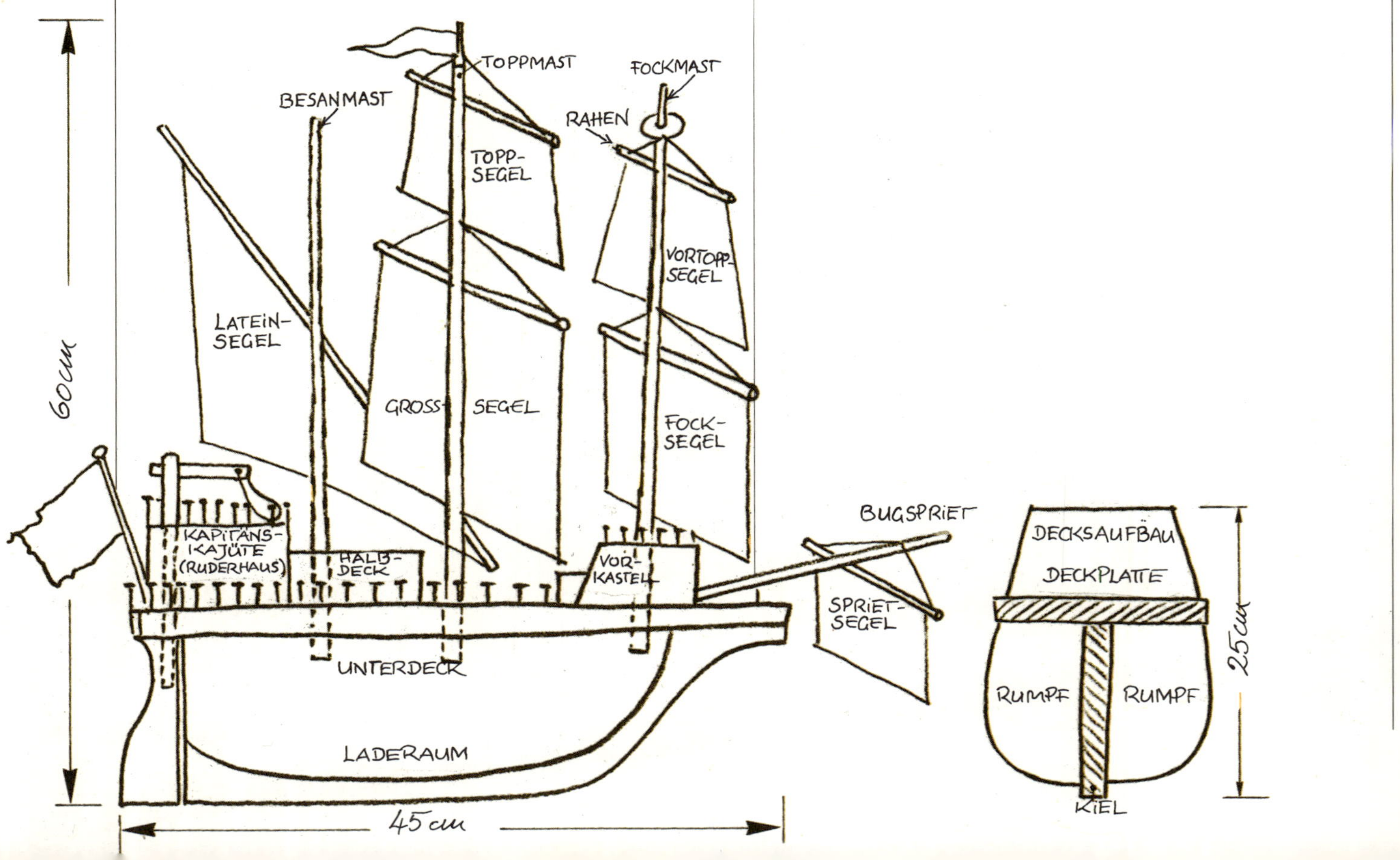

KLAPPSCHNITT-
PAPIERSCHABLONE
30-60cm
SEITENANSICHT DES RUMPFES (KIEL)
BALSAHOLZ
KLEBEN UND
NAGELN
RUDER
BLECH MIT
BLEIGEWICHT
FÜR DEN KIEL

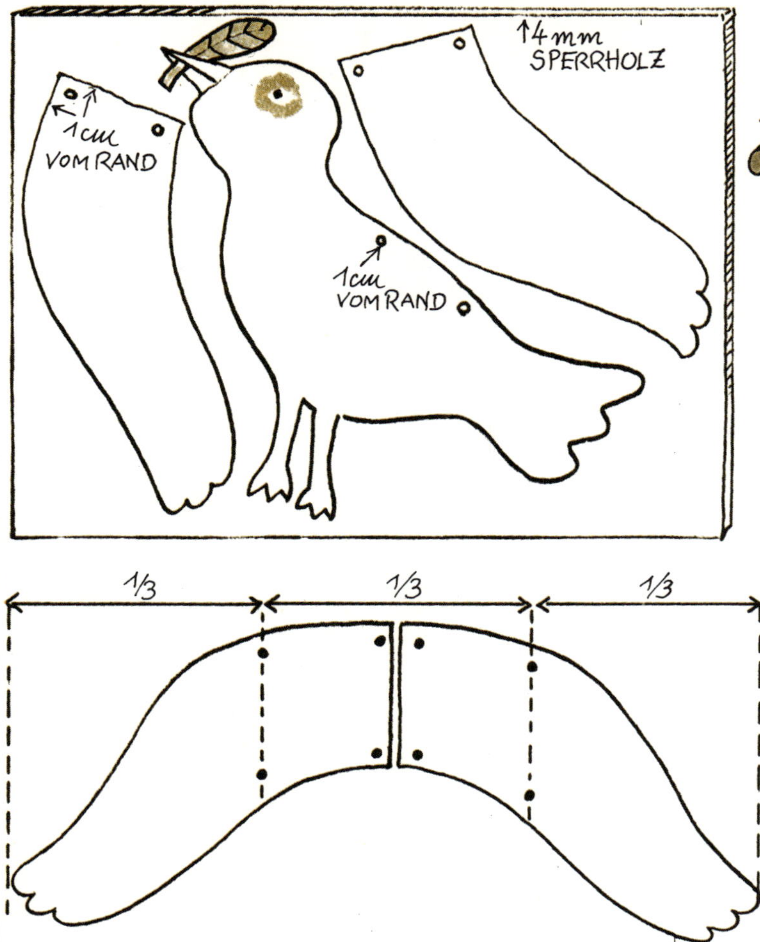

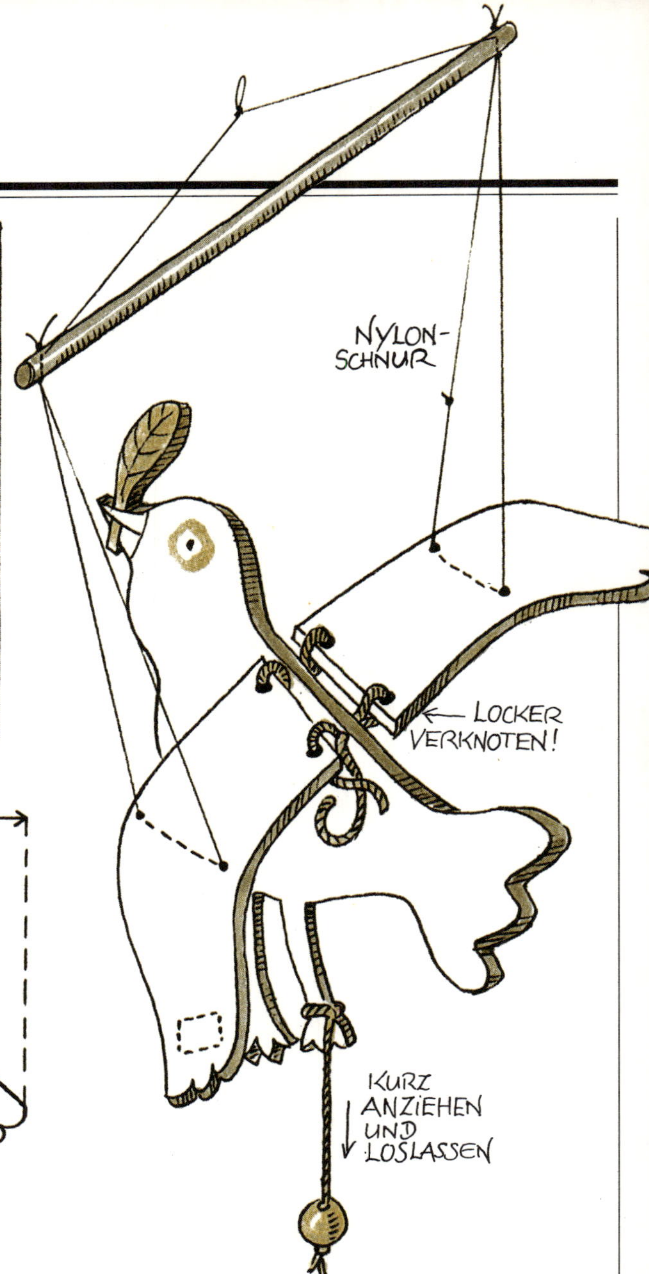

La paloma,
die kleine Taube, grüßt dich mit leichtem Flügelschlag. Sanft schwingt der Vogel aus Sperrholz seine Flügel im Wind. Wenn du kurz an der Schnur ziehst, schwebt die Taube auch im Zimmer eine Weile auf und ab. Du kannst dir aber statt einer Taube auch einen anderen Vogel aussägen: Eine Möwe oder eine Elster, eine Eule mit rundem Kopf und großen Augen oder einen Storch mit vorgestrecktem Hals und langen Beinen, eine Gans oder eine Wildente – oder einen Phantasievogel.

Eines ist dabei ganz wichtig: Die Flügel müssen gleich groß sein, und je länger sie sind, desto länger schwingen sie nach.
Für die Aufhängung legst du die Flügel wie auf der Zeichnung nebeneinander, teilst die Strecke von Flügelspitze zu Flügelspitze in drei Teile und bohrst dort deine Löcher. Knüpfe die Flügel locker an den Vogelkörper, denn sie müssen sich leicht nach oben und unten bewegen können. Aufgehängt, in Ruhestellung, stehen sie vom Körper des Vogels waagerecht ab.

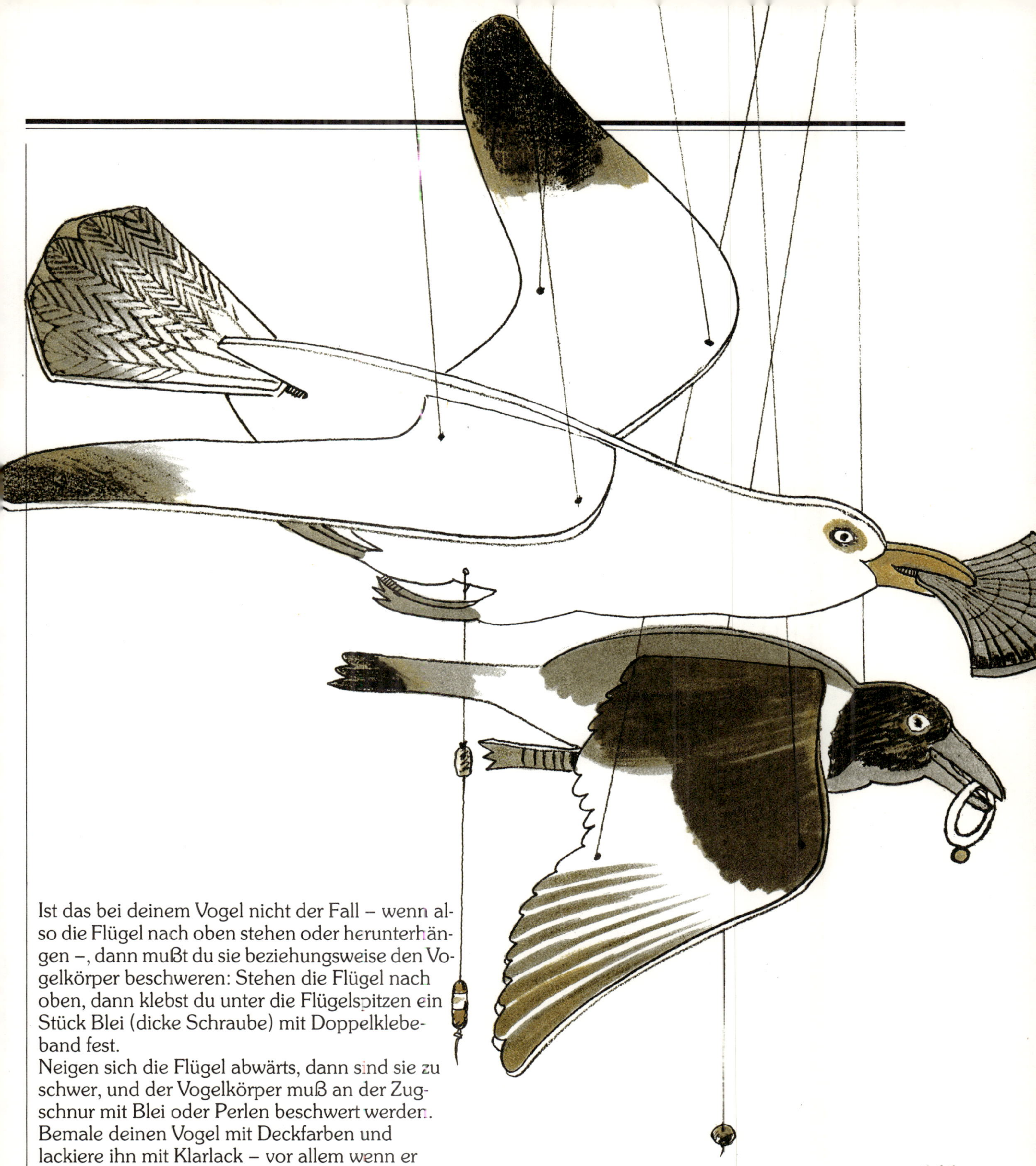

Ist das bei deinem Vogel nicht der Fall – wenn also die Flügel nach oben stehen oder herunterhängen –, dann mußt du sie beziehungsweise den Vogelkörper beschweren: Stehen die Flügel nach oben, dann klebst du unter die Flügelspitzen ein Stück Blei (dicke Schraube) mit Doppelklebeband fest.
Neigen sich die Flügel abwärts, dann sind sie zu schwer, und der Vogelkörper muß an der Zugschnur mit Blei oder Perlen beschwert werden. Bemale deinen Vogel mit Deckfarben und lackiere ihn mit Klarlack – vor allem wenn er im Freien hängt!

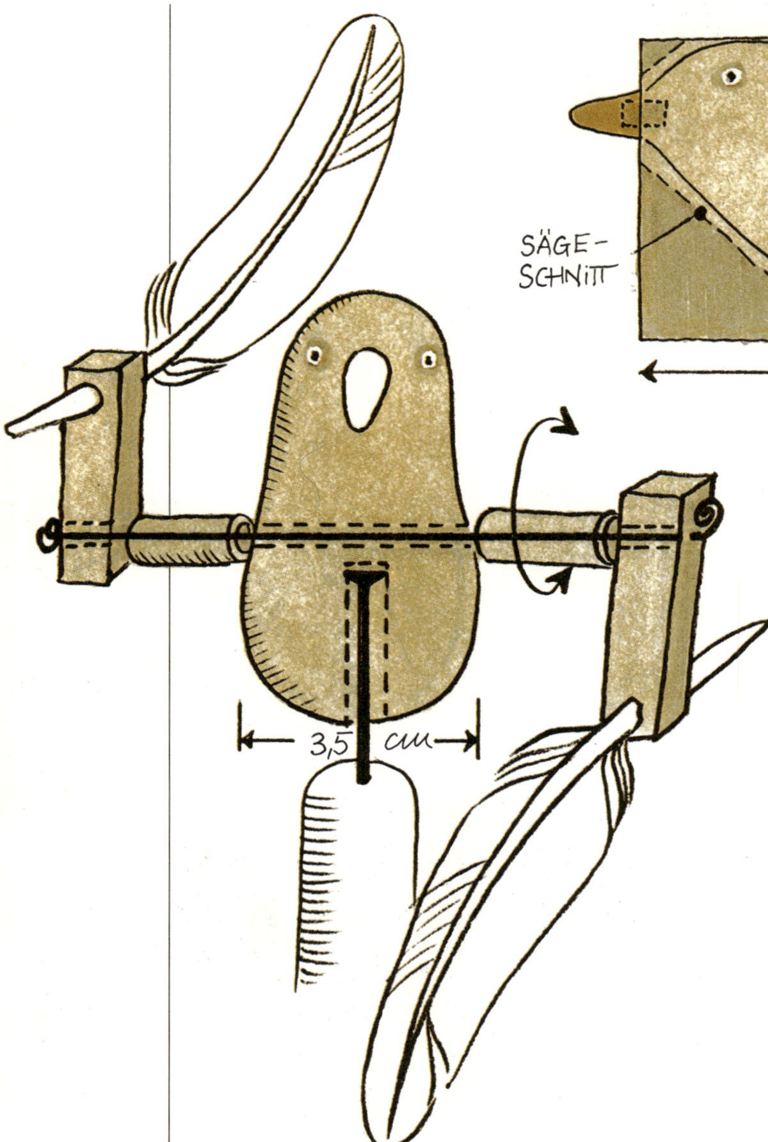

Häuptling »Schnelle Feder«
und der Soldat der Windkavallerie rudern an stürmischen Tagen mit ihren Armen um die Wette – bei leichtem Wind dreht sich ihr Körper mal in die eine, mal in die andere Richtung, und ihre Federarme schaukeln nur sachte auf und ab. Sie sind, wie der Vogel, aus Holz und stecken mit ihren Körpern auf einem Nagel an der Spitze eines Besenstiels. Gute Dienste leisten sie im Garten, wenn sie als »Vogelschreck« das frisch angesäte Beet schützen. Auf dem Balkon kannst du sie mit einer Sonnenschirmhalterung befestigen, oder du steckst sie einfach in einen Pflanztrog.

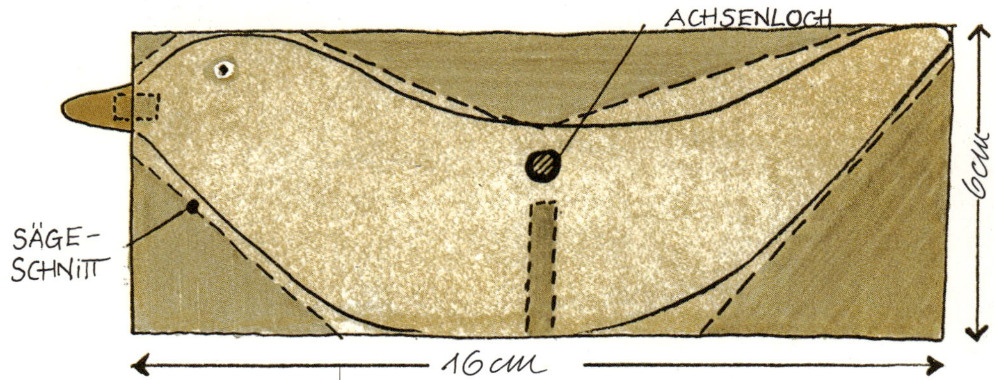

Zeichne dir den Körperumriß des Männchens oder Vogels auf ein Stück Holz (18 : 7 : 5 cm oder 3,5 : 6 : 16 cm) und säge das überflüssige »Außenrum« mit geraden Sägeschnitten weg. Mit der Raspel und dem Schleifpapier rundest du die Körper. Um die Stelle für das Loch zu finden, mit dem das Männchen auf dem Nagel sitzt, ziehst du mit einem Stift auf der Unterseite des Holzklotzes zwei Striche, diagonal, also von Ecke zu Ecke.
Wo sie sich kreuzen, mußt du bohren. Den Vogel nimmst du locker zwischen Daumen und Zeigefinger und suchst die Stelle, wo er waagerecht hängt. Dort soll das Achsenloch für die Flügelarme gebohrt werden, und knapp darunter, wo eigentlich die Füße herauskommen, das Loch für den Nagel. Beim Männchen kannst du dir das Loch für die Armachse mit Hilfe eines Winkels oder einer Wasserwaage anzeichnen. Die Löcher müssen so groß sein, daß sich der Nagel (mit Rundkopf) und der Achsendraht frei darin bewegen können. Zwischen Federarme und Körper mußt du jeweils einen Abstandhalter stecken, damit die Federn nicht am Körper schleifen. Dazu kannst du Perlen, Beilagscheiben oder Plastikröhrchen (von leeren Filzstiften abgesägt) verwenden. Die Holzarme, in denen die Federn stecken, bestehen aus Vierkanthölzern (1,5 : 1,5 cm) mit zwei Löchern: In ein Loch steckst du den Federkiel, durch das andere Loch (mit einem dünnen Bohrer gebohrt) wird die Drahtachse gesteckt und fest verankert. Biege den Achsendraht an einem Ende mit der Rundzange zu einer Schlaufe, fädle ihn durch den Holzarm, klopfe die Schlaufe mit dem Hammer um und klebe sie mit einem 2-Komponenten-Kleber an den Arm.

Die Hölzchen müssen fest mit dem Achsendraht verbunden sein und dürfen sich nicht locker um ihn drehen! (Um das zu erreichen, kannst du auch noch Kleber in die kleinen Bohrlöcher streichen.) Abstandhalter und Körper dagegen bewegen sich locker um den Draht. Der Achsendraht muß ganz gerade sein und darf keinen Knick bekommen! Achte beim Festkleben des zweiten Armhölzchens darauf, daß es genau in die entgegengesetzte Richtung schaut – wie die Tretkurbel an deinem Fahrrad.

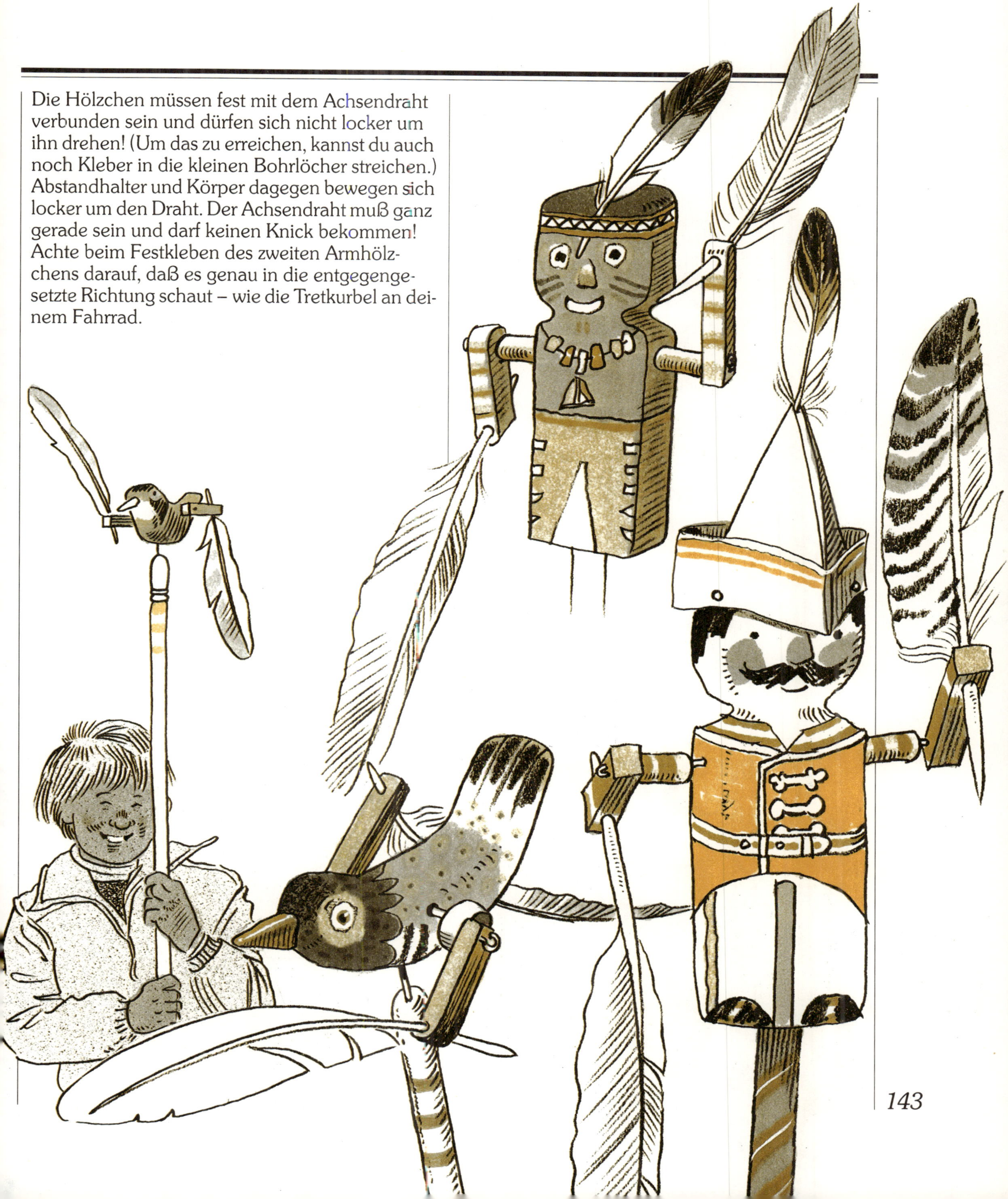

Windfallen aus Blech
wirbeln im Kreis, sobald eine Windböe sie streift. Mit einer Allzweckschere läßt sich das dünne Blech von Cola-Dosen oder Limo-Büchsen leicht einschneiden und an einer Seite herausdrücken, wie auf der Zeichnung links unten zu sehen ist. Der Wind bläst durch die Schlitze in die Kammern und dreht die Säule im Kreis. Wenn du die Blechbüchse in Schrägstreifen mit Lackfarben bemalst, sieht es aus, als würde ein endloses Farbband von oben nach unten abgewickelt werden.
Beim Windfähnchen daneben fängt sich der Wind in den gebogenen »S«-Schlaufen. Auf einer Perle dreht sich das Ganze besonders leicht, und eine festgeklebte Perle verhindert, daß das kleine Windfähnchen an der Spitze herabrutscht.
Du kannst beide, die sich drehende Dose und die wirbelnde Windfahne, auf einen Stock, auf einen Holzklotz oder in den Korken einer gefüllten Flasche stecken und in den Wind stellen.

Die Windwalze
besteht aus Papier und rollt auf Nimmerwiedersehen davon, wenn sich ihr kein Hindernis in den Weg stellt. Schneide zwei Rechtecke aus kräftigem Papier aus und bemale sie mit Wachsmalkreiden in unterschiedlichen Farben. Wenn du die Kreiden dick aufträgst und mit einem Läppchen polierst, bekommst du eine gleichmäßig glänzende Fläche; das Papier wird noch steifer und wasserabstoßend.
Schneide beide Rechtecke der Länge nach bis zur Mitte ein und stecke die Schlitze ineinander. Knikke die Enden einen Zentimeter breit um und klebe das Ganze zwischen zwei Papierkreise. Auch sie sind mit Spiralschnecken oder verschiedenfarbigen »Tortenecken« bemalt und werden dich mit diesen Mustern beim Abrollen ganz schön verwirren.

Windräder
aus weißem oder buntem Papier, aus Plastik oder dünnem Blech sind schnell gebaut und mit einer Stecknadel (mit Glaskopf) an einem Stecken befestigt. Zwischen dem Rad und dem Stock muß eine Perle als »Abstandhalter« aufgefädelt sein. Weil sie so dekorativ sind, weisen die Räder beim Windfest den Weg zur großen Wiese, markieren am Großflugtag das Flugfeld und stecken zwischen den Schüsseln des Büfetts – zwischen Windeiern und Windbeuteln.

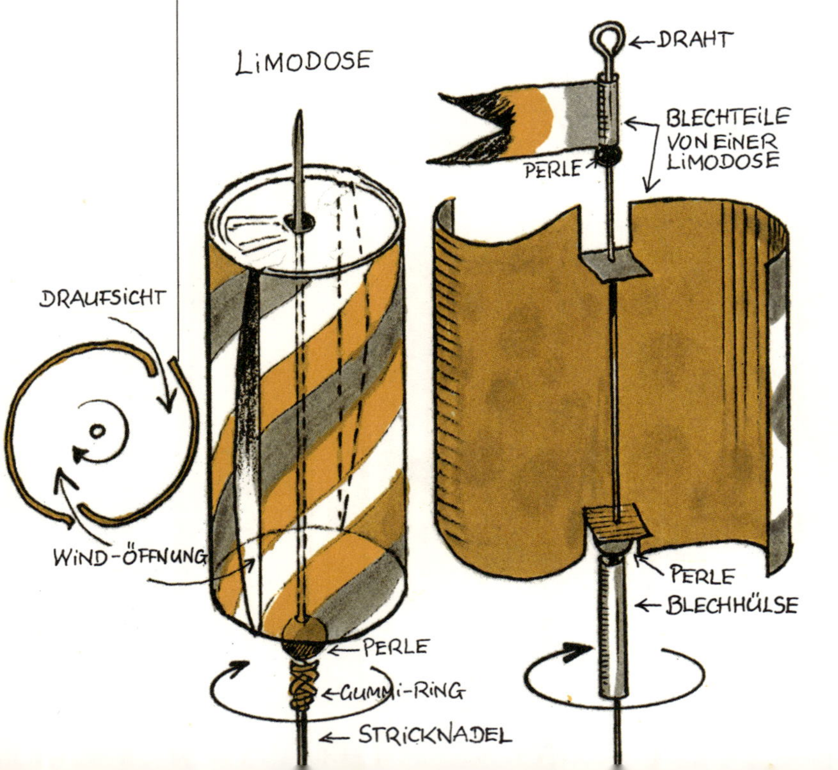

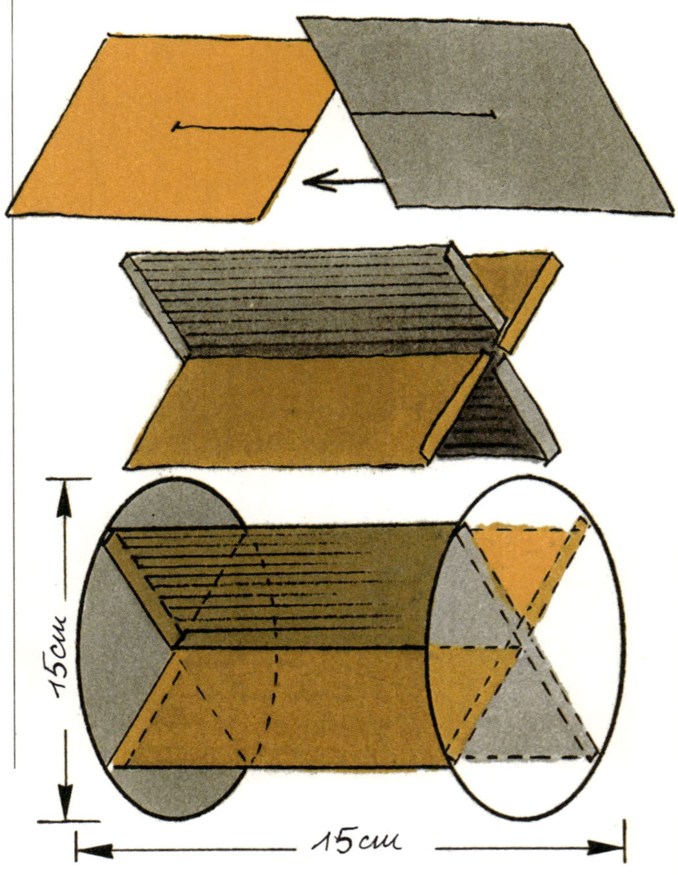

SEITENRUDER AUS BLECH
RUNDHOLZ
DRAHT
STEIN-GEWICHT
STECKNADEL

Die Winde stehen günstig
für einen Großflugtag auf der Wiese. Alles, was fliegen und flattern kann, ist dazu eingeladen: Wind- und Wirbelsäcke, Drachen und Flugschlangen, Papierflieger und Modellflieger (s. S. 168), Kometbälle (s. S. 124), Seifenblasen (s. S. 102) und fliegende Müllsäcke. Schlüpft in eure Windhosen und kommt in Windeseile! Drachenbauanleitungen findet ihr auf den nächsten Seiten.

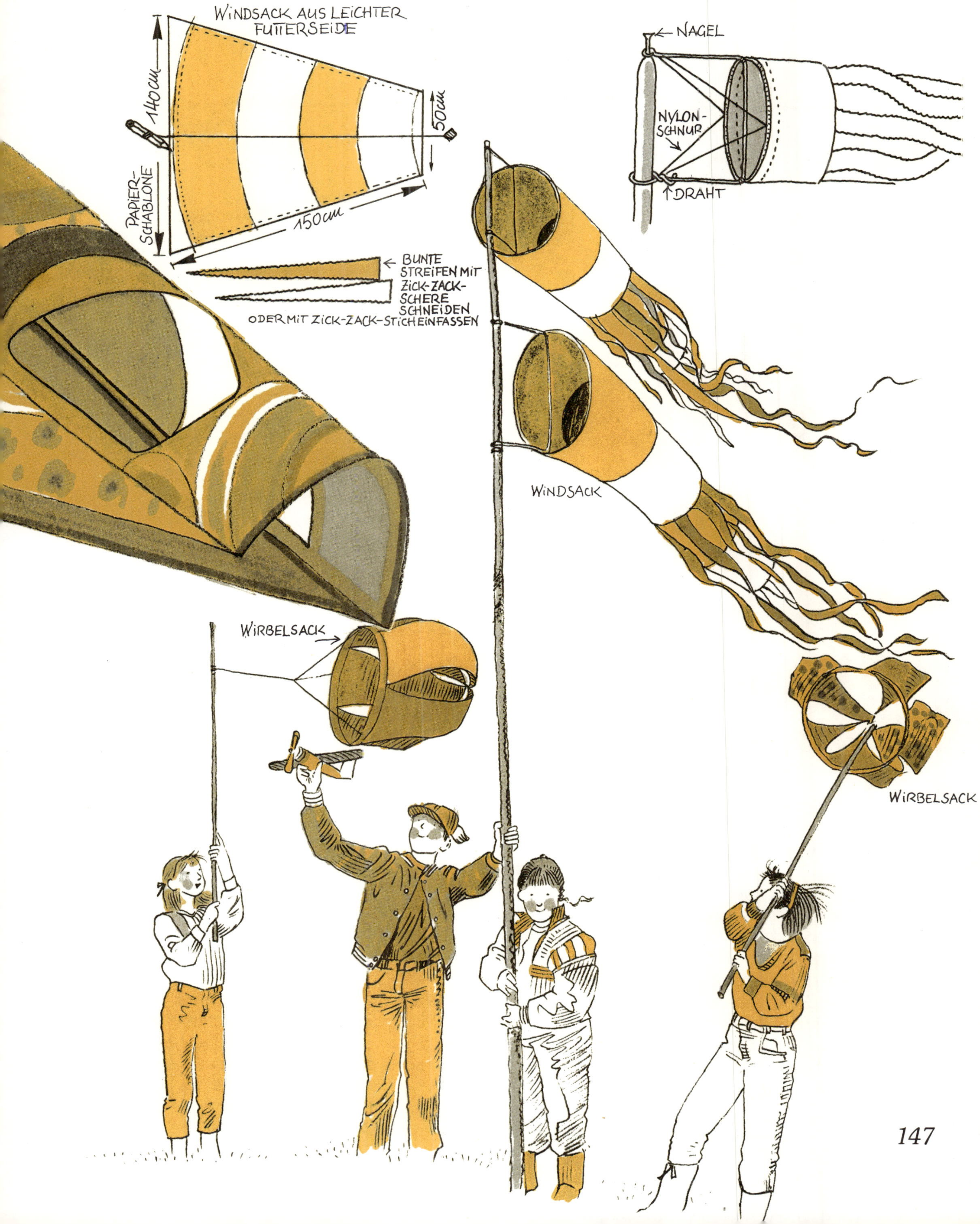
WINDSACK AUS LEICHTER FUTTERSEIDE
140 cm
50 cm
PAPIER-SCHABLONE
150 cm
BUNTE STREIFEN MIT ZICK-ZACK-SCHERE SCHNEIDEN
ODER MIT ZICK-ZACK-STICH EINFASSEN
NAGEL
NYLON-SCHNUR
DRAHT
WINDSACK
WIRBELSACK
WIRBELSACK

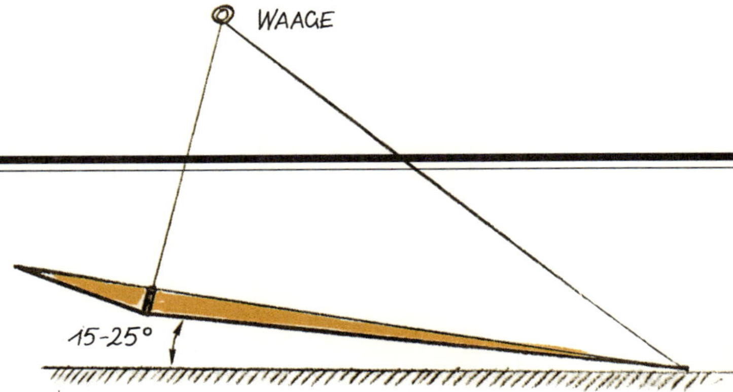

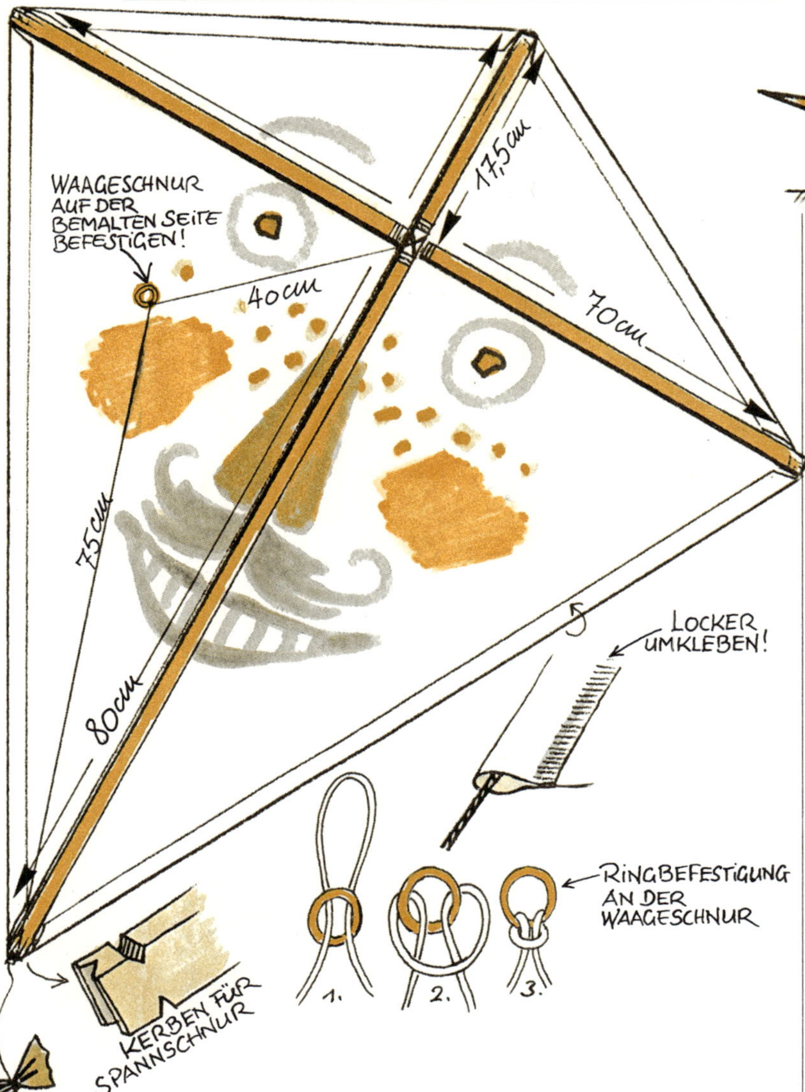

Der Diamant
ist schon ein »Klassiker« unter den Drachen – er ist bei uns die meistgebaute Form. Für das Spannkreuz brauchst du Holzleisten, die 10 mm breit und 5 mm stark sind. Binde sie zu einem Kreuz zusammen, knüpfe die Spannschnur in der unteren Kerbe des Längsstabes fest und umspanne das Kreuz. Ziehe dabei die Schnur so fest, daß sich die Querachse leicht wölbt, und befestige sie wieder an der Kerbe. Laß noch etwa 20 cm Schnur für die Schwanzbefestigung hängen. Für die Bespannung kannst du verschiedene Materialien verwenden: leichtes Zeichen- oder Packpapier, transparentes Pergaminpapier, Mülltüten oder Malerfolie, Spinnakernylon oder Kunstseide. Bemale die Stoffe oder das Papier mit breiten Filzstiften; für die Folie nimmst du Lackmaler (Spezialfilzstifte) oder flüssigen Transparentlack. Welches Material du für deinen Drachen wählst, kommt auf die Windverhältnisse an: Bei leichtem Wind Papier und dünne Folie, bei starkem Wind Stoff und kräftige Folie. Schneide die Bespannung ca. 3 cm größer als das umspannte Kreuz aus und klebe die Kanten locker um die Spannschnur. Folie kannst du mit Tesafilm befestigen. Nun kommt das Schwierigste: Du mußt die »Waage« bauen und den Zugpunkt ermitteln. Die Waage ist die Schnur, die vom Kreuzungspunkt der Leisten zum Drachenende führt und an der die Flugleine (an einem Ring am Zugpunkt) befestigt wird. Zugpunkt und Waage halten den Drachen in der richtigen Flughaltung: Bei leichtem Wind ist es ein steiler Winkel, bei starkem Wind ein flacher Winkel, mit dem sich der Drachen gegen den Wind neigt. Durch Verschieben des Ringes kannst du die Flughaltung regulieren. Und so findest du den Zugpunkt: Lege den Drachen auf den Rücken, so daß dich die »schöne« Seite, die ohne Leisten, anschaut. Hole die Waageschnur, die du vorher am Kreuzungspunkt auf der Leistenseite festgeknüpft hast, mit Hilfe einer Nadel zur glatten Seite herüber. Wenn du ein Stückchen Klebestreifen an diese Stelle klebst, kann das Loch nicht weiter ausreißen. Das andere Ende der Waageschnur knotest du am unteren Ende des Längsstabes fest. Hänge jetzt die Waageschnur über einen Finger und schiebe die Schnur so lange hin und her, bis das längere Ende des Drachens einen Winkel von 15–25 Grad zum Boden bildet. An der Stelle machst du eine Schlinge (siehe Zeichnung) und befestigst den Zugring daran. Bei unserem Diamant-Drachen ist die Stelle für den Zugring an der Waageschnur durch Maße schon angegeben.

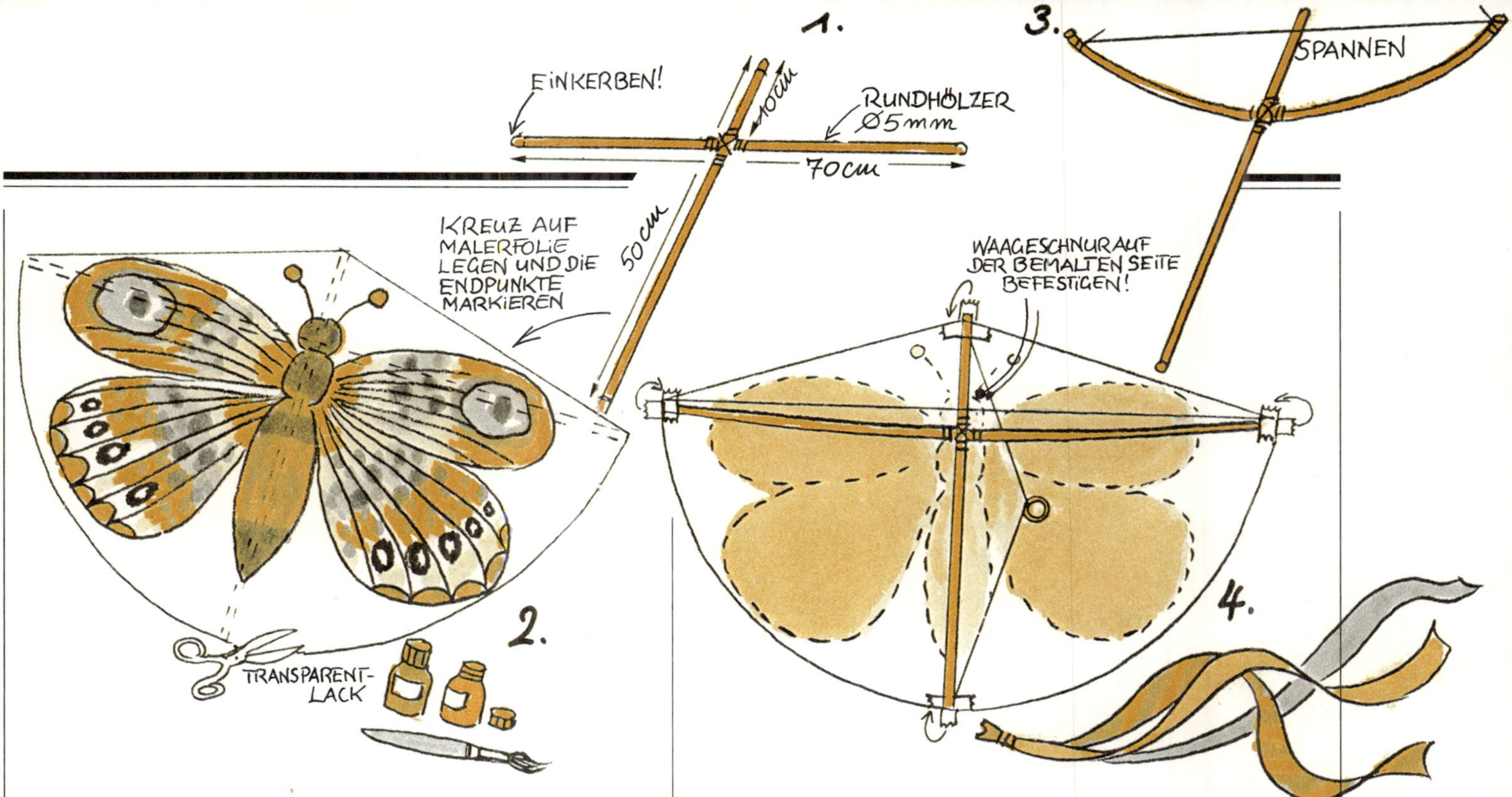

Beim Schmetterlingsdrachen oder bei einem Drachen mit anderer Leistenlänge mußt du den richtigen Zugpunkt erst finden. Jetzt braucht dein Drachen – zur Stabilisierung – noch einen Schwanz aus Papierfetzen und Schnur oder aus Stoff- oder Folienstreifen. Auf geht's in die Lüfte!

Der Schmetterlingsdrachen
braucht auch ein Spannkreuz, doch nur die Querachse wird mit einer Schnur leicht gebogen. Sein Segel aus durchsichtiger Folie wird mit Klebestreifen an den Rundhölzern befestigt, und sein Flügelpaar glänzt in farbenprächtiger Transparentlack-Bemalung.

Der Schlittendrachen
wird aus einem aufgeschlitzten großen Müllsack geschnitten. Die Löcher für die Schnurbefestigung kannst du wieder mit Klebestreifen sichern.

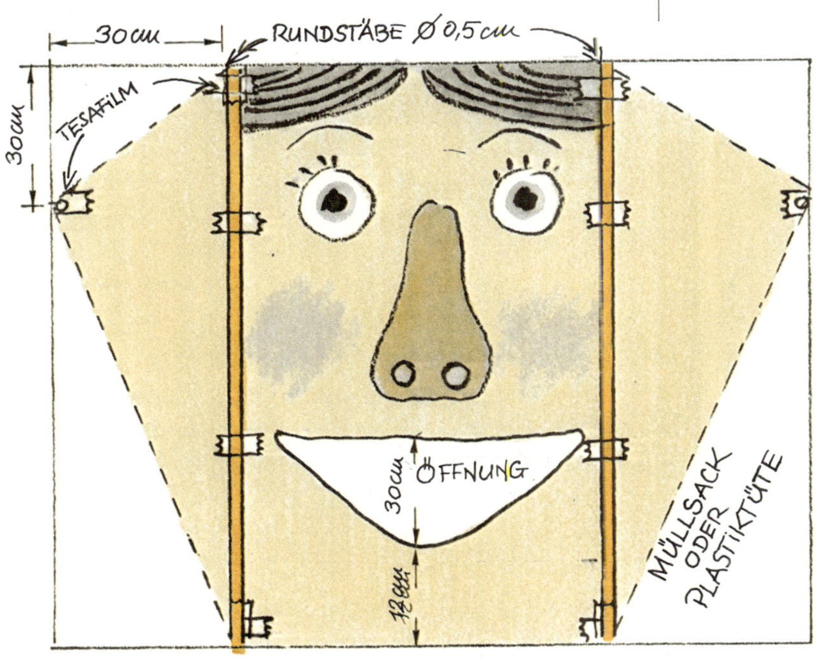

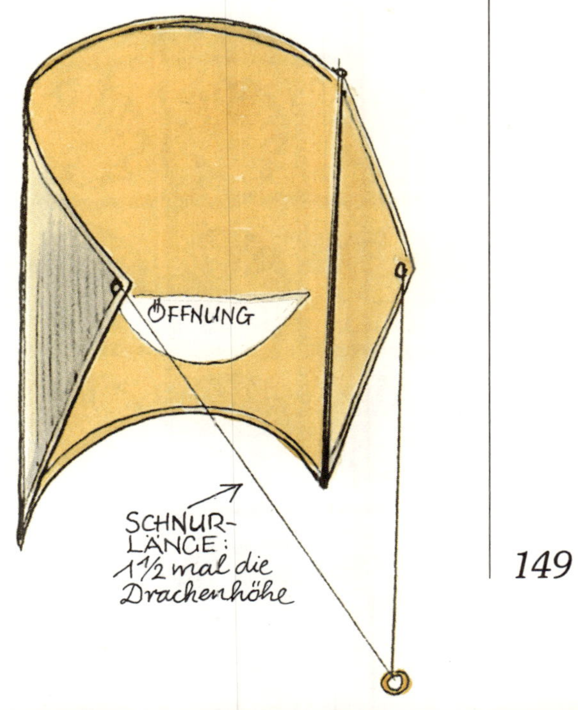

Steinchenraten

Wer erreicht als erster die Mitte? Wer richtig rät, gewinnt! Es ist ein Spiel für zwei, und ihr müßt euch dazu – wie bei einer Zielscheibe – Kreis um Kreis mit einem Stöckchen in den Sand zeichnen. Zwei Kästchen sind die Ausgangsposition der Hüpfsteine. Nun versteckst du einen dritten Stein hinter dem Rücken in einer Hand. Errät dein Spielpartner die richtige Hand, darf er mit seinem Stein einen Ring zur Mitte hin hüpfen – so lange, bis er einmal falsch geraten hat, dann bist du an der Reihe.

Muschelsammeln

Hier kommt es nicht darauf an, daß du viele Muscheln hast, sondern daß du nicht die letzte erwischst: In einem Raster von 4 mal 4 Feldern liegen 16 Muscheln. Abwechselnd nehmt ihr, du und dein Mitspieler, eine oder mehrere (höchstens vier) Muscheln weg. Sie müssen sich aber in einer senkrechten oder waagerechten Reihe und unmittelbar hintereinander befinden.

Sternmühle
Jeder von euch beiden sucht sich drei Muscheln von gleicher Art. Sie unterscheiden sich deutlich von denen des Partners. Legt sie abwechselnd auf die Kreuzungspunkte der Sternmühle und versucht damit eine »Mühle« zu bauen: Eure Muscheln müssen in einer Reihe liegen (mit den Diagonalen habt ihr dazu acht Möglichkeiten). Gleichzeitig aber müßt ihr aufpassen, daß euer Mitspieler keine Mühle zustande bringt. Versucht, ihm mit einer eurer Muscheln den Weg zu verbauen. Wenn alle Muscheln gelegt sind, aber noch keiner eine Mühle hat, geht es ans Hüpfen: Es darf immer nur von Kreuzungspunkt zu Kreuzungspunkt gesprungen und dabei keine Muschel übersprungen werden. Wer zuerst seine Muscheln in einer Reihe hat, darf sich stolz »Mühlenbesitzer« nennen und hat gewonnen.

Babylonische Türme
– aus flachen Steinen. Wer schafft die meisten Stockwerke, bevor der Turm zusammenstürzt?

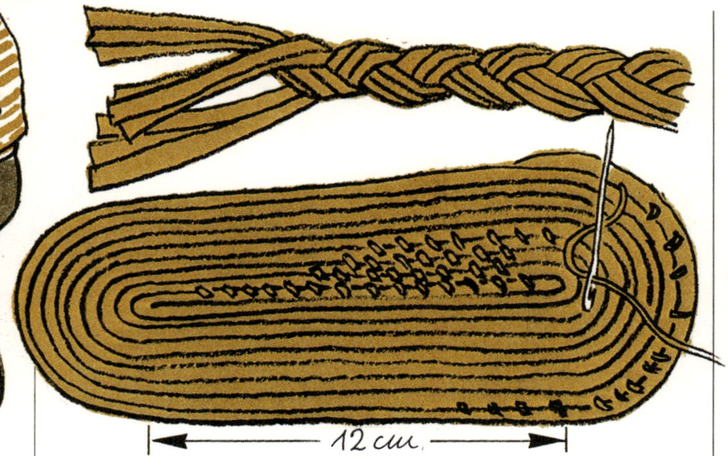

Der Vielfraß
fletscht furchterregend seine Zähne – wer ihm zu nahe tritt, wird von ihm verschlungen! Bildet einen Kreis und zeichnet den Riesenkopf des Unholds hinein. Jetzt faßt ihr euch an den Händen, und es beginnt ein großes Ziehen und Schieben – jeder versucht den anderen auf den Riesenkopf zu zerren, ohne dabei selber über die Linie zu treten und »gefressen« zu werden.

Strandschuhe aus Bast
kannst du dir aus 2–3 Bund Naturbast (vom Gärtner oder Hobbyladen) selber machen. Beginne mit einem Knoten und flechte dir einen fingerdikken, etwa 4 Meter langen Zopf. Wenn ein Bastfaden zu Ende geht, flechte kurz vorher einen neuen mit ein. Das fertige Zopfband stellst du dann auf die Kante, knickst es nach ca. 12 cm um und nähst es mit einem dünneren Bastfaden (von einem breiten Bastfaden abgespalten) Runde für Runde, oben und unten aneinander. Ein dicker Zopf wird zum Schuhriemen, ein dünnerer zum Zehenriemen. »Zoris« nennt man diese Sandalen in Japan.

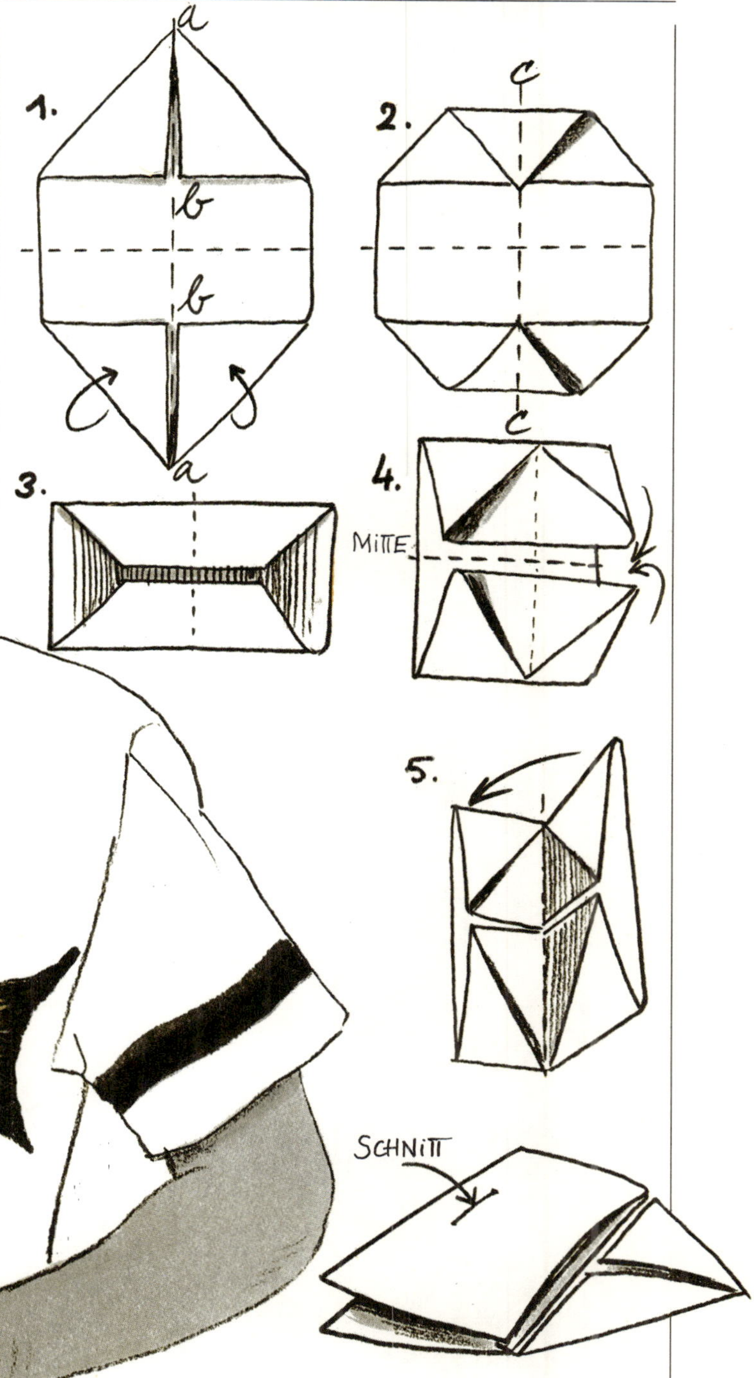

Die Papiertasche
ist schnell gefaltet. Du kannst in ihr Kleinigkeiten verstauen oder sie zum Transport deiner Strandschätze verwenden.

ca. 10 m
STOFFBAHN

LEISTE
Tante Emma

Zwischen Seilen

läßt sich balancieren, mit daran befestigten Plastikrohren und Autoreifen schaukeln und toben. Zum Ausruhen oder Träumen kannst du dich in eine Riesenhängematte aus einer ewiglangen Stoffbahn legen und dich gemütlich zwischen den Bäumen wiegen.

Obstkisten-Laden

Emma fällt für ihre Kunden immer etwas Neues ein: Mal wird ihr Stand zu einem Blumengeschäft, mal zu einem Spieleverleih, mal macht sie daraus eine Kunstgalerie mit selbstgebastelten Gegenständen, mal ein Puppenwohnheim, eine Leihbücherei oder – einen Saftladen.

Auf der Wasserrutsche
geht es mit »Juhu« über die nasse, dicke Plastikfolie den Wiesenhügel hinunter, und sofort läuft jeder wieder den Hang hoch, zu einer neuen Rutschpartie! Diesmal auf dem Bauch! Noch mehr Gaudi gefällig? Wie wäre es mit einem Flutschballspiel?

Kennst du den Flutschball?
Er ist ein seltsames Wurfgeschoß. Das anvisierte Ziel erreicht er selten: Nach dem Abwurf torkelt er völlig unberechenbar durch die Gegend, denn es wirkt in ihm sowohl die Flieh- als auch die Schwerkraft.
Stopfe einen kleineren Luftballon in einen größeren, laß aber den Hals des kleineren noch so weit herausschauen, daß du ihn über einen Wasserhahn ziehen kannst. Wenn er halb mit Wasser gefüllt ist, knotest du ihn zu, läßt ihn in den großen Ballon plumpsen und bläst diesen auf.

Ein Planschbecken aus Flaschenträgern und dicker Plastikfolie vom Baumarkt kannst du auch mit einer Wasserkippe füllen. Sie wurde früher in Gebirgsgegenden als mechanischer Hammer in der Schmiede benutzt.
Auf ein Ende des Wippbalkens schraubst du eine Blechbüchse mit einer Gummi-Beilagscheibe; am anderen Ende mußt du das Gewicht (der zu zwei Dritteln mit Wasser gefüllten Büchse) mit einem dicken Stein ausgleichen. In gleichmäßigem Klopftakt wird sich das Becken schubweise mit Wasser füllen.

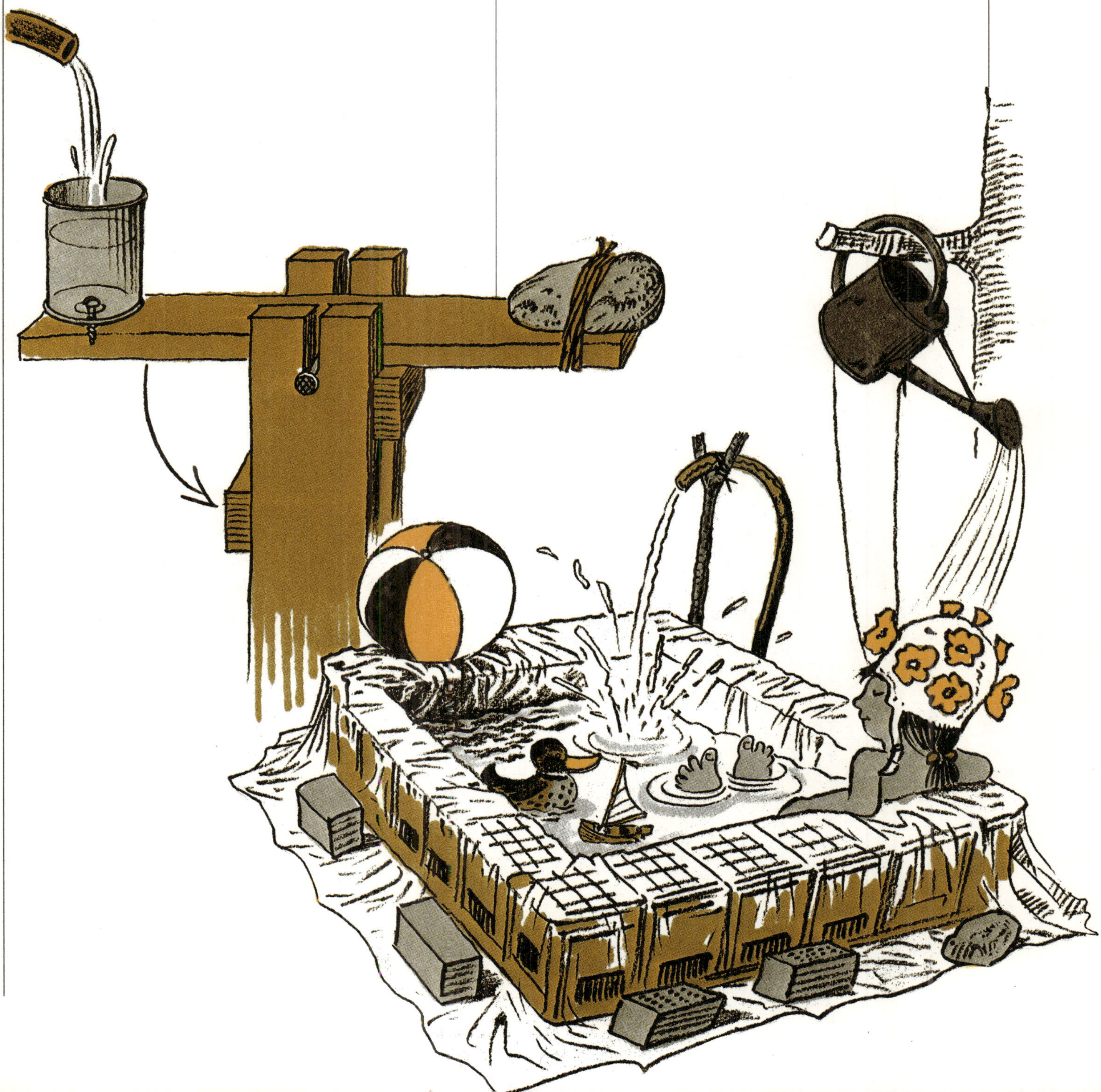

Pfennigfuchsen oder Plattln

Mit platten, flachen Steinen versucht ihr eine Dose zu treffen, auf der Pfennige liegen. Fällt sie um, darf sich der Werfer alle Pfennige holen, die mit der Zahl nach oben liegen. Trifft er nicht, muß er einen weiteren Pfennig auf die Büchse legen.

Zum Ditschen und Dippsen

braucht ihr eine Hauswand und Steinchen (Nüsse, Kastanien). Beim Ditschen werft ihr euren Stein aus 3–5 m Entfernung an die Wand und meßt, wenn alle geworfen haben, den Abstand zwischen den Steinen und der Mauer. Der, dessen Stein am nächsten liegt, hat gewonnen. Liegt ein Stein schon ganz nahe der Mauer und ihr habt euren Stein noch nicht geworfen, so müßt ihr mit gezieltem Wurf versuchen, den anderen aus seiner guten Position »wegzuditschen«.
Zum Dippsen zeichnet ihr euch ein Kästchen, 20 : 20 cm, mit Kreide vor die Hauswand.
Einigt euch, wie viele »Dippsnüsse« bei einem Durchgang jeder werfen soll (mindestens zwei!), und versucht sie aus einer Entfernung von 3 m in das Kästchen zu bekommen. Sind alle Nüsse geworfen, geht es ans Dippsen: Durch Anschubsen mit dem gekrümmten Zeigefinger oder durch Schnipsen mit Daumen und Zeigefinger versucht ihr, die noch außerhalb liegenden Nüsse ins Kästchen zu rollen. Trefft ihr ins Kästchen, könnt ihr weiterdippsen, bis alle drin sind, trefft ihr daneben, kommt der nächste an die Reihe. Gewinner sämtlicher Nüsse im Kästchen ist der, der die letzte Nuß in den Kasten dippsen konnte.

»Teddybär, Teddybär, dreh dich um«
sprechen die Seilschwinger im Chor, und brav macht der hüpfende Bär, was sie wollen. »Teddybär, Teddybär, mach dich krumm, Teddybär, Teddybär, zeig dein' Schuh, Teddybär, Teddybär, wie alt bist du?« fragen ihn die Seilschwinger. Der Bär antwortet ihnen mit Sprüngen: Er hüpft so lange, bis er einen Fehler macht, und alle zählen dabei laut seine Sprünge mit. Der älteste Bär – der mit den meisten Sprüngen – wird Oberhaupt der Teddy-Familie.

Für Hüpf- und Hinkelkästchen
braucht ihr Pflaster oder festen Erdboden. Zeichnet mit Kreide oder mit einem Stöckchen für jeden Wochentag ein Kästchen auf den Boden. Werft den flachen Hinkelstein ins Montagskästchen und springt auf einem Bein in alle Wochentags-Felder. Auf dem Sonntagsfeld dürft ihr mit beiden Beinen ausruhen. Wenn ihr wieder auf dem Montagsfeld seid, bückt ihr euch und hebt, auf einem Bein stehend, den Stein auf. Jetzt wird der Stein ins Dienstagsfeld geworfen usw., bis alle Tage durch sind. Bei den folgenden Runden tragt ihr den Stein springend entweder auf dem Handrücken, auf dem Kopf oder auf dem vorgestreckten Fuß von seinem Liegeplatz an den Startplatz zurück.

Beim Schneckenhüpfen
müßt ihr es bis in die Mitte und wieder zurück schaffen, dann dürft ihr euch ein Kästchen reservieren, auf dem ihr, wenn ihr wieder an der Reihe seid, ausrasten könnt.

Bei der großen Hindernis-Rallye
soll ein abgegrenztes Feld einmal umrundet werden, und dabei sind von den Teilnehmergruppen verschiedene Aufgaben zu erfüllen.
Jede Gruppe trägt ein andersfarbiges »Armband«. Die einzelnen Stationen sind mit Fähnchen gekennzeichnet.
Ein Fähnchen zeigt jeweils den Startplatz, ein anderes, in 15–20 m Entfernung, den Wendepunkt an. Es stehen dort auch die Spieleinweiser und Schiedsrichter, die jede Gruppe betreuen. Hat eine Mannschaft eine Station mit Glück und Geschick durchlaufen, bekommt jeder Mitspieler einen Stempel auf seine umgehängte Spielekarte. Ein lauter Papiertütenknall gibt das Startzeichen, und los geht's! Wer alle Stationen durchlaufen hat, dem wird die begehrte Rallye-Brezel am Band um den Hals gehängt.

Beim Schlappschuhlaufen
trägt jeder von euch ein paar Schlappen aus Zeitungspapier: Die Zeitung wird gefaltet und in der Mitte handbreit eingerissen. In den entstandenen Schlitz schlüpft ihr mit dem Fuß hinein. Schlurft vorsichtig um die Wendemarke!
Wer seine Schuhe zerreißt, der muß sich neue machen und die Runde noch einmal drehen.

Zum Wasserholen
braucht jede Gruppe einen Schwamm und zwei Eimer. Einer steht, halbvoll mit Wasser gefüllt, am Start, der andere leer an der Wendemarke. Jeder Läufer taucht einen Schwamm in den vollen Eimer und trägt damit das Wasser zum leeren Eimer. Den ausgedrückten Schwamm übergibt er dem nächsten Läufer. Jede Gruppe muß so lange laufen, bis ihr Starteimer leer und ihr Eimer an der Wendemarke gefüllt ist.

Die Sanitäter
haben alle Hände voll zu tun, damit ihr schwieriger Patient nicht von der Bahre rollt. Und auf dem Weg zur Erste-Hilfe-Station am Wendepunkt müssen sie viele lästige Hindernisse überwinden.

Wasserballonschleppen
ist eine schlüpfrige Angelegenheit. Eine schwabbelige Riesenwurst wird aus einer Wanne genommen, die am Start steht und noch mit mehreren Reserveballons gefüllt ist. Der Ballon wird vom ersten Mann in der Reihe weitergereicht, die wartende Läuferreihe entlang gibt jeder den Ballon weiter an seinen Hintermann – bis zum letzten. Der letzte läuft nun nach vorne, um den Wendepunkt herum und übergibt am Startplatz dem ersten in der Reihe den Wasserballon. Der reicht ihn wieder nach hinten weiter, und der letzte läuft wieder zum Wendefähnchen und zurück. Wer gelaufen ist, stellt sich vorne in die Reihe und rückt während des Spiels immer weiter nach hinten.
Wenn der erste Läufer wieder an der letzten Stelle angelangt ist, hat die Gruppe dieses Hindernis bezwungen.

So wirst du ein Känguruh:
Klemm dir einen aufgeblasenen Luftballon zwischen die Knie – hopp, hopp, hopp geht es damit zum Karton. Spring mit dem Ballon hinein und laß ihn dort fallen. Dann laufe zum Startplatz zurück und schlage den nächsten Känguruh-Läufer ab. Der läuft jetzt zur Schachtel, springt hinein, klemmt sich den Ballon zwischen die Knie, hüpft damit wieder heraus und hopp, hopp, hopp zurück zu den anderen.

Flaschenausleeren
gehört zu einem Ballspiel, das von den Kindern gerne an einem lauen Sommerabend auf der großen Wiese vor der Gartenwirtschaft gespielt wird: Ihr bildet einen großen Kreis. Vor jedem Mitspieler steht eine mit Wasser gefüllte Limoflasche. Einer verläßt den Platz hinter seiner Flasche, stellt sich in die Mitte, wirft einen Ball in die Höhe und ruft dazu den Namen eines Mitspielers.
Der Aufgerufene versucht den Ball so schnell wie möglich – noch im Flug oder erst auf dem Boden – zu fassen. Sobald er ihn hat, ruft er: »Halt!«
Der Ballwerfer ist inzwischen zu der verlassenen Flasche des Fängers gelaufen und läßt so lange das Wasser herausgluckern, bis er das »Halt!« hört. Dann geht er auf seinen Platz, zu seiner eigenen Flasche zurück und lauert darauf, daß sein Name aufgerufen wird. Ist eine Flasche ganz geleert, scheidet ihr Besitzer aus.

Ball über das Tuch
wird genauso gespielt wie Ball über die Schnur: Der Ball darf den Boden nicht berühren! Die Mannschaft muß gut im Feld verteilt sein, da man nie weiß, aus welcher Richtung der Ball kommt. Und der Schiedsrichter muß beide Gruppen gut im Blick haben!

Baumumwickeln und Wäscheaufhängen
sind zwei weitere Stationen bei der großen Hindernis-Rallye: Der Läufer muß einen dicken Baumstamm mit einem Band oder Seil umwickeln beziehungsweise Wäsche mit Klammern auf eine Leine hängen.
Wenn die Läufer fertig sind, rennen sie zu ihrer Gruppe zurück, und nun wickeln die nächsten Läufer das Band vom Baum wieder ab beziehungsweise nehmen die Wäsche von der Leine. Die folgenden Läufer wickeln wieder ein und hängen wieder auf, usw.
Für solche Staffeln könnt ihr euch noch viele andere Aufgaben ausdenken, zum Beispiel: Gummistiefel-Weitschleudern oder Kirschkern-Weitspukken; Maulwurfkrabbeln – das Ziel ist eine große Plane, unter der jeder Spieler hindurchkriechen muß; oder Stockschlagen mit verbundenen Augen auf wassergefüllte Ballons, die an einer Leine hängen.

Beim Pendelball
spielt ihr euch den Ball im Kreis einhändig oder beidhändig gegenseitig zu oder gebt ihn durch Schlagen kreisend in der Runde weiter.

Mit einem Blumenzauber
eröffnet der Große Meister die Reihe der »möglichen Wunder«, die auf den nächsten Seiten folgen. Es ist ganz einfach – du kannst es auch: Besorge dir einen Zauberhut! Es muß kein Zylinder sein, aber über deinem Kopf sollte noch etwas Platz bleiben. Nimm eine Blumenzwiebel oder eine Gemüsezwiebel und stelle Zaubersalz und Zauberwasser in deine Nähe. Nachdem du dein Publikum feierlich begrüßt hast (ohne dabei den Hut abzunehmen!), zeigst du ihm die Zwiebel. Du berichtest von den gigantischen Wachstumskräften, die in der kleinen Knolle stecken, die du mit Hilfe deiner Zauberkunst gerne sichtbar machen möchtest.

Die äußerst genügsame Pflanze braucht nichts weiter als einen Nährboden mit Mineralien und Wasser. Setze dich auf einen Stuhl und laß dir von deiner liebenswerten Assistentin einen Schuh ausziehen. Die Socke ziehst du selber aus und schwenkst sie bedeutungsvoll in der Luft: Deine Zauberersocke kann der Wunderzwiebel jeden anderen Nährboden ersetzen! Du versenkst die Zwiebel darin, denn sie braucht Dunkelheit und Wärme zum Keimen. Noch ein bißchen Zaubersalz-Mineralien und ein Schuß Zauberwasser darüber, und du kannst die Socke wieder anziehen. Deine Assistentin tritt charmant zur Seite und du, strumpfsockig, aber galant, vor dein Publikum.

Regungslos verharrst du und wartest – wie die Zuschauer – auf die Wirkung. Es fängt ganz leise an, unten in den Zehenspitzen: Ein Kribbeln und Krabbeln, ein Rucken und Zucken geht über deinen Fuß, das Bein hinauf, über den Rücken zu Schultern und Nacken. Du schüttelst dich und juckst dich; schließlich verdrehst du die Augen und nimmst langsam den Hut vom Kopf. Eine wunderschöne frische Blume kommt zum Vorschein. Sie hat sich von der Zwiebel ihren Weg durch die Kleider, durch dein Hemd und den Hemdkragen bis unter den Hut gebahnt und ist in weniger als drei Minuten erblüht! Wenn das keine sensationellen Zauberkräfte sind!

Briefe, die man nur mit Bügeleisen lesen kann

Briefe, die man nur mit Bügeleisen lesen kann, schicken sich gerne Zauberer und andere Mitglieder des magischen Zirkels.
Sie schreiben sie mit Zaubertinten, wie sie in jeder Küche zu finden sind: Zitronensaft, klare Zitronenlimonade, Zuckerwasser oder Milch.
Schreibt man mit Federhalter und Feder oder mit dem Pinsel auf weißes Papier, ist nach dem Trocknen nichts mehr zu lesen! Erst wenn der Briefempfänger mit dem heißen Bügeleisen über die Zauberbotschaft fährt, treten, wie bei einem Polaroid-Foto, die Schriftzeichen deutlich lesbar hervor.

Mit der fliegenden Serviette
kommst du dem Geheimnis der Montgolfieren und Heißluftballons auf die Spur. Nimm eine einfache Seidenpapierserviette, rolle sie zu einer lockeren Röhre zusammen und stelle sie auf einen Teller. Mit einem Streichholz zündest du sie am oberen Rand an. Die Serviette verbrennt und hinterläßt eine Röhre aus Asche, die, noch ehe die ganze Serviette verbrannt ist, vom Teller abhebt und brennend in die Höhe steigt. Von einem Luftzug getrieben, segelt sie sogar durchs offene Fenster davon. Die heiße Luft, die sich im Inneren der Röhre gebildet hatte, ließ sie aufsteigen. Wenn Luft sich erwärmt, dehnt sie sich aus – der Abstand zwischen ihren Molekülen wird größer –, und sie wird dadurch leichter als die Luft der Umgebung. Sie steigt hoch und kann sogar etwas Leichtes, wie die Aschenhülle der Serviette, mitnehmen. Das gleiche Prinzip wirkt bei Montgolfieren und Heißluftballons, deren Luft heute mit Gas erwärmt wird.

Einen Heißluftballon aus Seidenpapier,
das kleine Modell des großen Fesselballons, hast du schnell nachgebaut. Es besteht aus 8 Bahnen und wird dir bis zur Schulter reichen. Besorge dir aus dem Schreibwarengeschäft 16 bunte Bögen Seidenpapier und eine Flasche Technicoll-Kleber. Du mußt immer zwei Bögen aneinanderkleben, damit das Papier lange genug für ein Ballonteil wird. Laß die Seidenpapierteile beim Zusammenkleben in der Mitte gefaltet und klebe sie mit einem durchgehenden dünnen Strich Flüssigkleber ziehharmonikaartig aneinander. Erst mit der letzten Klebenaht, bei der du den ersten mit dem achten Papierteil zusammenfügst, stülpst du alle anderen Nahtkanten nach innen (die letzte Klebenaht sieht nach außen). Klebe die runde Ballonöffnung fingerbreit um einen leichten Drahtring und befestige über der Ballonspitze eine Schlaufe aus Seidenpapier zum Halten.
An einem windstillen Tag suchst du dir für den Start ein freies Gelände und stellst unter die Ballonöffnung entweder einen Camping-Gaskocher, eine durchlöcherte Büchse mit Grillfeuer oder ein Heißluftgebläse.
Wenn die Außentemperatur nicht zu niedrig ist, wird sich der Ballon mit Heißluft blähen, sich bald erheben und davonsegeln – so lange, bis sich die Luft wieder abkühlt und der Ballon zur Erde sinkt.

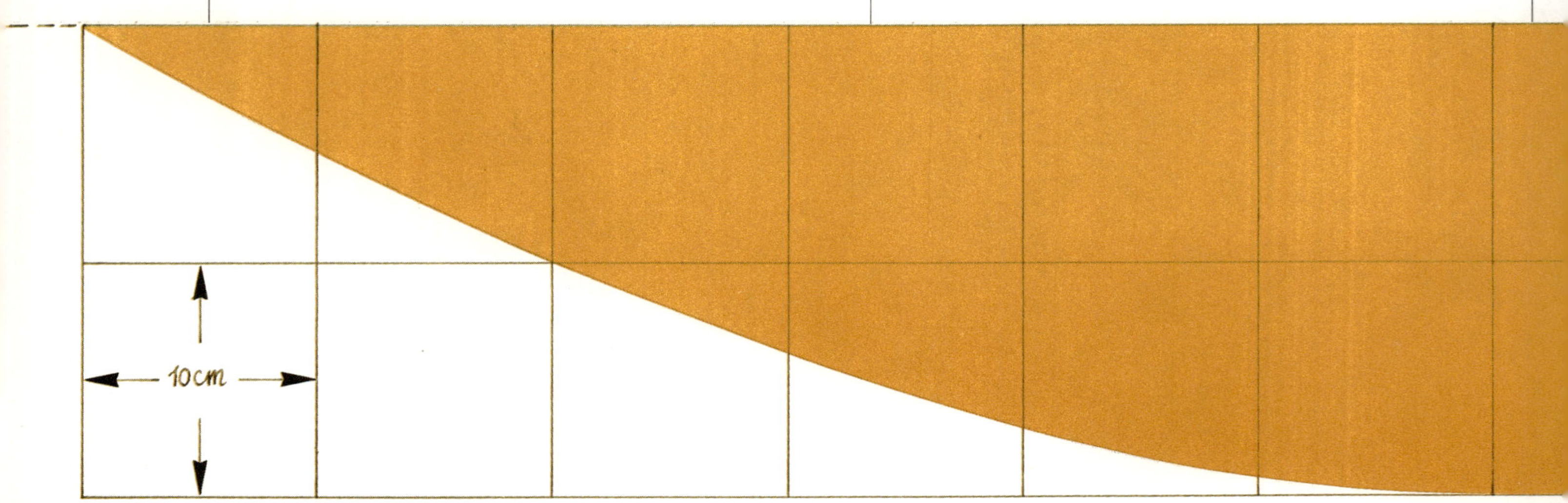

SEIDENPAPIER-
SCHLAUFE
FLÜSSIG-
KLEBSTOFF
DRAHTRING

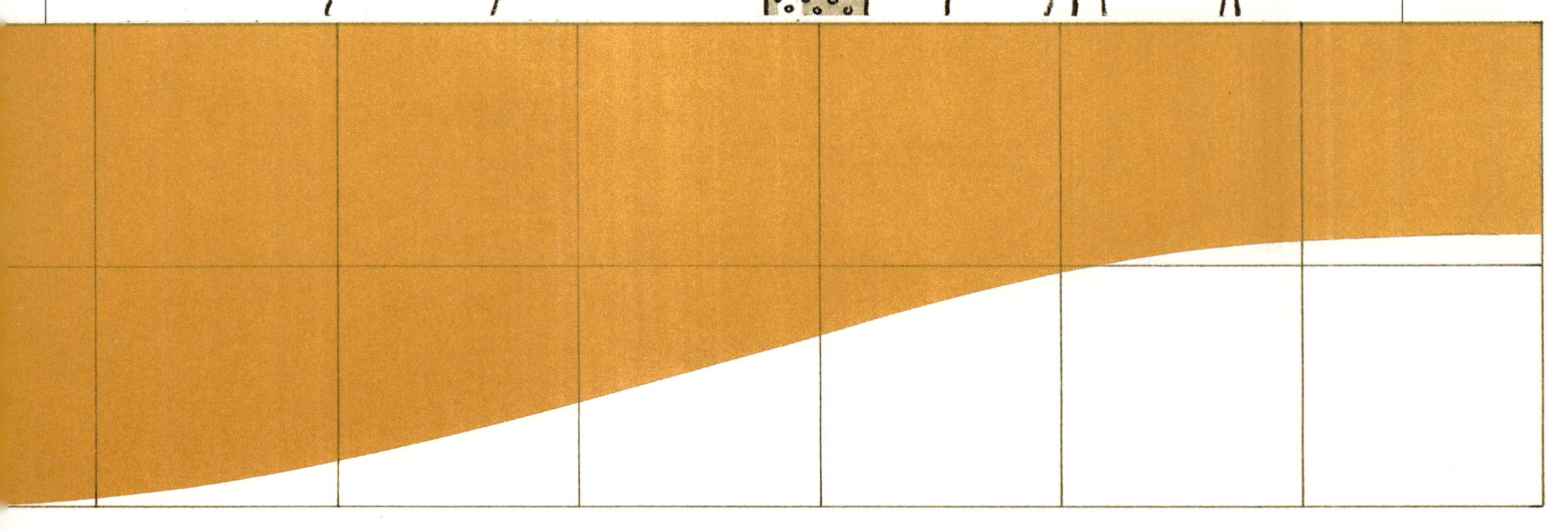

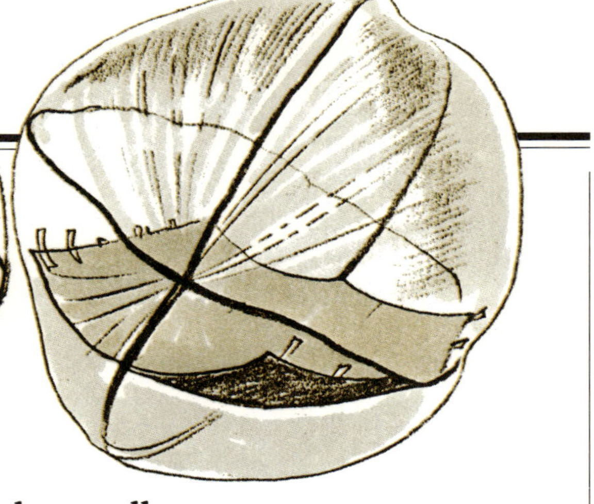

Die Luftwurst
steigt an windstillen Sonnentagen mit Hilfe der Sonnenenergie in die Höhe. Die Hülle besteht aus dünner, durchsichtiger Malerfolie, in die mit Tesafilm ein Stück hauchdünner schwarzer Folie eingeklebt ist. Binde die Wursthülle an einem Ende zusammen. Nun laufe gegen den Wind und fülle den Schlauch mit Luft, bis die Wurst prallvoll ist – dann binde sie auch am anderen Ende zu. Jetzt lege die Wurst so auf den Boden (Vorsicht vor spitzen Steinen und Dornen!), daß das schwarze Rechteck voll von der Sonne bestrahlt wird, und halte sie an einer Nylonschnur fest. Nach einiger Zeit hat sich die Luft im Innern so erwärmt, daß die Wurst wie ein Solar-Flugkörper gen Himmel steigt. Laß sie nicht zu hoch hinauf, du gefährdest sonst, wie auch mit einer zu langen Drachenschnur, den Luftverkehr.

Die Streichholzflieger
können nicht aus eigener Kraft starten, sie werden alle vom Streichholzschachtel-Airport wegkatapultiert. Ihre Tragflächen, ihre Seiten- und Höhenleitwerke sind aus starkem Papier und werden auf den Streichholzrumpf geklebt.

Ein Holzpropeller
zeigt dir das Prinzip der Hubschrauber-Rotoren. Rolle den Stab schnell zwischen deinen Handflächen und lasse ihn mit einem Drall los – die Drehung setzt sich über den Stab in den Propeller fort, und er wird einige Meter hoch fliegen.

Ein Jumbo
eröffnet die Serie der Wurfgleiter. Der Rumpf besteht aus Styropor; das Schwergewicht ist durch eingedrückte Nägel in die Spitze verlagert worden. Die Tragflächen sind plan, also ohne Anstellwinkel, daran befestigt. Sie bestehen, ebenso wie das Leitwerk und Höhen- und Seitenruder, aus Pappe. Durch Umknicken kannst du die Ruder verstellen und dem Flugzeug einen anderen Kurs geben.

Beim Segelflieger
wird durch Aufbiegen der Papiertragflächen die Querstabilität verbessert – er »schmiert« nicht mehr so leicht ab. Wie der Jumbo hat auch er bewegliche Ruder. Sein Rumpf aus einem Plastikhalm wird am Heck mit einer Büroklammer beschwert.

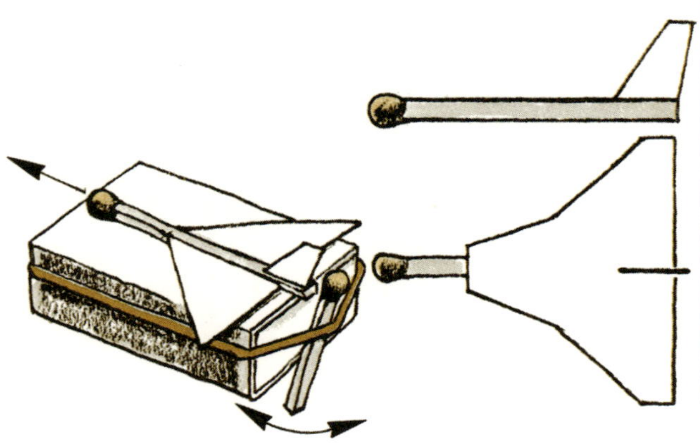

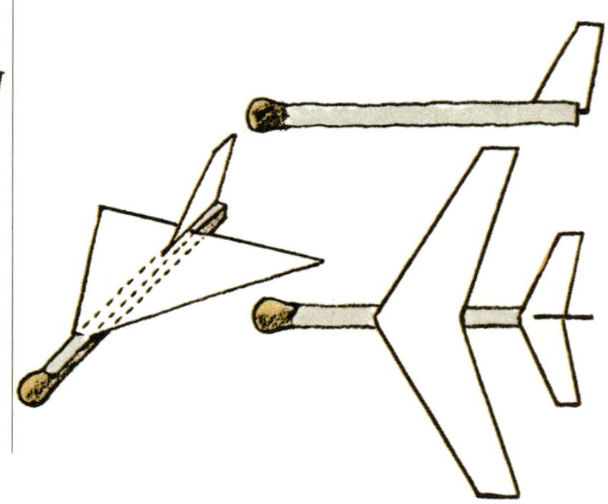

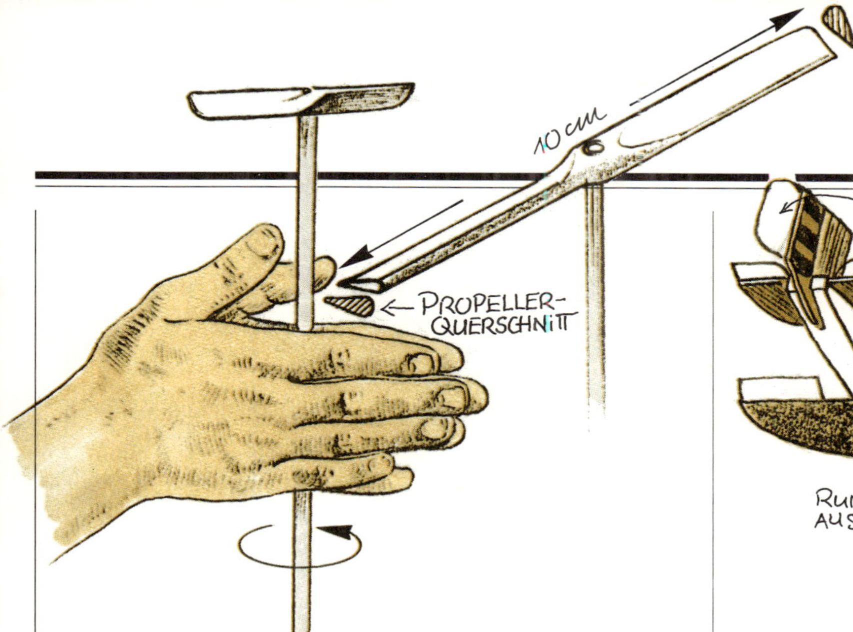

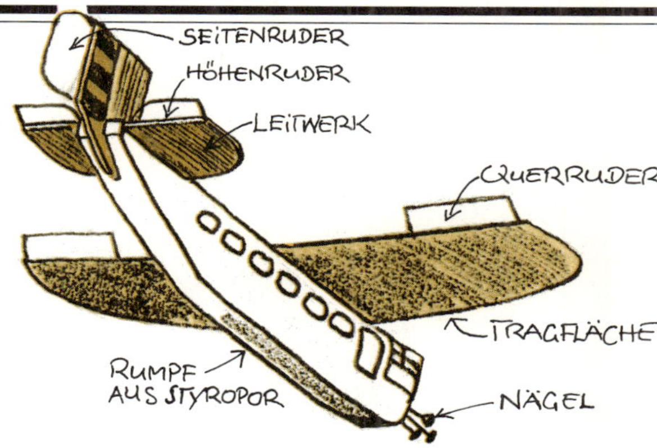

Der Drachensegler
besteht aus Plastikhalmen und einem Dreieck aus Folie (bunte Plastiktüte). Mit Tesafilm kannst du die zwei Schenkelkanten des Dreiecks um zwei Plastikhalme kleben und einen Plastikhalm in der Mitte befestigen. Der vierte Halm wird am Ende quer gelegt und an den Seitenhalmen und in der Mitte – nicht aber an der Folie – festgeklebt – das Plastiksegel muß darüber frei flattern können! Mit einem verschiebbaren Gewicht veränderst du seine Flugbahn.

Der Pfeil
ist einer der bekanntesten Papierflieger. Seinen Faltplan siehst du in der Zeichnung außen am Rand. Wenn du seine Spitze schwerer machen willst, knickst du sie zwei Finger breit nach hinten um und steckst sie in den Falz. Durch Einreißen und Hochklappen der Tragflächen kannst du ihn noch mit einem Höhenruder oder mit einem Seitensteuer versehen und seinen Flug dadurch stabilisieren.

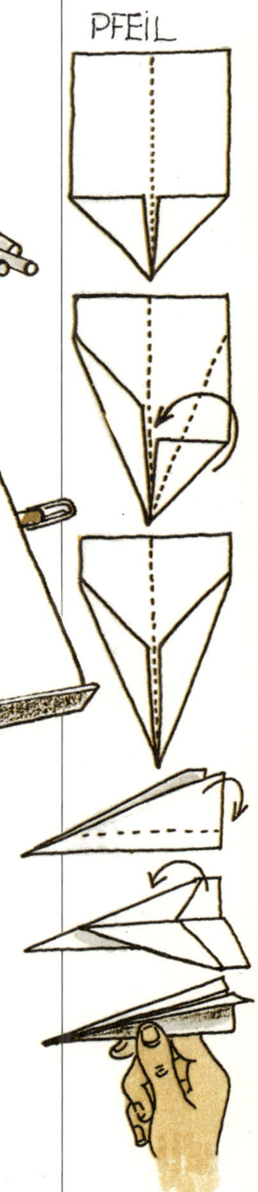

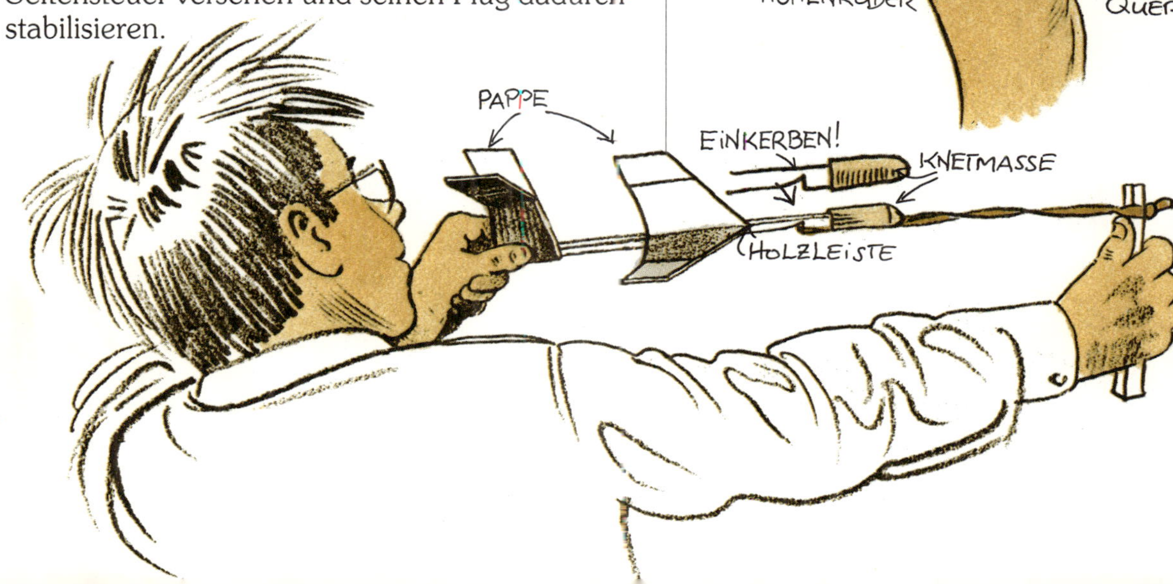

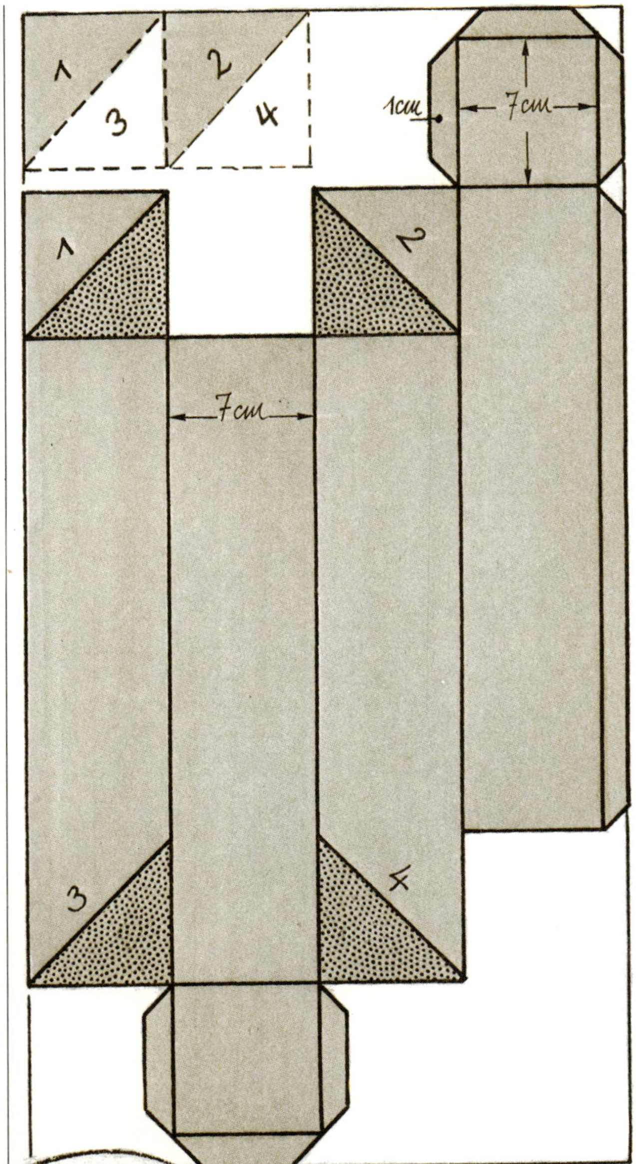

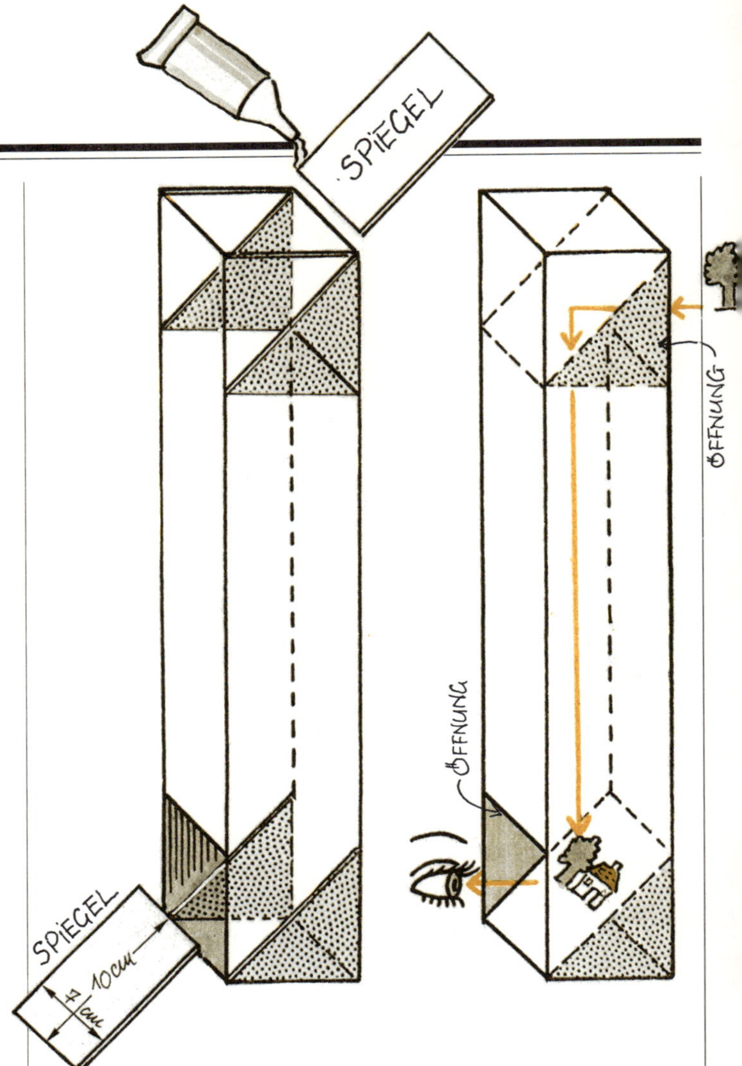

Das Periskop
verlängert mit Hilfe zweier Spiegel dein Blickfeld.

Wie wenn du einen Giraffenhals hättest, kannst du mit ihm zum Beispiel über einen Bauzaun auf eine Baustelle blicken, um eine Ecke schauen oder es zur Beobachtung scheuer Tiere verwenden. Teile einen Bogen Pappe mit Bleistift und Lineal in vier 7 cm breite Streifen und ritze die Linien mit einem spitzen Messer an: Du kannst sie dann besser umknicken! Beim 2. und beim 4. Streifen hängst du noch ein 7 : 7 cm-Kästchen samt Klebelaschen an. Beim 2. Streifen wird oben ein gleich großes Feld ausgeschnitten. Auf einer Holzunterlage kannst du das Ganze mit einer kräftigen Schere oder mit einem Teppichmesser und Lineal ausschneiden. Klebe 4 Pappdreiecke (aus zwei 7 : 7 cm-Quadraten geschnitten) auf die dafür vorgesehenen Felder (gepunktet). Auf ihren Grundlinienkanten kannst du dann in der fertigen Pappsäule die 2 Spiegel mit Pattex festkleben. Die Spiegel stehen sich beide in einem Winkel von 45° gegenüber und zaubern dir Bilder aus der Ferne vor die Augen.

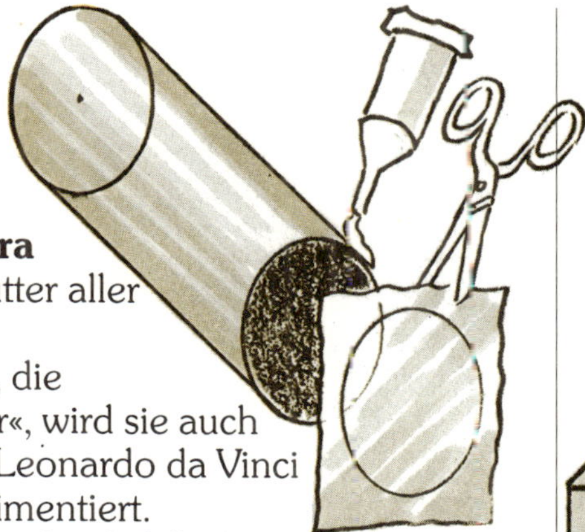

Die Lochkamera
ist die Urgroßmutter aller Fotoapparate.
Camera obscura, die »Dunkle Kammer«, wird sie auch genannt. Schon Leonardo da Vinci hat mit ihr experimentiert.
Durch ein winziges Loch fällt das Licht durch einen dunklen Raum auf eine Art Mattscheibe. Sie ist transparent, und auf ihr kannst du schwach das Abbild deiner Umgebung erkennen – allerdings steht es auf dem Kopf! Wenn das Umfeld abgedunkelt wird, kann man das Bild besser sehen.
Besorge dir eine dicke Papprõhre (Versandrolle) und steche in den Boden ein kleines Loch mit einer spitzen Nadel. Je größer das Loch und je ausgefranster der Rand ist, desto unschärfer wird die Abbildung. Überziehe die gegenüberliegende Öffnung mit Pergaminpapier (Transparentpapier) und versenke das Rohr etwa zwei Finger breit in einen Karton, in den du vorher ein entsprechend großes Loch geschnitten hast. Er schafft dir den nötigen Augenabstand zur Mattscheibe. Wenn du den Karton innen noch mit schwarzem Stoff oder Papier auskleidest, hast du die dunkle Umgebung, die du brauchst, um das helle Bild deutlicher sehen zu können. Wenn du schon einen Grundkurs in Fotografie gemacht hast und etwas vom Belichten, Fixieren und Wässern verstehst, kannst du versuchen, mit deiner Lochkamera ein echtes Foto zu machen – es geht! Statt der Pergamin-Mattscheibe mußt du (bei grüner Fotobirnen-Beleuchtung) Fotopapier befestigen, alle Ritzen und Öffnungen lichtundurchlässig verschließen und auch vor dem kleinen Loch vorne eine Klappe anbringen. Für die Aufnahme mußt du die Kamera auf eine feste Unterlage stellen, die Klappe vom Loch entfernen und sie erst nach 10–20 Minuten wieder anbringen. Weil du eine so lange Belichtungszeit hast, kannst du nur Bewegungsloses, wie Bauwerke oder Landschaften, fotografieren.
Etwas, das sich bewegt, ein Auto oder ein Mensch, ist auf dem Foto nicht zu erkennen.

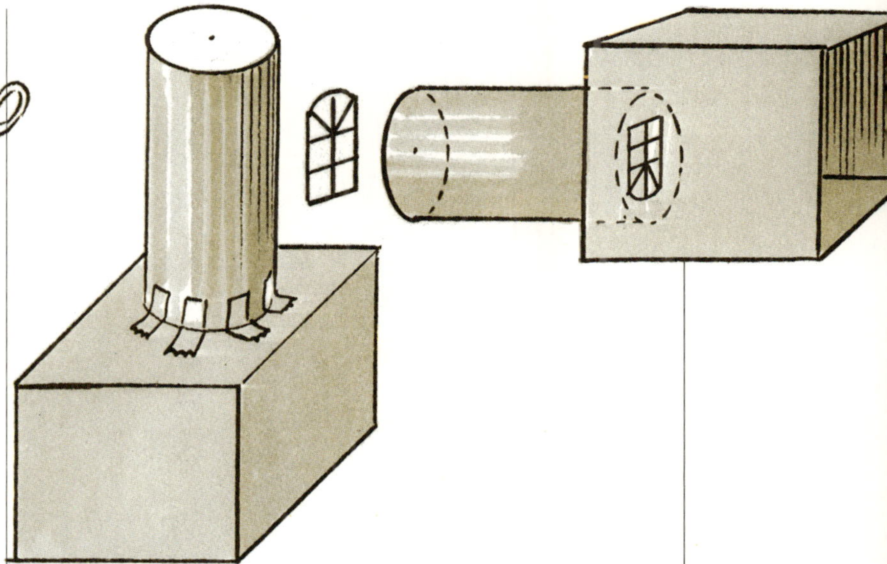

In der Dunkelkammer nimmst du das Fotopapier heraus, fixierst und wässerst es, legst ein zweites Fotopapier darauf, belichtest eine Minute lang und ziehst die Papiere auseinander – auf dem zweiten Papier ist deine Aufnahme.

Luftakrobaten starten zu einem tollkühnen Übungsflug in ihrem Elektroflugzeug. Sie müssen sich ganz auf die schwierige Strecke konzentrieren, denn wenn sie einen Fehler machen – leuchtet ein elektrisches Lämpchen auf.

Dieses »Testgerät für eine ruhige Hand« wird auf einem Holzbrett gebaut: Klebe zwei Korken auf und stecke einen phantasievoll gebogenen Kupferdraht hinein, den du mit einem dünnen Kabel an eine 4,5-V-Batterie anschließt. Ein zweites Kabel führt von der anderen Metall-Lasche der Batterie zu einer kleinen Taschenlampenbirne mit Fassung. Am zweiten Kontaktpunkt der Fassung ist das lange Stück Kabel befestigt, das du am anderen Ende um die Ringschraube des Flugzeugs (aus Styropor oder Holz) wickelst. Wenn nun der Haken bei den Flugzeug-Loopings an den Kupferdraht stößt, dann ist der Stromkreis geschlossen, und das Birnchen leuchtet warnend auf.

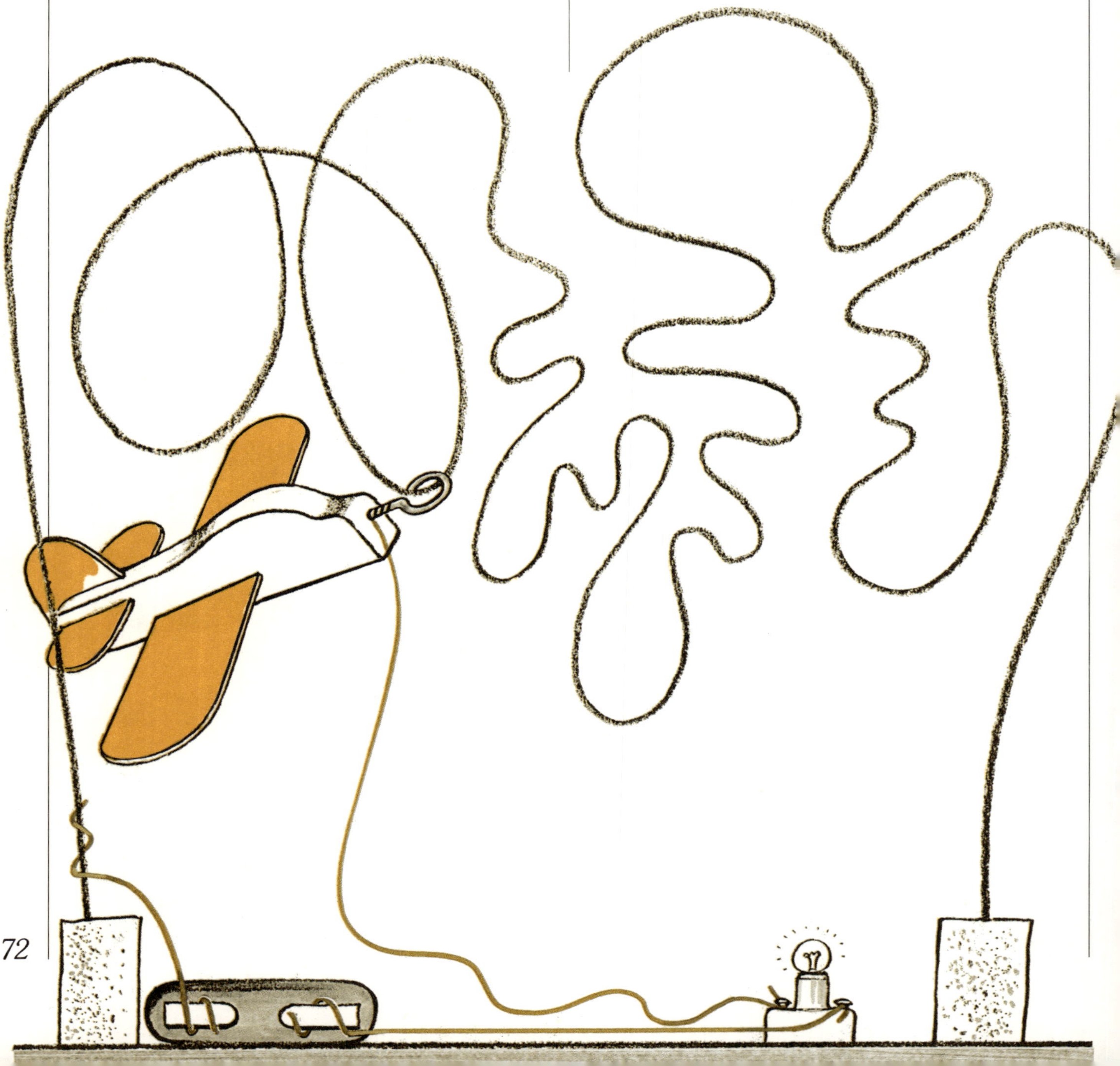

Vom Leuchtturm

schickst du Lichtsignale in die Dunkelheit hinaus. Und wenn sie auch kein Schiff erreichen, so kannst du damit doch deine Freundin auf der anderen Straßenseite mit einem verabredeten Morsezeichen grüßen.

Der Leuchtturm besteht aus einer Pappröhre, die in einem Styroporrelief (s. S. 84) steckt. Zwei Kabel führen »unterirdisch« bis zu einer Höhle am Rande, in der sich eine 4,5-V-Batterie versteckt. Nur ihre beiden Metall-Laschen schauen heraus. Das Leuchtfeuer-Birnchen ist mit seiner Fassung an beiden Kabeln angeschlossen und mit Doppelklebeband oder Uhu-plast am Boden eines durchsichtigen Plastikbechers befestigt. Um die Kabel durch den Becherboden stecken zu können, mußt du ihn vorher mit einem heißen Nagel durchlöchern. Den Becher klebst du auf die Pappröhre und schließt ihn oben mit einem Dach aus Papier und Pappe oder Drückblech. Zum Licht-Morsen nagelst du einen Metallstreifen vor die Batterie, biegst ihn etwas nach oben, damit er die Metall-Lasche nicht gleich berührt, und wickelst um den Nagel eines der Kabelenden, dessen Isolierschicht du entfernt hast (das andere Ende dieses Kabels ist an der Fassung befestigt). Wenn du nun den Metallstreifen niederdrückst, berührt er die Metall-Lasche der Batterie. Ist die andere Batterie-Lasche mit dem anderen Kabel und dem Birnchen verbunden, so blinkt das Leuchtfeuer oben im Turm hell auf.

Ein Leuchtturmfeuer, das halbautomatisch an- und ausgeht, kannst du dir mit Hilfe eines Drehschalters aus einem Blechdeckel bauen:

Von der Batterie führt ein Anschluß zur Schraube, die den Deckel hält. Der andere Anschluß läuft über das Birnchen zu einer Blechzunge, die am Deckel schleift. Vier aufgeklebte Stückchen Klebeband unterbrechen an dieser Stelle den Stromkreis und lassen das Birnchen beim Drehen des Deckels immer wieder erlöschen.

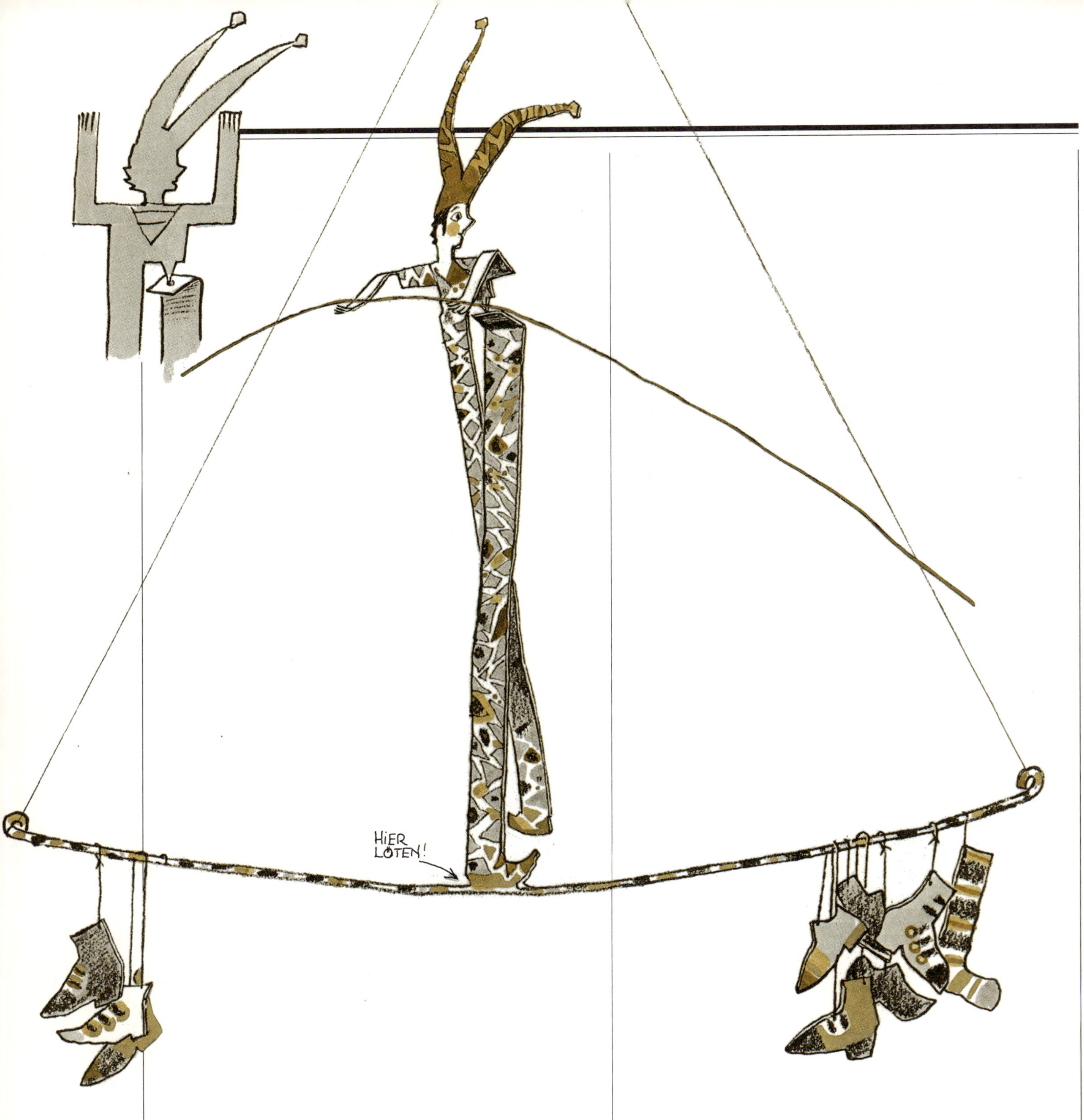

Der Till Eulenspiegel
aus Blech tanzt auf einem Seil aus Draht. Jedesmal wenn ihn ein Luftzug streift oder du ihn mit dem Finger antippst, beginnt er zu schwanken und versucht, mit einer Balancierstange sein Gleichgewicht zu halten. Er kann das ganz gut, denn der spitze Dorn an seinem Oberkörper steckt in einer kleinen Mulde auf dem umgeklappten oberen Teil des angelöteten Beines und verhindert, daß er abrutscht. Die Mulde kannst du mit einem Nagel in das Blech klopfen.

Die beiden Teile der Figur schneidest du am besten mit einer Blechschere aus einem Stück dünnem Weißblech und schlägst die scharfen Schnittkanten mit einem Hammer stumpf.
Zum Anlöten des Standbeines brauchst du einen elektrischen Lötkolben, Lötfett und Lötzinn. Schmirgle mit Sandpapier über die Lötstelle und schiebe den Blechfuß ein paar Millimeter unter den Drahtbügel. Tauche das Lötdrahtende in Lötfett und halte es an die heiße Kupferschneide des Lötkolbens.
Das Zinn schmilzt und fließt auf die Schneide. Fahre mit ihr die Lötnaht entlang und erhitze damit auch das Blech und den Draht. Das Zinn »verschießt« unter die Naht und verbindet beide Teile.
Die Blechteile kannst du mit Lackfarben lustig bemalen und die Drahtenden des »Seiles« an einer durchsichtigen Nylonschnur aufhängen.

Der federleichte Zapfenwicht
schaukelt nimmermüde hin und her, wenn du ihn einmal in Schwung gesetzt hast. Das pendelnde Gegengewicht (Kiefernzapfen oder Kastanie) am Ende des Drahtbogens gibt seine Bewegung an die Schaukel weiter. Zwei dünne Nägel halten das runde Hölzchen in den Astgabeln, die in vorgebohrten Löchern im Grundholz stecken.

Der radelnde Hochseilartist
strampelt eifrig eine schräg gespannte Schnur hinunter. Er ist noch nie abgestürzt! Das Geheimnis des kleinen Männchens aus Korken, Pappe und Filz ist sein Gegengewicht, das unter ihm hängt und ihn mit seinem Rillenrad auf die Schnur drückt.
Fülle in ein kleines Säckchen oder Netz so viele bunte, schwere Glasmurmeln, bis dein Radler nicht mehr kippt. Klebe seinen Kork-Körper auf einen Bügel aus Holzleisten und verbinde seine Pappbeinchen an den Gelenken locker mit Drahtschlaufen. Die Füßchen stecken beweglich auf den Tretkurbeln (nicht festkleben!). Wenn du ihn hoch oben unter der Decke durch dein Zimmer radeln lassen willst, bindest du ihm einen Nylonfaden um den Bauch und ziehst ihn damit immer wieder zu seinem Startplatz zurück. Wenn du dort den Faden durch eine Ringschraube laufen läßt, brauchst du nur an dem herunterhängenden Ende zu ziehen. Knüpfe eine Perle an den Faden, der nicht zu kurz sein darf, denn der Radler nimmt ihn jedesmal seine ganze Radelstrecke mit!

Der Kletterkäfer

krabbelt senkrecht Wände, Schränke oder Fensterkreuze hoch – je nachdem, wo du ihn aufhängst. Sein Körper aus Sperrholz oder Pappe wird auf eine Holzleiste geklebt, in die du zuvor Löcher gebohrt hast – und zwar schräg! Das ist sein Klettertrick. Wenn du unten an den Schnüren abwechselnd ziehst, schiebt sich der Käfer immer höher hinauf. Halte die Schnüre dabei etwas auseinander und befestige unten an ihren Enden und am oberen Hölzchen (in das die Löcher senkrecht gebohrt sind!) »Stopper« aus Perlen oder Knoten an der Schnur. Statt eines Käfers kannst du auch andere Figuren, z. B. einen Bergsteiger, einen Kaminkehrer oder den Königssohn hinauf zu Rapunzel klettern lassen.

Die Schildkröte

hat einen Panzer aus Orangenschale und einen schrumpeligen Kopf aus einer Erdnuß. Ein Klümpchen Blei läßt ihn wackeln. Nimm eine halbe Orangenschale und schneide einen kleinen Halbkreis für den Schildkrötenhals aus. Stich eine Stecknadel in die Erdnußschale und umwickle den Nadelkopf mit einem Stück Bleimanschette von einem Weinflaschenhals. Wenn du den Schildkrötenkopf jetzt mit einer zweiten Stecknadel in die Orangenschale steckst, sollte ihn das Blei im Gleichgewicht halten, und wenn du ihn antippst, wackelt er lustig.

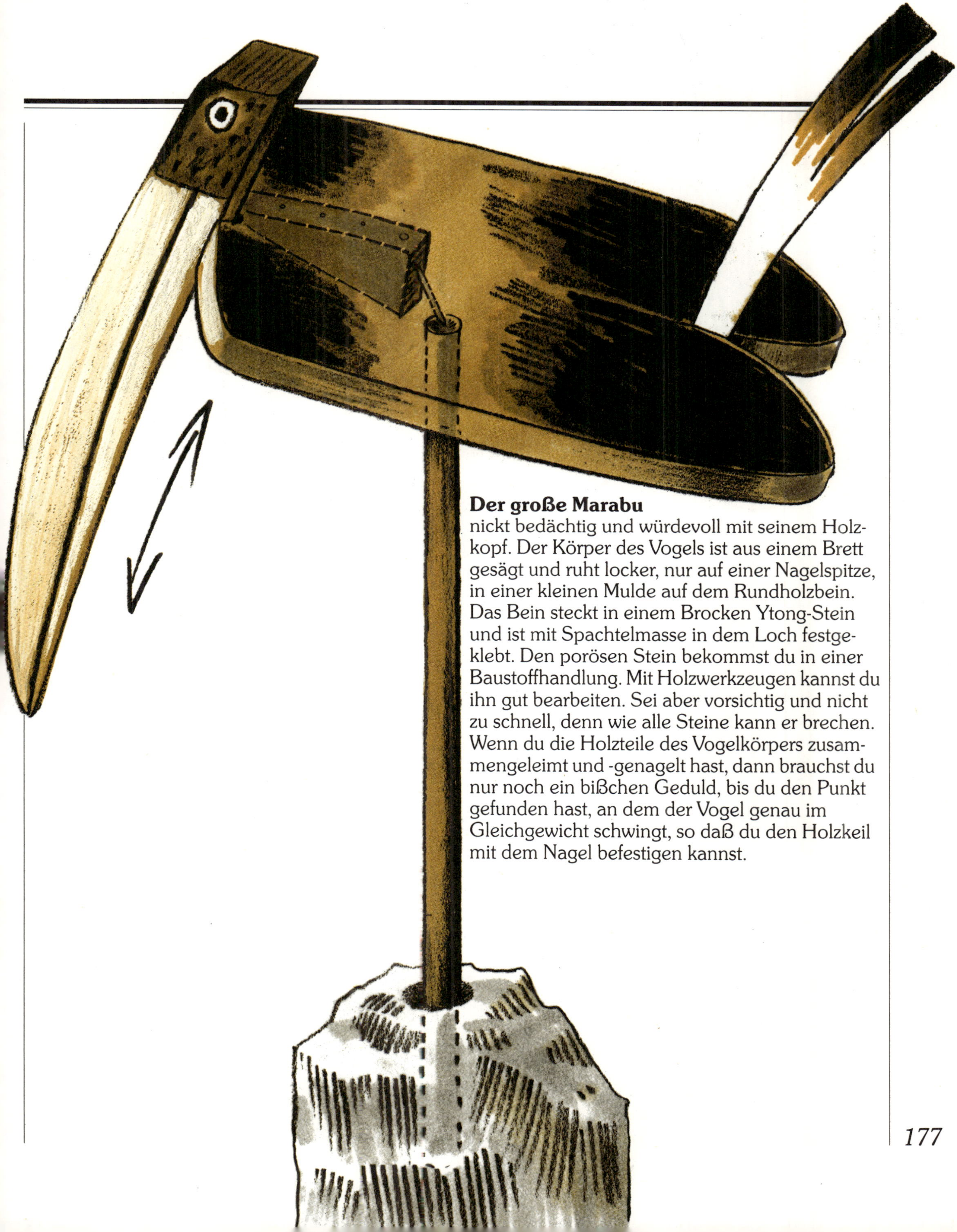

Der große Marabu
nickt bedächtig und würdevoll mit seinem Holzkopf. Der Körper des Vogels ist aus einem Brett gesägt und ruht locker, nur auf einer Nagelspitze, in einer kleinen Mulde auf dem Rundholzbein. Das Bein steckt in einem Brocken Ytong-Stein und ist mit Spachtelmasse in dem Loch festgeklebt. Den porösen Stein bekommst du in einer Baustoffhandlung. Mit Holzwerkzeugen kannst du ihn gut bearbeiten. Sei aber vorsichtig und nicht zu schnell, denn wie alle Steine kann er brechen. Wenn du die Holzteile des Vogelkörpers zusammengeleimt und -genagelt hast, dann brauchst du nur noch ein bißchen Geduld, bis du den Punkt gefunden hast, an dem der Vogel genau im Gleichgewicht schwingt, so daß du den Holzkeil mit dem Nagel befestigen kannst.

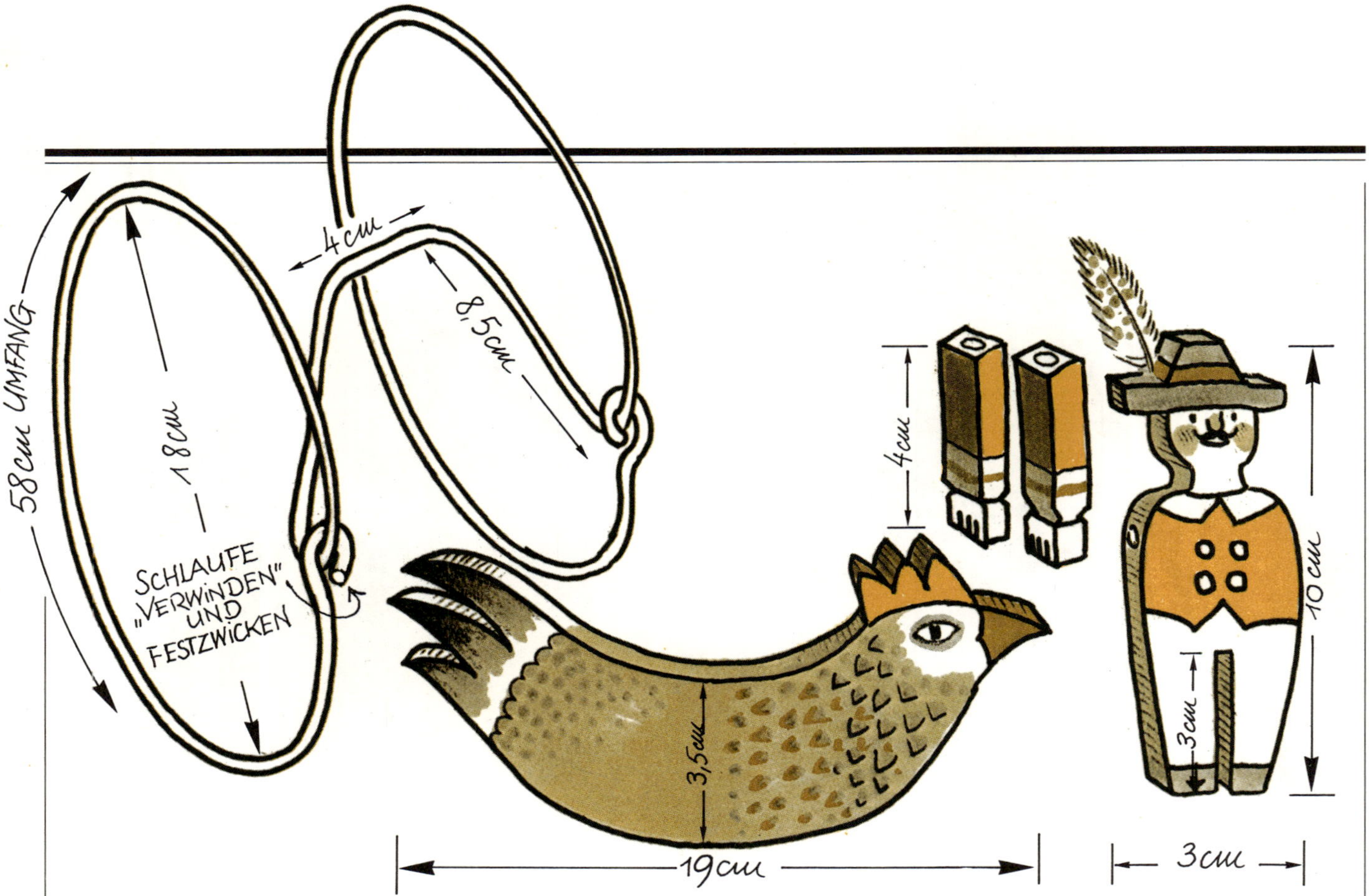

Rollende Reiter

bewegen sich schaukelnd und mit den Armen kreisend vorwärts. Ihre Körper und die Reittiere sind aus Sperrholz gesägt; das Rad ist aus 2,5 mm starkem Draht gebogen. Reiter und Tier dürfen nicht zu groß sein, sonst schleifen sie am Boden. Wenn du dich an die Maße in der Zeichnung hältst, kann dir das nicht passieren. Säge zuerst die Figuren aus: Das Reittier aus 3 mm und den Reiter aus 10 mm starkem Sperrholz. Das Holz des Reiters muß deshalb so dick sein, weil in Schulterhöhe ein Loch von 3 mm Durchmesser durch ihn gebohrt wird und das dickere Holz dabei nicht so leicht ausreißen kann. Auch durch die 8 mm starken Vierkantleisten der Arme mußt du ein 3 mm-Loch bohren. Dann bemalst du alle Teile mit Deckfarbe. Der Draht für das Rad muß 1,50 m lang sein. Biege mit der Rundzange eine kleine Schlaufe und forme aus den folgenden 58 cm Draht einen Kreis. Führe den Draht durch die Schlaufe und knicke ihn schräg zur Mitte. Wenn du die Schlaufe mit einer Flachzange packst, verwindest und festzwickst, kann der Drahtkreis nicht mehr verrutschen. Fädle jetzt das erste Armholz auf und streiche etwas Pattex auf die Stelle am Draht, wo es festsitzen soll. Nach einer Biegung um 120 Grad steckst du den Körper locker auf (er muß frei schaukeln können!), und nach einem weiteren Knick fädelst du den zweiten Arm auf und klebst ihn fest. Nach 8,5 cm formst du aus 58 cm Draht das zweite Rad und schließt es wieder mit einer Schlaufe. Jetzt klemmst du dem Reiter das Reittier zwischen die Beine – ein Schubs, und er schaukelt auf rollenden Rädern davon. Die Räder müssen parallel laufen, und das Männchen darf nicht schräg auf seiner Stange hängen. Mit Hilfe eines Schraubstocks kannst du den Draht zurechtbiegen.
Wenn aus dem Reiter ein Spielzeug zum Nachziehen werden soll, brauchst du bloß eine Schnur um den Hals des Reittiers zu knoten.

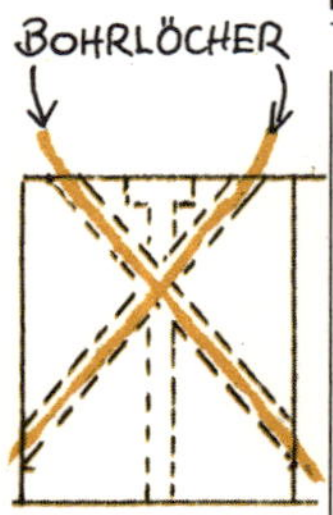

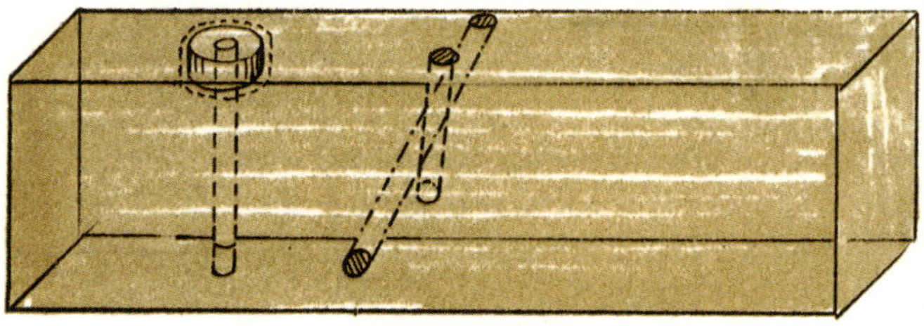

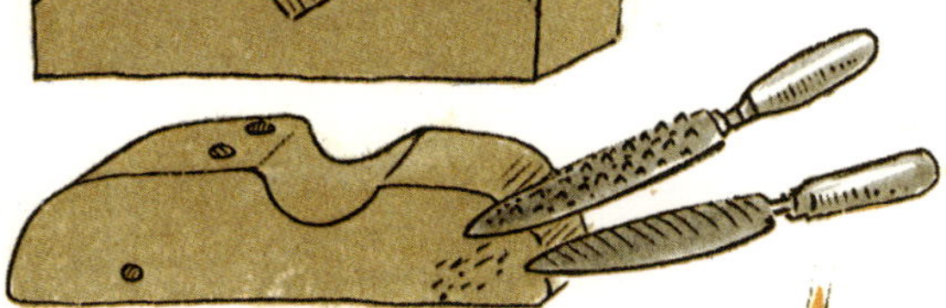

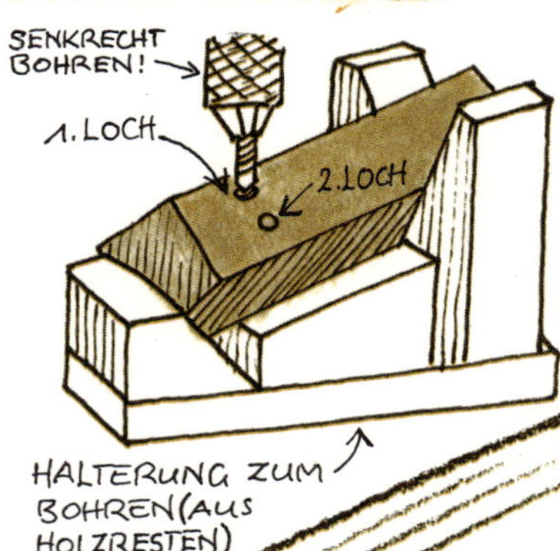

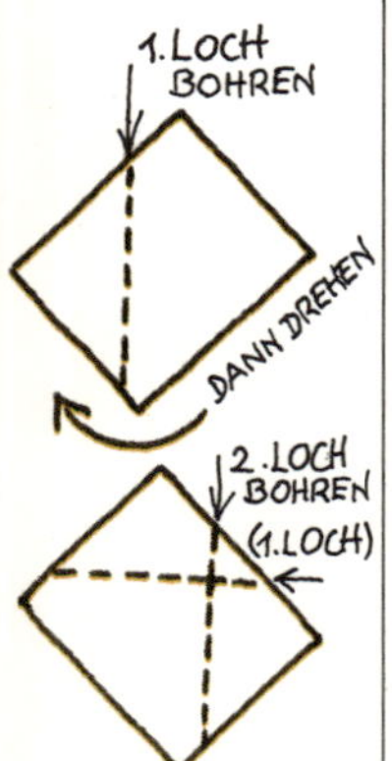

Das Fernlenkauto
aus Holz wird nicht mit einer batteriebetriebenen Fernsteuerung gelenkt, wie du sie aus den Spielzeuggeschäften kennst, sondern nur mit zwei gleich langen Schnüren. Sie sind mit einem Ende an der Vorderachse befestigt, das andere Ende ist an ein ca. 12 cm langes Lenkholz geknüpft. Wenn du möchtest, daß dein Auto geradeaus fährt, hältst du das Hölzchen waagerecht und ziehst das Gefährt an den Schnüren leicht vorwärts. Soll es rechtsherum fahren, mußt du das Hölzchen links in die Höhe ziehen – soll es nach links, ziehst du die rechte Seite hoch.
Bau dir die Karosserie des Autos aus einem weichen Vierkantholz, z.B. aus Linde oder Abachi, bei dem dir das Abrunden der Kanten nicht zuviel Mühe macht. Bevor du aber mit der Formgebung beginnst, bohrst du die erforderlichen drei Löcher in die Karosserie: Ein gerades, in Höhe der Vorderachse, für die »Drehschemel-Lenkung« und zwei sich kreuzende, schräg nach vorne laufende durch die »Motorhaube«. Damit der Winkel dieser schrägen Bohrlöcher stets derselbe bleibt, baust du dir eine Halterung aus Holzresten.
Da du mit dem Bohrer auf dem schrägen Holz leicht ausrutschst, ist es am besten, wenn du den Anfang der Löcher mit einem Spitzbohrer vorbohrst.
Die Rundhölzer der Vorderachse steckst du in eine Holzscheibe (in vorgebohrtes Loch leimen!), und in ein Loch in der Mitte dieser Scheibe steckst du ein längeres Dübelholz. Es bewegt sich locker in dem geraden Loch in der Karosserie.

Nachdem du das Auto geformt hast, klebst du oben auf dem Dübel, über der Motorhaube, ein Holzscheibchen fest. Es soll verhindern, daß der Dübel nach unten herausrutscht. Wenn du dazu das Loch oben mit einem größeren Bohrer erweiterst, kannst du das Holzscheibchen sogar versenken.

Die Hinterachse deines Fahrzeugs ist unbeweglich; die Rundhölzer stecken in einem Holzklötzchen, das fest am Autoboden klebt. Als Räder besorge dir aus dem Hobbyladen Holzscheiben mit einer Mittelbohrung oder, noch besser, Holzräder mit Gummireifen – sie rollen griffiger. Nach dem Bemalen und Lackieren fädelst du die Schnüre durch die Löcher. Mit einer selbstgebauten langen Nadel aus Blumendraht geht das ganz einfach. Knüpfe die Schnüre an beiden Seiten der Vorderachse und an deinem Lenkholz fest. Ihre Länge richtet sich nach deiner Größe – du mußt dein Auto bequem führen können.

Die Rennschildkröte
läuft geschwind über den Boden, verschnauft – und läuft weiter. Wenn du mit dem Ring auf dem Käseschachtelpanzer die Schnur hochziehst, dann »verschnauft« die Schildkröte, läßt du die Schnur wieder locker, dann läuft sie. Die Rennschildkröte wird von einem Gummimotor angetrieben. Beim Hochziehen wickelt sich die Schnur von der Holzspule im Bodenbrett ab und verdreht dabei den Gummi, an dem die Spule befestigt ist. Läßt du den Ring locker, entzwirbelt sich der Gummi wieder, dabei dreht sich die Spule, wickelt den Faden wieder auf und läßt die Schildkröte vorwärtsrollen.

Der Raketenwagen
saust mit Rückstoßantrieb. Ausströmende Luft aus dem Luftballon drückt das leichte Fahrzeug aus Styroporriegeln oder Holzleisten vorwärts. Der Ballon wird mit einem Gummiring an einem Stück Plastikschlauch befestigt und dieses mit Klebeband am Wagen. Nachdem der Ballon aufgeblasen ist, mußt du das Schlauchende so lange zuhalten, bis das Auto auf der Startbahn steht. Dann laß los! – es zischt davon.

Die tolle Rolle
bewegt sich wie die Rennschildkröte mit einem Gummimotor vorwärts. Hänge mehrere gleich lange Gummiringe über den Nagelkopf an einer Stirnseite der Spule, ziehe sie durch das Loch und durch eine dicke Beilagscheibe und spanne die Ringschlaufen über ein Stöckchen. Wenn du das Stöckchen drehst, verwinden und spannen sich die Gummiringe. Setzt du die Spule so auf den Boden und läßt sie los, rollt sie davon.

Der rollende Papagei
ist so selten, daß er in freier Wildnis noch nie gefangen wurde. Es gibt von ihm aber einige Nachbildungen aus Bastlerstuben. Wenn du mit dem Finger seinen Schwanz anstupst, dann dreht er sich mehrmals kopfüber um seine Stange und wieder zurück. Dieses Kunststück macht er aber nur, wenn du seinen Sperrholzkörper mondsichelförmig aussägst! Das Loch für die Sitzstange ermittelst du, indem du den Körper locker zwischen deinen Fingern hältst – an der Stelle, an der er nicht mehr kippt, kannst du bohren. Knote und klebe die Schnüre fest an die Stange. Sie wickeln sich beim Rollen auf und ab und geben dem Vogel den nötigen Drall zu weiteren Purzelbäumen. Oben sind die Schnüre wie beim Kletterkäfer auf Seite 176 befestigt.

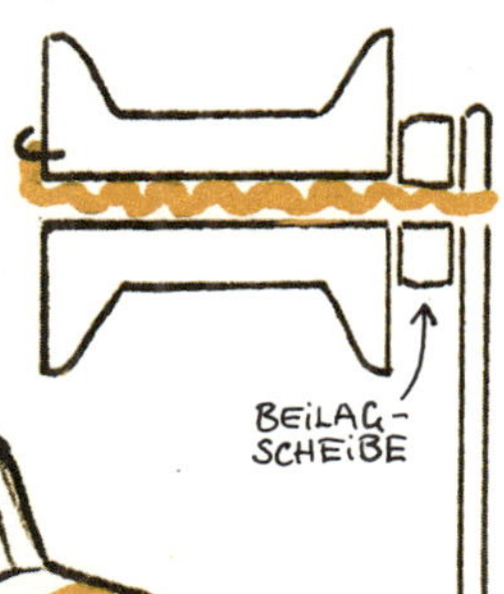

Die Karton-Mobile,
Oldtimer aus Pappe, starten zum »Großen Preis der Gehsteig-Rallye«. Jeder Wagen wird von einem Zweier-Team gefahren: Einer sitzt im Auto, der andere schiebt. Bei Halbzeit ist fliegender Fahrerwechsel! Die Strecke ist eben und für Fußgänger gesperrt. Da dieser Fahrzeugtyp keine Handbremse hat, muß der Fahrer jederzeit in der Lage sein, die natürliche Fußbremse einzusetzen.

Die Räder von kaputten Kinderwagen, Rollern, Fahrrädern usw. sowie starke Leisten und ein Sitzbrett findest du auf dem Sperrmüll.
Schellen und Schrauben suchst du dir in Papas Handwerkskasten.

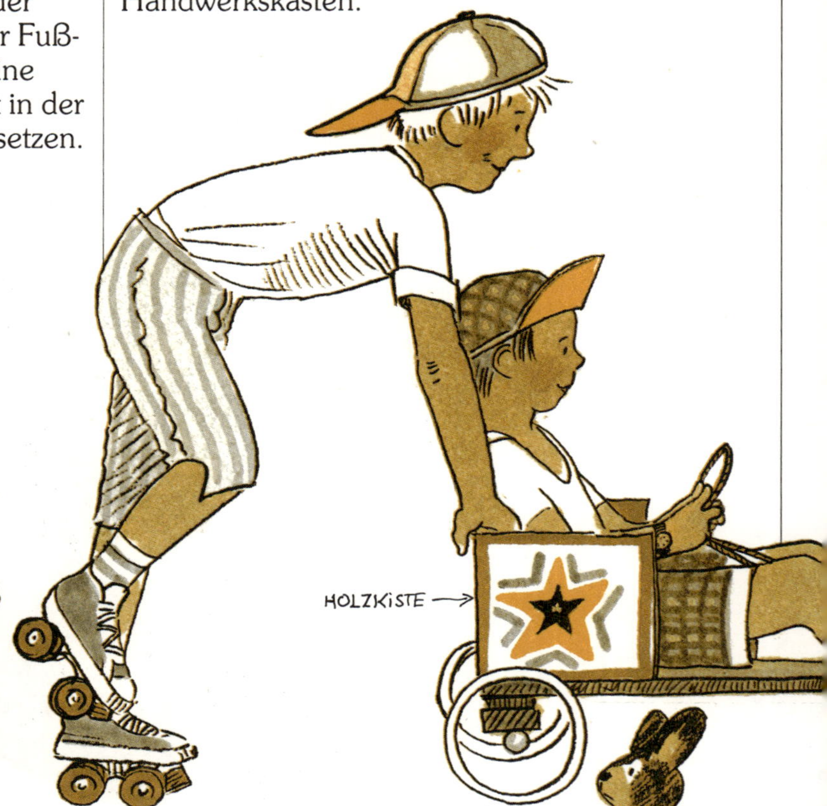

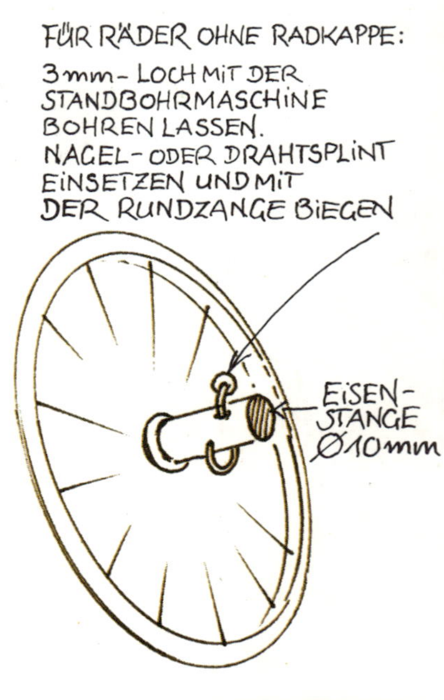

Für die bewegliche Vorderachse brauchst du einen starken Achsenbolzen, drei Beilagscheiben und unten zwei Schraubenmuttern zur Sicherung. Das Lenkseil kannst du in kräftigen Ringschrauben an der Vorderachse festknoten. Wenn deine Räder keine Radkappen haben, mußt du durch die Enden der Achsenstangen Splinte stecken, damit die Räder nicht herunterrutschen. Die Pappschachteln, aus denen die Karosserie besteht, halten gut auf dem Bodenbrett, wenn du sie mit Blumendraht festbindest: Bohre Lochpaare durch das Brett und den Karton, fädle Drahtstückchen durch und verwinde die Enden. Untergeschobene Kartonstücke auf der Schachtelseite verhindern das Ausreißen.
Mit Dispersionsfarbe bemalt, wird dein Mobil zum Prachtstück deiner Straße.

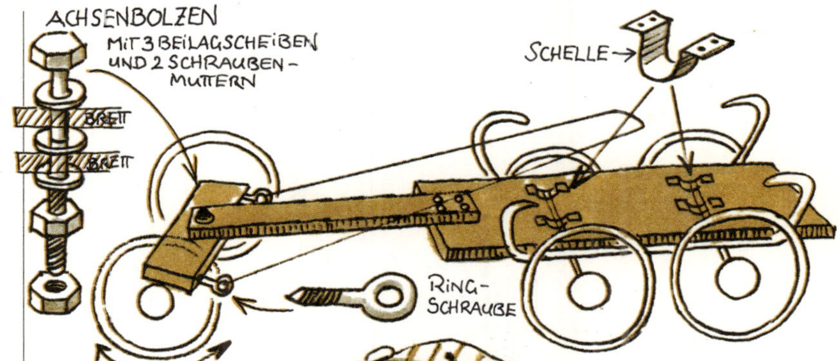

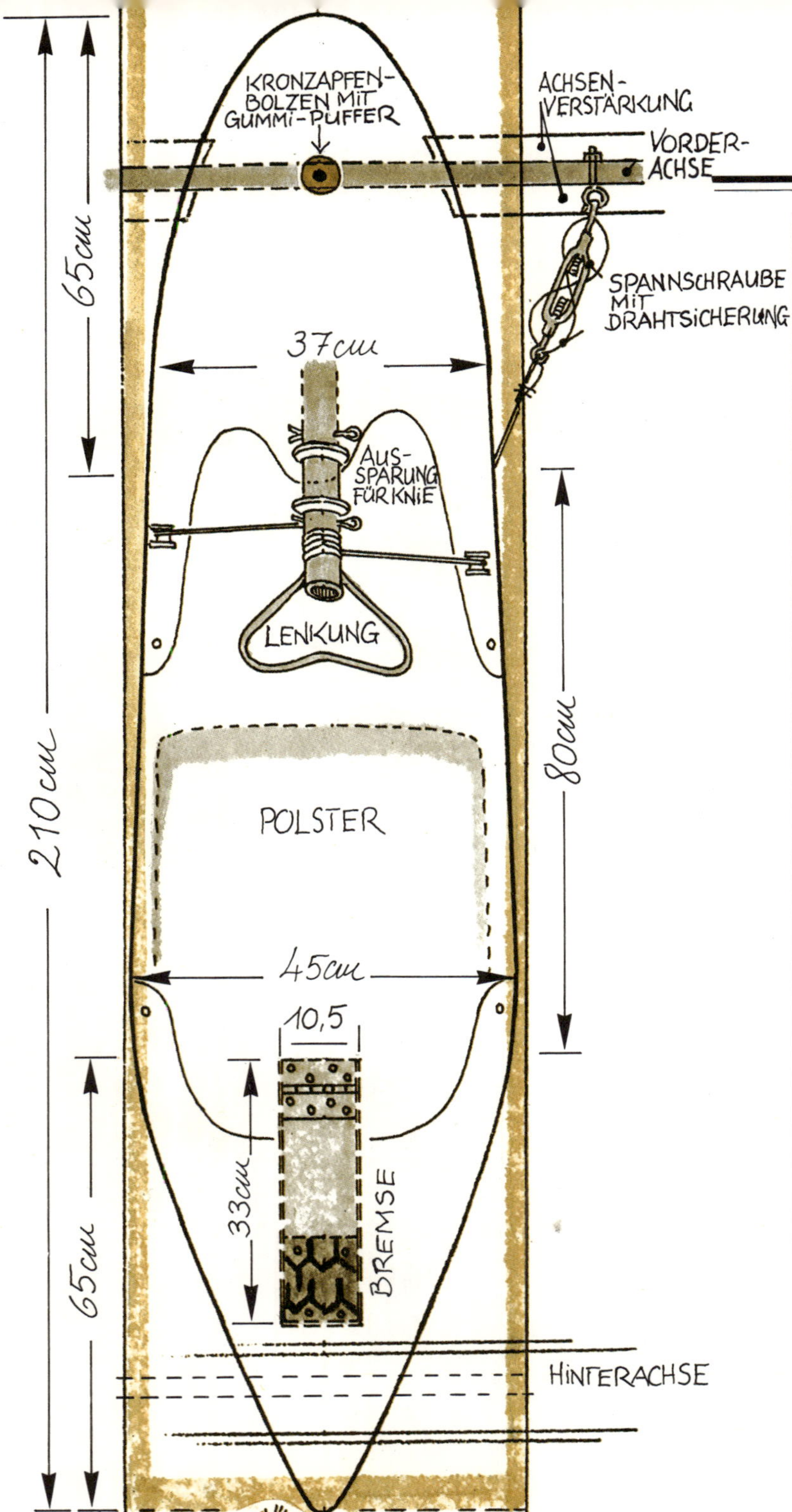

Die Seifenkiste

Das Fahrzeug hat nichts mehr mit der Verpackungskiste zu tun, auf die 1933 eine amerikanische Seifenfirma den Grundriß für ein kleines, leicht herzustellendes Auto für Kinder drucken ließ. Über 70 Vorschriftspunkte sind heute zu erfüllen, wenn du bei einem offiziellen Seifenkistenrennen mitmachen willst. Die Bestimmungen über Gewicht, Höhe, Länge und Breite, Bodenabstand, Bodenbrettstärke, Lenkung und Bremse – um nur ein paar zu nennen – sind vor allem zur Sicherheit des Fahrers entwickelt worden. Ein Kontroll-Team prüft die Einhaltung der Vorschriften vor jedem Start. Kein Kohlenkasten auf Rädern und kein bereiftes Bügelbrett sind mehr zugelassen wie vor 40 Jahren, als die amerikanischen Truppen die ersten Seifenkisten-Derbys bei uns organisierten.

Die jetzige Seifenkiste kannst du meist nur mit Hilfe eines Erwachsenen – auch der Kosten wegen – bauen. Trotzdem wird dich das Seifenkistenfieber, wenn es dich erst mal gepackt hat, so schnell nicht wieder loslassen! Die Altersgrenze bei den Rennen ist 15 Jahre.

Viele der mitbastelnden Väter waren früher selbst begeisterte Seifenkistl-Fahrer und -Konstrukteure. Ihre Tips fürs Putzen der Kugellager und – bei heißem Wetter – für das Kühlen der Gummireifen in Kühltaschen machen am Startplatz die Runde. Beim Bau der Karosserie sind deiner Phantasie keine Grenzen gesetzt, vorausgesetzt, du beachtest die Grundvorschriften. Laß dich nicht entmutigen, wenn du an der Rennbahn auf aalglatte Superschlitten aus Fiberglas und tiefgezogenem Kunststoff triffst, diese teueren Werkarbeiten der Väter. Auch mit deinem »Rollschuh« hast du gute Siegerchancen.

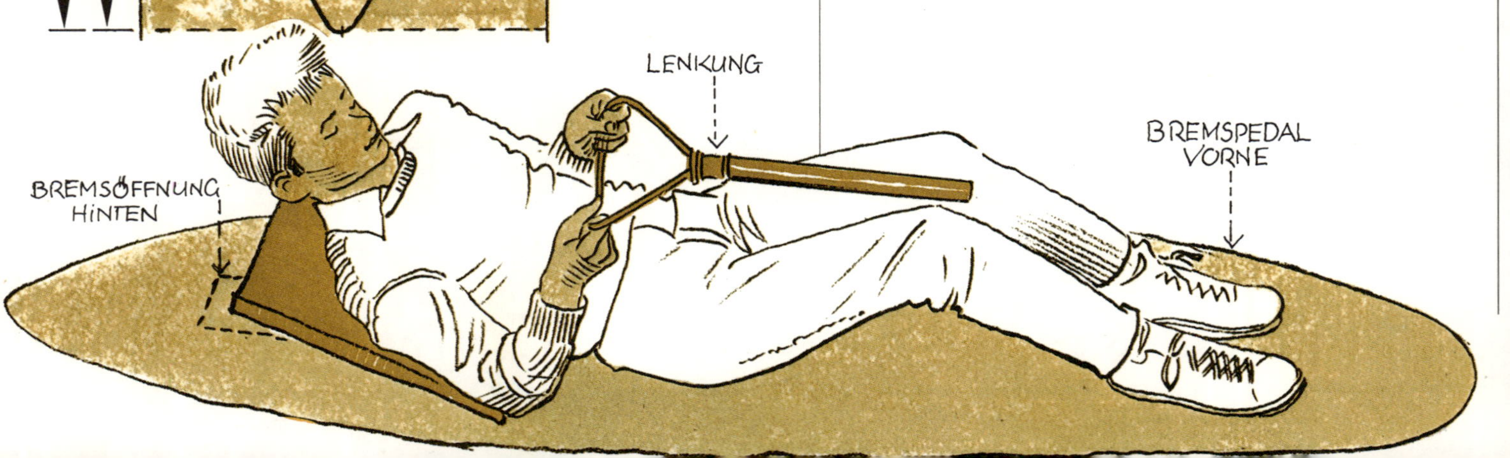

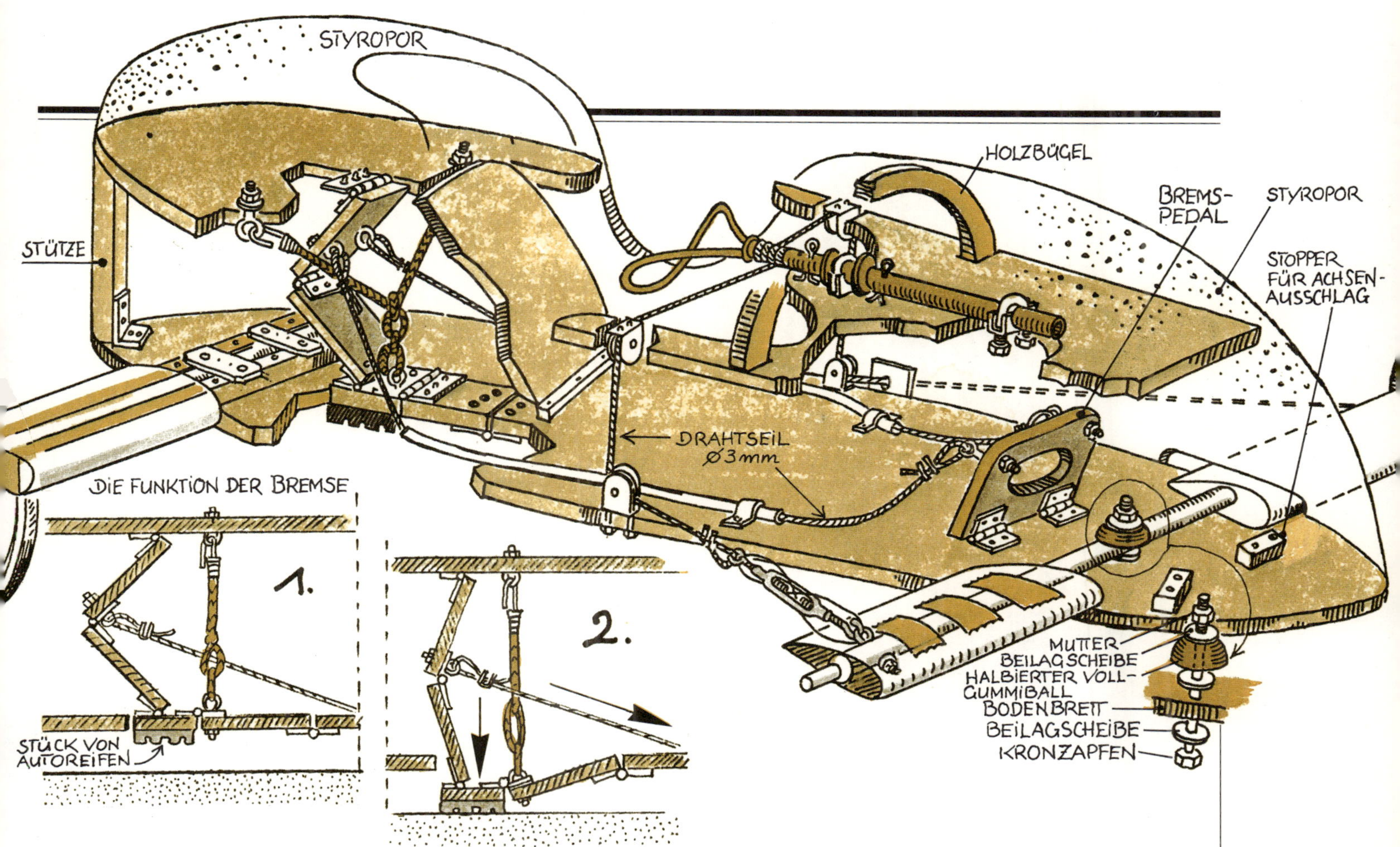

Dieses Fahrzeugmodell aus Holz, Papier und Styropor erzielte bei einem Rennen einen 1. und ein andermal einen 3. Platz. Statt der Schuhform kannst du dir natürlich auch etwas anderes ausdenken, z. B. ein Flugzeug oder ein Krokodil oder einfach ein frech bemaltes Rennauto – du mußt nur darauf achten, daß die Form »windschlüpfig« bleibt!

Das Gewicht des Fahrzeugs spielt auch eine große Rolle: Ist die Rennstrecke flach, brauchst du ein leichtes Auto, ist sie steil und lang, dann siegen die schwereren Wagen.

Der »Rollschuh« ist ein Wagen für eine flache Strecke; ohne Fahrer wiegt er 35 kg.

Mit einem dickeren Bodenbrett und mehr Holzeinbauten könntest du ihn schwerer machen. Auch ein möglichst weiter Achsenabstand bringt Vorteile beim Rennen. Wenn du mehr über die Teilnahmebedingungen und die Bauvorschriften wissen willst oder erfahren möchtest, wo die nächsten großen Rennen stattfinden, kannst du an die Organisationszentrale des Deutschen Seifenkisten-Derby e. V., 6483 Bad Soden-Salmünster, Postfach 31, schreiben. Gegen eine entsprechende Geldüberweisung erhältst du von dort auch die Radsätze, das Lenkrad und ein Paket mit den nötigen Seilrollen, Drahtseilen und Schrauben.

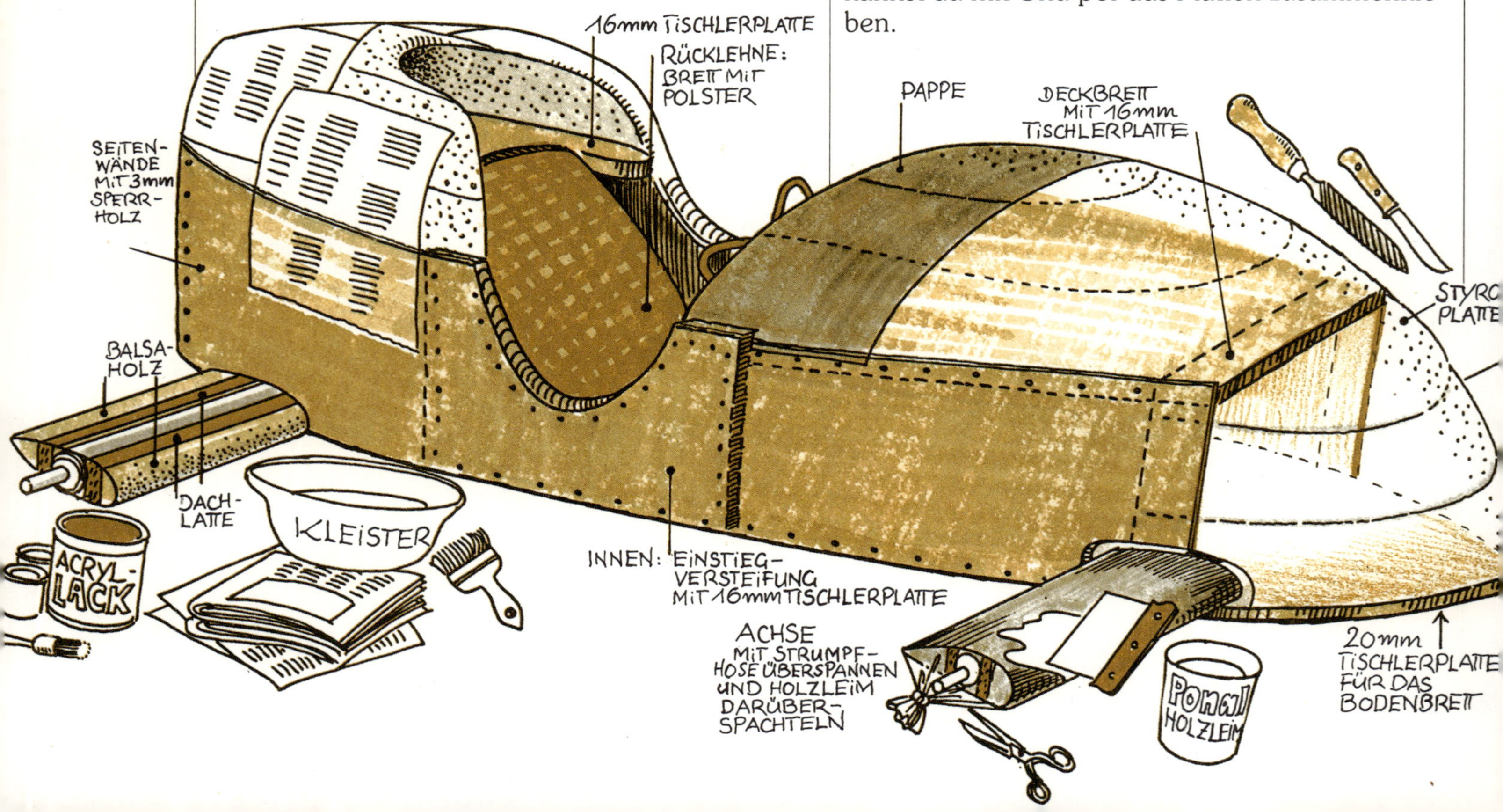

Der Rollschuh
wird in Rückenlage gefahren. Deshalb muß der Hinterkopf des Fahrers geschützt sein, und zwar durch einen hohen Styroporaufbau über dem hinteren Deckbrett. Auch die Lenksäule vorne verschwindet unter Styropor; ein Holzbügel verhindert, daß die Aushöhlung vorne eingedrückt werden kann. Fertige dir für das Grundbrett eine Papierschablone an (Klappschnitt) und säge es mit einer Stichsäge aus. Setze dich in Fahrerhaltung auf das ausgesägte Brett und markiere die Stellen für das Bremspedal, die Bremse, die beiden Achsen, die Sitzfläche und die Leiste zum Stoppen, damit das Brett der Rückenlehne nicht verrutschen kann. Die Seitenwände des Wagens sind aus dünnem (3 mm) Sperrholz, das sich gut biegen läßt, 35 cm hoch und reichen von der hinteren Spitze bis zur Styroporschnauze. Hinten sind sie an eine dreieckig-abgeschrägte Stütze, oben und unten an die Deck- und Bodenbretter geschraubt. Vorne verbindet eine gespannte, mit Ponal bestrichene Strumpfhose das Styropor mit dem Holz. Die seitliche Einstiegsöffnung wird von innen mit 1,6 cm starken Tischlerplatten versteift. Das Styropor für die Schnauze und die Aufbauten kannst du mit Uhu-por aus Platten zusammenkleben.

Die Hinterachse wird auf Gummimanschetten zwischen zwei Dachlatten gelegt und mit Verbindungsblech festgehalten. Die Vorderachse dreht sich auf einem langen Gewindezapfen; ein zerschnittener Vollgummiball fängt etwas von dem Druck ab, der entsteht, wenn der Wagen von der steilen Abfahrtsrampe auf die flachere Fahrbahn trifft: Das durchbohrte Eisenrohr der Achse – die kritische Stelle am Wagen – kann dabei gestaucht werden. Mit zwei ca. 30 cm langen, halbierten Eisenrohrstücken (mit Loch), die du unten und oben um deine Achsenstange legst und auch mit dem Kronzapfen festhältst, kannst du dem vorbeugen. Da die Vorderachse nur ein Spiel von 5 cm nach vorn und rückwärts haben darf, mußt du zwei Hölzchen als Stopper einbauen. Windschnittiger wird dein Fahrzeug, wenn du die Achsenstangen außerhalb des Wagens verkleidest, in der Form ähnlich einem Flugzeugflügel. Du kannst dir dazu dicke Balsaholzbretter zurechtraspeln oder zugeschnittene Styroporriegel mit Pappe überziehen. Zum Schluß werden sie, wie die gesamte Karosserie, mit Zeitungspapier und Kleister in mehreren Schichten überzogen. Sichere alle Schrauben, die stark beansprucht werden, wie die an den Seilrollen, an der Bremse, an den Schellen (die das Bremsseil am Bodenbrett halten) und an den Achsen mit Muttern und Beilagscheiben. Die Spannschrauben, mit denen du das Lenkseil straffen kannst, brauchen noch einen Extradraht zur Sicherung. Alle Drahtenden werden mit je zwei Froschklemmen festgehalten.

Die Zugbremse ist auf den ersten Blick ein kompliziertes Gebilde. Sie funktioniert durch einen »Scharniermechanismus«: Vier Bretter sind mit Scharnieren verbunden, das erste und das letzte der Reihe am Boden- bzw. Deckbrett. Für die beiden unteren Bremsbretter kannst du das Holzstück verwenden, das du für die Bremsöffnung aus deinem Bodenbrett gesägt hast. Teile es in ein 10:10 cm großes und in ein 10:21,5 cm großes Stück.

Sie dürfen zusammen mit den angeschraubten Scharnieren beim Rauf- und Runterdrücken nicht im Bremsloch schleifen! Auf das kleinere Teil schraubst du ein Stück Gummi. Um es aus einem Autoreifen zu sägen, brauchst du mit einer normalen Bügelsäge viel Kraft und Geduld. Aber der Aufwand lohnt sich, denn das Gummiprofil stoppt dein Fahrzeug in Sekundenschnelle. Damit das Bremsbrett seine ursprüngliche Lage wieder einnehmen kann, befestigst du es an einem Spanngummi (Autobedarf, Gepäckhalter).

Mit Acryl-Lackfarben gibst du deinem Automobil ein unverwechselbares Aussehen.

Die Schätze hinter Glas

sollen dich immer an die sonnigen, schönen Ferientage erinnern, an denen du mit Sucherblick und Sammlerglück durch die Gegend gestreift bist. Vom Strand hast du dir vielleicht Muscheln, Schwimmer und Haken von einer Angel, eine Feder, ein verlassenes Möwenei, oder den Korkenring von einem Fischernetz mitgebracht. Bei einer Wanderung hast du einen glitzernden Glimmerstein gefunden und ihn in die Streichholzschachtel mit der Sonne gesteckt. Ein Zweiglein von einem wunderbar duftenden Kraut mußtest du auch unbedingt mitnehmen, zusammen mit den beiden runden Früchten vom Eukalyptusbaum. Unter dem Tisch am Café am Meer lagen der bedruckte Flaschenkorken und zwei seltsame Würfel. Die kleine Mundharmonika stammt vielleicht aus einem Souvenirladen. Mit einer Nadel hast du bunte Eintrittskarten und Fahrscheine aneinandergesteckt, und die verrostete Gabel hat dir wahrscheinlich deshalb so gut gefallen, weil sie Zahnlücken hat, genau wie du. Aber was auch immer du entdeckt und mitgenommen hast, als staubfreier Aufbewahrungsort für deine Fundstükke dient dir ein Schmetterlingskasten. Es gibt ihn in unterschiedlichen Größen; er ist aus Holz und 6 cm tief. Seine Rückwand besteht aus einer mit Papier bezogenen Styroporauflage und der abnehmbare Deckel aus einem Holzrahmen mit Glasscheibe. Du kannst deine Schätze hineinkleben oder -stecken. Für das Vogelei schneidest du eine Mulde in das Styropor, in die du es dann kleben kannst. Das braune Holz bemalst du mit Lackfarben, die gut zu deinem Zimmer passen.

Die Schneckenfamilie

kriecht dir nicht davon! Außer schönen, leeren Schneckenhäusern brauchst du noch längliche, rundgeschliffene Steine für die Leiber. Am Meer oder an Flüssen hast du die größte Auswahl. Klebe die Häuser mit einem 2-Komponenten-Kleber auf.

Die Bonbon-Anstecker

werden deinen Freunden das Wasser im Munde zusammenlaufen lassen – aber Hände weg, sie sind ungenießbar! Die Bonbons sind in einen harten Überzug aus Gießharz eingeschlossen, und hinten kleben Anstecknadeln an ihnen. Die Nadeln und das Gießharz – am besten Bio-Gießharz – bekommst du in Hobbyläden – wo du die Bonbons herbekommst, wirst du wohl selbst am besten wissen. Mische das Gießharz mit dem dazugehörigen Härter; das Mengenverhältnis ersiehst du aus der Gebrauchsanweisung, die immer beiliegt. Rühre Härter und Harz in einem Schälchen (Blechdeckel) zusammen und tauche die Bonbons einzeln hinein. Fasse sie nicht mit den Fingern an, sondern fische sie mit einer alten Gabel heraus und lege sie zum Trocknen auf Alufolie. Nach zwei Tagen ist der Überzug durchgehärtet, und du kannst die Anstecknadeln mit einem 2-Komponenten-Kleber ankleben.

Ferienerinnerung
19
LE SOLEIL
Hotel BON PORT
8F

Wohlriechendes Parfum

für den Kleiderschrank oder deine Wäscheschublade kannst du dir in einem gut verschließbaren Glas selber herstellen. Das Parfum besteht aus Blüten, Kräutern und Gewürzen, und was du nicht selber findest, kaufst du dir auf dem Markt oder in der Apotheke. Eine gute Duftmischung für ein Riechsäckchen besteht aus Lavendel, Rosmarin, Rosenblüten, Zitronenmelisse, Minze, Zimt, ein paar Gewürznelken und viel Eisenkraut. Damit die Mischung ihren Duft lange behält, nimmst du als Fixiermittel grobes, jodhaltiges Salz. Und so füllst du alles in das Glas: Immer eine Schicht Blüten oder Blätter wird leicht mit dem Salz bestreut und mit ein paar Tropfen Alkohol (70%) begossen; dann kommt wieder eine Schicht Blüten usw., bis das Gefäß voll ist. Du kannst es an einem Tag füllen oder über mehrere Tage verteilt. Danach stellst du das Glas ungefähr sechs Wochen lang an einen dunklen Platz und füllst dann deine Duftsäckchen mit dem Inhalt. Vielleicht möchtest du dir aber eine eigene Duftnote komponieren – es gibt ja noch viele andere wohlriechende Pflanzen: Narzissen und Jasmin, die gefüllte Prachtnelke, Majoran, Waldmeister, Lorbeer, Koriander, die Vanilleschote und Zitronen- und Orangenschalen.

Eine Blättermappe für lose Blätter
aus einem Aktendeckel, gepreßten Herbstblättern und darübergezogener durchsichtiger Plastikfolie ist ein sinnvolles Geschenk für jemanden, der eine »Zettelwirtschaft« hat.

Aus Perlen, die der Wald dir schenkt,
werden besonders im Herbst schöne Ketten, die du zum Pullover tragen kannst. Wenn das Lochen mit der Nadel zu schwer ist, versuche es mit dem Schraubstock und einem Drillbohrer.

Ein Blätterwirbel im Zimmer
entsteht bei diesem Mobile mit jedem Luftzug. An dünnen Drahtringen und durchsichtigen Nylonfäden schweben gepreßte Herbstblätter bunt durcheinander.

Laterne, Laterne, Häuser, Gans und Sterne singen unsere Laternenträger, denn auf ihren langen Stecken schaukeln die unterschiedlichsten Lichterfiguren: Die beiden Häuser sind aus festem Papier; die Fensterscheiben und die »Mauer« zwischen den Fachwerkbalken werden mit einer spitzen Schere ausgeschnitten und mit weißem oder farbigem Transparentpapier beklebt. Der Laternenträger ist mit Wachsmalstiften auf einen länglichen Bogen Zeichenpapier gemalt, die hellen Sterne um ihn herum sind mit einer Kerze getropft. Der Nachthimmel wird mit dunkelblauer und lila Wasserfarbe darüber gemalt – da Wachs kein Wasser annimmt, geht es ganz schnell. Die Rückseite des Bildes wird auf saugfähigem Zeitungspapier gebügelt. Dadurch bekommt das Papier Transparenz und Steifheit. Für den großen runden Kopf beklebt man einen Luftballon mit

farbigen Pergaminpapierfetzchen, bringt ihn nach dem Trocknen zum Platzen und entfernt ihn. Die Zylinderlaterne mit den großen Sternen besteht aus einem Bogen schwarzen Tonpapiers. Auf einer Seite werden runde »Wagenräder« mit Wachsmalstiften gezeichnet und die Räume zwischen den Speichen bunt ausgemalt. Vom Mittelpunkt aus schneidet man die Speichen ein und klappt die Ecken auf die andere Seite. Das entstandene Loch wird mit farbigem Transparentpapier hinterlegt. Die Gans, wieder aus einem papierbezogenen Ballon gebastelt, hat Hals und Beine aus Karton, die Federn sind entweder echt oder werden aus Papier geschnitten. Der Sternenkasten besteht aus Pergamentpapier, ist mit Filzstiften bemalt und hat einen Rahmen aus Winkelschienen. St. Martin, mit Transparentlack gemalt, reitet um ein Einweckglas herum.

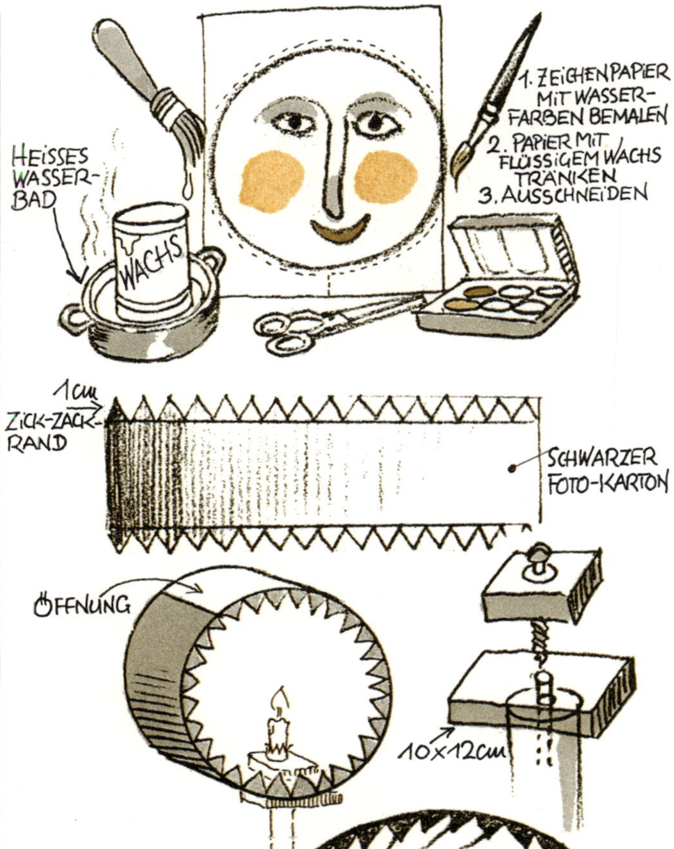

Die Stablaternen

stecken an lauen Sommerabenden zwischen den Büschen im Garten, werden im Laternenumzug mitgetragen oder lachen aus einem Blumenkübel zum Balkonfenster herein.

Die leuchtenden Gesichter werden mit Wasserfarbe auf Zeichenpapier gemalt. Wähle dir dazu helle, warme Farben aus, wie Gelb, Orange, Rosa und Rot. Mit erhitztem weißem Wachs werden sie transparent und steif gemacht. Die beiden ausgeschnittenen Gesichter-Scheiben umklebst du mit einem Streifen aus schwarzem Foto-Karton, dessen ausgeschnittene Sternen-Löcher du mit farbigem Transparentpapier beklebt hast. Bestreiche dazu immer drei bis vier Zacken des schwarzen Zickzackrandes mit Uhu und drücke die Scheiben mit der Gesichtsseite darauf, bis der Kreis geschlossen ist.

Oben bleibt eine Öffnung zum Einsetzen der Kerze und zum Rauchabzug frei. Die flache Papiertonne stellst du senkrecht, klemmst den Foto-Karton unten zwischen zwei Holzbrettchen und schraubst sie auf einen Besenstiel fest.

Die Kürbislaterne
erhält bestimmt einen Preis bei der diesjährigen »Lampionade«. Die große Frucht hast du auf dem Komposthaufen selber gezogen und im Herbst geerntet. Nachdem du sie oben gekappt hast, kannst du sie mit einem Suppenlöffel aushöhlen. Die Kerne kannst du trocknen und essen, das Fruchtfleisch hebst du auf – für die gute Kürbissuppe!
Mit einem spitzen Messer stichst du Öffnungen für Mund, Augen und Nase in die dicke Schale. Schließlich stellst du eine dicke Kerze in den ausgehöhlten Kürbis hinein. Warm leuchtet es aus dem Inneren der Frucht, und der ganze Kürbiskopf schimmert transparent. Leider hält das Windlicht nicht lange, denn nach ein paar Tagen schrumpft die Schale. Im Freien, an der kühlen Luft, bleibt sie länger frisch.

Die Kürbissuppe
kochst du aus dem saftigen, kernlosen Fruchtfleisch deiner Kürbislaterne, ein paar Stangen Lauch und ein paar gelben Rüben. Schnipsle alles in einen Topf und gib etwas Salz und ganz wenig Wasser dazu. Lasse die Suppe so lange vor sich hinköcheln, bis die Kürbisstückchen zerfallen sind. Würze mit etwas konzentrierter Brühe, etwas weißem Pfeffer und schneide einige kräftig schmeckende Würstchen hinein (Polnische, Pfälzer, Debreziner). Guten Appetit!

Beim Schattentreten
streckt ihr Kopf, Arme oder Hände vom Schattenfeld aus in die Sonne und zieht sie blitzschnell wieder zurück, sobald der unheimliche »Treter« naht. Seid mutig und reicht nicht nur den kleinen Finger über die Schattengrenze!
Sobald der Schattentreter euch den Rücken zugekehrt hat, könnt ihr euch ein großes Stück hinaus ins Sonnenlicht wagen – aber denkt daran, wenn ihr euch beim Zurücklaufen ins Schattenfeld bereits in Sicherheit wiegt: Vielleicht reicht ein Stückchen eures Schattens noch ins Sonnenlicht!

Der Schattenfänger
muß euch nicht am Körper abschlagen, sondern auf euren Schatten treten. Hat er einen Schatten erwischt, so ruft er: »Halt, gefangen!«, und es gibt einen neuen Fänger. Der Fänger darf nicht mogeln, denn der Davonlaufende kann oft nicht sehen, was mit dem Schatten hinter seinem Rücken passiert.
Oft braucht ihr gar nicht wegzulaufen, denn auch Zur-Seite-Springen, Wegducken oder Um-den-Fänger-Herumlaufen verändert die Stellung eures Schattens.

Das Schattenmessen
Die Zeichnung zeigt euch, wie ihr mit Hilfe eines Meterstabes und zweier Schattenlängen die Höhe eines Baumes, Turmes oder Gebäudes berechnen könnt – vielleicht denkt ihr bei eurem nächsten Urlaub im sonnigen Süden einmal daran . . .

Schattenspielereien

Hast du schon einmal beobachtet, was mit deinem Schatten passiert, wenn du ganz nahe an eine Lampe herangehst? Er wird riesig! Je näher du jedoch der angestrahlten Fläche kommst, um so »normaler« wird dein Schatten.
Diese Erfahrung kannst du dir beim Schattenspiel zunutze machen. Es findet vor einem transparenten Bildschirm statt, z. B. vor einem weißen Betttuch, das in einen Türrahmen gespannt ist. Das Scheinwerferlicht muß sehr hell, aber nicht unbedingt weiß sein.

Die Handschattenbilder

Schattensilhouetten, mit den Händen geformt, waren im vorigen Jahrhundert eine beliebte Abendunterhaltung. Wenn du einmal nicht einschlafen kannst, dann probiere an der Wand hinter deinem Bett ein paar Figuren aus.

Das Silhouettenbild

war in der Mitte des 18.Jahrhunderts eine beliebte Form des Porträts. Auch einfache Leute konnten sich jetzt abbilden lassen, ohne einen teuren Hofmaler zu beschäftigen. Man benannte die Schattenporträts nach dem sparsamen französischen Finanzminister Monsieur Silhouette.

Es geht ganz einfach: Befestige einen Bogen Papier an der Wand, setze dein Modell mit dem Kopf möglichst nahe davor, beleuchte diesen mit einer hellen Lampe (Arbeitslampe, Diaprojektor, Filmprojektor) und fahre den Schattenumriß mit einem Stift nach.
Auf der Zeichnung hat der Porträtist transparentes Papier auf die geöffnete Glasscheibentür eines Schränkchens geklebt. So kann er den Schatten genauer umfahren.
Nach demselben Prinzip funktionierte auch der Silhouetten-Zeichenstuhl vor zweihundert Jahren: Auf einer Armstütze war in einem Rahmen eine Glasscheibe senkrecht befestigt. Dahinter stand der Zeichner. Auf der anderen Seite steckte ein Licht in einem Halter auf der Armstütze – dazwischen saß das Modell.
Dein Seitenporträt in Originalgröße kannst du mit Tusche, Filzstift oder Wasserfarbe schwarz ausmalen und mit Hilfe eines Fotos oder eines Fotokopierapparates verkleinern.

Schatten-Tricks

Beim Schattenspiel sollte man kein »normales« Theaterstück aufführen: Das Schattentheater hat seine eigenen Gesetze; nütze den Verfremdungseffekt z. B. beim »Auftritt des großen Zauberers«. Sein Zauberzylinder stellt eine Weltsensation dar: Er ist unerschöpflich! Eine Fülle von Kuriositäten zaubert der Meister daraus hervor und wirft sie mit großer Gebärde ins Publikum – d. h. es scheint nur so, denn in Wirklichkeit wirft er sie in Richtung Scheinwerfer, was den Schatten der Gegenstände riesengroß werden läßt. Und natürlich kommen die Dinge nicht alle aus dem Hut, sondern sie liegen nur vor ihm.

Ganz ähnlich ist die Nummer von der »Operation eines Vielfraßes«. Nachdem dieser Bursche sich alles einverleibt hat, Bügeleisen, Banane, Stiefel, Regenschirm usw. (sie verschwinden im Schatten seines Körpers neben dem Tisch), schleppt er sich stöhnend auf den Operationstisch des Herrn Professors. Dieser öffnet mit einer großen Heckenschere den dicken Vielfraßbauch und befördert – wie der Zauberer – alle Gegenstände wieder ans Scheinwerferlicht. Auch er kann sie scheinbar »ins Publikum« schleudern.

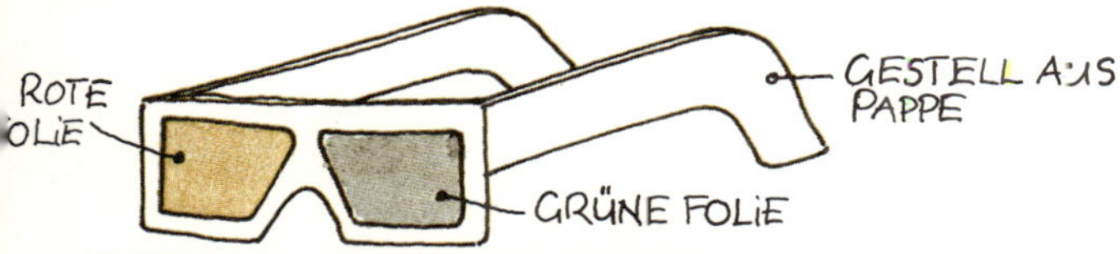

Noch wirkungsvoller werden die beiden Nummern mit scheinbar »plastischen« Schatten: Befestige einen roten Spot in der einen und einen grünen in der anderen Ecke und richte beide Lichtkegel auf das Spanntuch. Nun bekommt jeder Zuschauer eine zweifarbige Brille aus Papier aufgesetzt, deren »Brillengläser« aus einer roten und einer grünen Klarsicht-Folie bestehen.
Der Aufwand lohnt sich, denn deine Vorführung wird dadurch »dreidimensional«, mit scheinbar plastischen Schatten.

»Der Hexentanz« ist eine musikalische Aufführung. Große und kleine Hexen bewegen sich (näher und entfernter vom farbigen Scheinwerfer) inmitten züngelnder Flammen zu heißer Musik. Die Flammen kannst du mit zwei Streifen durchsichtiger steifer Folie erzeugen, die du mit Transparentlack bemalt hast und vor dem Scheinwerfer gegeneinander hin und her bewegst.
Zu orientalischen Weisen entledigt sich die »Schleiertänzerin« mehr oder weniger elegant ihrer Schleier (sie bleibt natürlich vollkommen angezogen) und sinkt schließlich in die sechs Arme der unheimlichen indischen Göttin: drei Spieler sitzen, liegen oder knien hintereinander. Die Göttin umschlingt die Tänzerin, und wenn sie die Arme wieder öffnet, bewegen sich acht Arme und Beine im typisch ruckartigen Rhythmus des indischen Tempeltanzes.

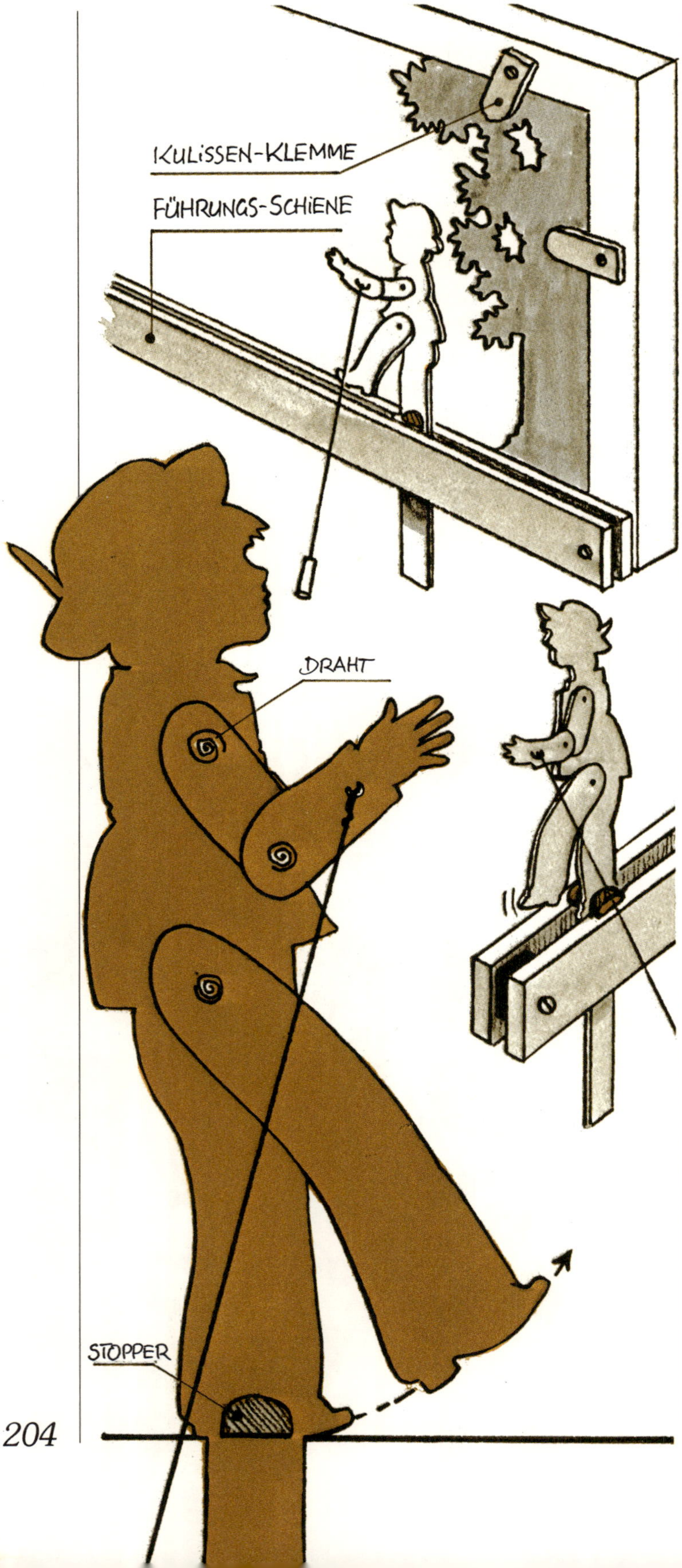

Zum Spiel mit beweglichen Schattenfiguren
brauchst du einen stoffbespannten Bühnenrahmen mit Führungsschiene. Die Figuren sind aus Pappe, und Draht hält sie zusammen. Aufgeklebte Stücke Weinkorken bilden die »Stopper« an den Gelenken.

Deine Spielebene ist die Führungsschiene: in sie werden die Figuren und Kulissen eingesetzt und hin und her bewegt.

Der Stopper verhindert ein Durchrutschen durch den 5 mm breiten Spalt und ermöglicht es dir, falls es das Spiel erfordert, eine Figur in der Schiene stehenzulassen und mit einer anderen weiterzuspielen.

Um die Gelenke der Figuren bewegen zu können, mußt du an den entsprechenden Stellen den Karton mit einer Nadel durchbohren und ein Drahtstückchen einfädeln, das du dann an beiden Enden schneckenförmig eindrehst.

Die Führungsstäbe für die beweglichen Glieder werden an einer Drahtschlaufe befestigt. Ohne Schwierigkeiten lassen sich an deiner Spielfigur Änderungen vornehmen: einen Hut mit Tesafilm ankleben, eine Tasche oder einen Umhang befestigen usw.

Durch geschickt angebrachte Verbindungsstücke kannst du Bewegungsabläufe kombinieren (siehe das Beispiel »Hund«).

Verschiedene Spielebenen und die unterschiedlichen Positionen der Lichtquellen zeigen dir die Abbildungen in der rechten Spalte. Du mußt selber ausprobieren, welche Bühne dir am liebsten ist.

Ungeahnte Möglichkeiten bietet dir ein »Overhead-Projektor« als Lichtquelle: du kannst z.B. eine kleine Stadtsilhouette aus Karton oder transparenter Farbfolie auf die Lichtscheibe legen, und sie erscheint vergrößert auf deinem Vorführtuch.

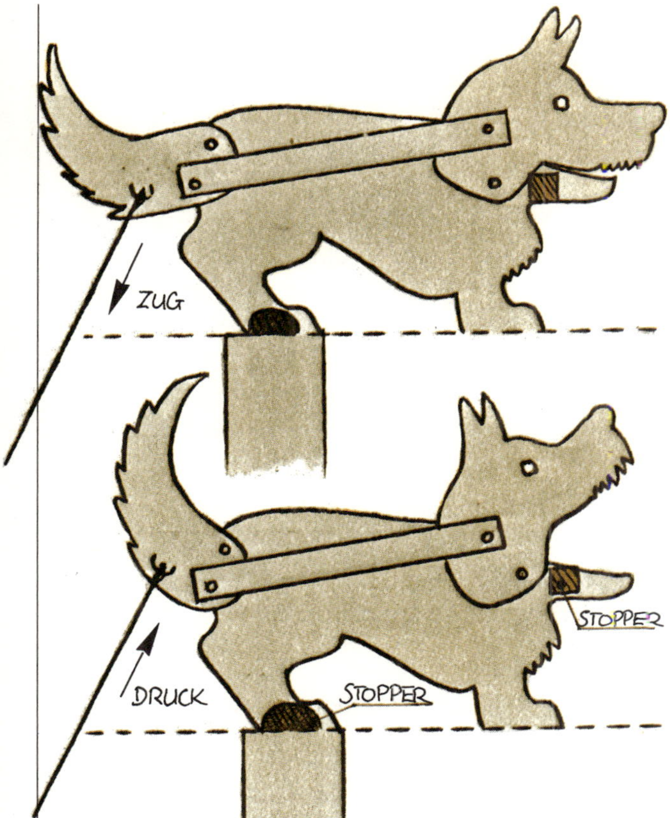

Auf einen längeren Streifen durchsichtiger Folie kannst du mit Transparentlack einen Landschaftshintergrund mit Himmel, Bergen und Burgen, Bäumen und Wasser malen – ziehst du den Streifen langsam über die Lichtscheibe des Projektors und läßt du vom Mitspieler gleichzeitig eine Schattenfigur in der Führungsschiene »auf der Stelle treten«, so glaubt dein Publikum einen Wanderer zu sehen, der fröhlich über Berg und Tal zieht.
Weil das Schattenbild des Projektors immer etwas grauer und zarter wirkt als das Tiefschwarz der Figuren unmittelbar am Vorführtuch, erzielst du auch eine gewisse Tiefenwirkung in deinem Bühnenbild. Mit wenig Aufwand lassen sich auch Feuer und Wasser darstellen: Du bewegst einfach zwei übereinandergelegte bemalte Folien gegeneinander über die Lichtscheibe.

Die Schlecksahne
kommt in eine Eiswaffeltüte vom Konditor. Sie besteht aus Schlagsahne mit kaltgerührten Erdbeeren (zerdrückte Erdbeeren mit Zucker) oder aus zerdrückten Bananen mit Zitronensaft und Zukker.

Eine bunte Sommerbowle
machst du aus Mineralwasser, Zitronensaft und verrührtem Honig. In ihr schwimmen ein paar Gurkenscheiben mit Schale, Johannisbeeren, halbierte Erdbeeren, Wassermelonenwürfel und Zitronenscheiben.

Zur Kinder-Sangria
für heiße Tage brauchst du Orangensaft, Zitronenlimonade, Pfirsichstücke, Orangen- und Wassermelonenwürfel – und Eiswürfel.

Den süßen Hühnersalat
bereitest du aus gebratenem Hühnerbrustfleisch (in Würfel geschnitten), aus halbierten, entkernten Weintrauben, einer Dose Mandarinenstückchen, einer Packung gestiftelten Mandeln, einer in Stiftchen geschnittenen Sellerieknolle, 3 Eßl. Mayonnaise und einem halben Becher süßer Sahne zu.

Der rote Fischsalat
besteht aus einer Packung Matjesfilet, einem Pfund weichgekochtem Rindfleisch, 3 gekochten Kartoffeln (Pellkartoffeln), 2 hartgekochten Eiern, 2 säuerlichen Äpfeln, 3 Gewürzgurken, einem kleinen Glas Rote Beete und einem Becher Sahnedickmilch. Nimm das Matjesfilet aus der Pakkung, lasse es abtropfen und schneide es – wie auch alle anderen Zutaten – in kleine Würfel und vermenge zum Schluß alles mit der Sahnedickmilch.

Sandwichfisch, Semmelfrosch und Stangenbrotdrache
sitzen auf dem kalten Büfett und rollen mit den Olivenaugen. Der Fisch hat eine Wurstzunge mit Ei und Flossen aus Gurkenscheiben. Die Frösche mit den Semmelbäuchen blecken mit Zungen aus Käse oder Wurst mit Gurken- und Tomatenscheiben. Im Drachen liegen auf Salatblättern Schinkenscheiben, Thunfisch, Eier, Tomaten und Zwiebelringe. Er hat Essiggurken als Hörner und Radieschen auf dem Rücken (mit Zahnstochern festgesteckt).

Für die Vorweihnachtstorte
rührst du 150 g Butter mit 150 g Zucker, 1 Päckchen Vanillezucker und 3 Eigelb schaumig.
Gib dazu 150 g gemahlene Mandeln, 75 g Mehl, 100 g Stärkemehl und hebe den Eiweißschaum von 3 Eiern unter.
Fülle den Teig in eine gefettete Springform und backe ihn auf der mittleren Schiene im Backrohr bei 180 Grad 35–45 Minuten lang.
Bestreiche den abgekühlten Kuchen mit Orangenmarmelade und überziehe ihn mit Schokoladenkuvertüre (im Wasserbad geschmolzen).
Auf den braunen Kuchen kann es jetzt durch ein Sieb weißen Puderzucker schneien. Wenn du Sterne aus Papier (oder ein Papierspitzendeckchen) auflegst und mit Stecknadeln leicht feststeckst, bevor es schneit, hast du, wenn du sie wieder abnimmst, ihr Muster auf dem Kuchen.
In der Zeichnung stapft ein gekaufter Schokoladennikolaus auf ein Kekshäuschen zu. Es ist mit Zuckerguß (Puderzucker und Wasser) zusammengeklebt.

Der Gemüse-Dip
ist ein guter Tip für Gemüse-Muffel.
In die Lieblingssoße aus 1 Eßl. Mayonnaise, 1 Eßl. Tomatenketchup und einem Becher Sahnedickmilch mit etwas Zucker pro Person wird rohes, knackiges Gemüse gestippt. Besonders gut schmecken Blumenkohl- und Brokkoli-Röschen, Gelbe-Rüben-Stifte, Paprikaschnitzel, Kohlrabistäbchen, Chicoréeblätter und Stangensellerie. Grüne Bohnen, Auberginen und rohe Kartoffeln darfst du nicht nehmen, sie sind roh nicht bekömmlich.

Die salzigen Weihnachtsplätzchen
knetest du aus 65 g Butter, 65 g Parmesan (oder geriebenem Emmentaler) und 65 g Mehl. Dazu kommen noch eine Prise Salz, eine Prise Pfeffer und 2,5 g Backpulver. Stelle den Teig eine halbe Stunde lang in den Kühlschrank und walke ihn dann messerrückendick aus.
Stich Plätzchen aus, bestreiche sie mit Eigelb und streue Mohn, Kümmel, Paprika oder Sesam darauf. Sie werden auf mittlerer Schiene ca. 10 Minuten bei 180 Grad gebacken.
Die Kerzen der Tischdekoration ragen aus einem Steckschwamm-Würfel (im Blumengeschäft er-

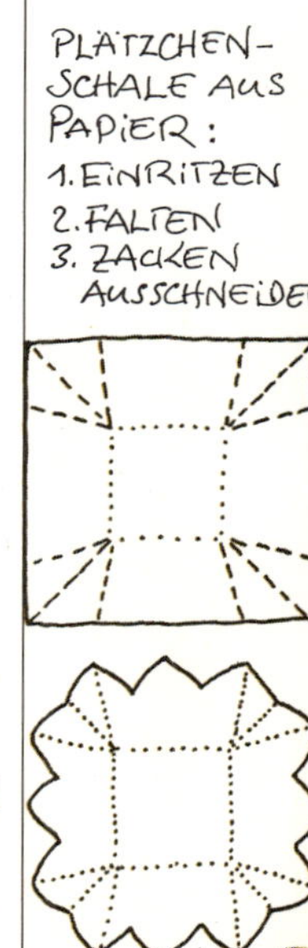

Papiergirlanden
hängen beim Kinderfest im Freien zwischen Bäumen oder spannen sich im Zimmer vom Fenster zur Lampe und vom Schrank zum Türstock.
Sie winden sich um das Schild »Herzlich willkommen!« über der Tür und dekorieren im Fasching den Hobbykeller.
Wenn du dich mit ein paar Freunden zusammentust, ist eine Girlande schnell fertiggebastelt. Ihr könnt z. B. Papröhren hintereinander hängen, die ihr vorher bunt beklebt oder mit Dispersionsfarbe bemalt habt – oder ihr umwickelt sie mit Kreppapier- bzw. Glanzfolienstreifen und klebt ihnen auf einer Seite ein flatterndes Röckchen aus Papierfransen oder Folie an.
Besonders schnell läßt sich die Girlande aus geknickten Papierstreifen basteln: Die Streifen werden ungefähr 10 cm oberhalb der schmalen Schnittkanten zusammengeklebt und unterhalb des Buges auf eine Schnur gefädelt. In die Schnittkanten könnt ihr noch Fransen schneiden.
Lustig sehen auch einfache Papierfähnchen aus, die in leuchtenden Farben bunt bemalt sind. Am besten zwickt ihr sie mit einer Heftklammermaschine an die Schnur. Dort könnt ihr noch zusätzlichen Festschmuck befestigen, z. B.

Die Glücksvögel
Sie bestehen aus Papiertüten mit einem Schwanz aus Kreppapier und einem zusammengeklebten Kopf aus einem Papierklappschnitt. Wenn ihr Bauch mit Bonbons gefüllt ist, könnt ihr damit – etwas abgewandelt – ein Spiel spielen, das die Mexikaner »Piñata« nennen:
Die Kinder schlagen so lange mit verbundenen Augen auf einen aufgehängten Tontopf, der mit Pappmaché in einen Vogel verwandelt wurde, bis Süßigkeiten, Nüsse oder kleine Spielsachen herausfallen.

Habt ihr mehrere Vögel aufzuhängen, dann füllt nicht alle mit dem gleichen Inhalt – es müssen auch ein paar »Nieten« dabeisein, z. B. Kastanien, ein alter Schuh oder anderer Krimskrams.

Die Bälle aus Spiegelfolie
drehen sich, angestrahlt von einem Spotlicht, und werfen unaufhörlich helle Lichtreflexe an Zimmerdecke und Wände. Die Folie ist im Geschäft für Dekorationsbedarf erhältlich. Schneidet die beiden elastischen Folienscheiben ein, wie auf der Zeichnung zu sehen. Klappt die Scheibe Nr. 1 lokker zusammen (nicht knicken!) und schiebt sie durch den Schlitz von Nr. 2; schlagt die Flügel wieder auseinander, und fertig ist der Ball! Mit einer Nadel zieht ihr oben den Faden für die Aufhängung durch.

Die Riesen-Rosen
aus farbigem Kreppapier wachsen beim Frühlings- oder Wiesenfest der Wurzelmännchen und Maikäfer aus allen Zimmerecken. Um den Blütenknoten aus Kreppapier werden Schicht um Schicht die einzelnen Blütenblätter gewickelt.

Die Fächerrosetten
sind aus weißem Zeichenpapier, das vor dem Falten an den Rändern mit Farbe gestreift oder in flüssige Farbe getaucht wurde (Schüssel mit Holzbeize oder Eierfarbe).
Wenn die Farbe getrocknet ist, wird der Papierstreifen wie eine Ziehharmonika geknickt. Bindet das Päckchen in der Mitte zusammen, bildet mit beiden Papierseiten einen Halbkreis und klebt ein Ende der Schnur zum Aufhängen dazwischen. Unten schließt ihr den Fächer mit Klebstoff zum Kreis.

Windlichter
zaubern eine besonders festliche Stimmung.
Beim Mandarinenlicht bildet der stehengelassene Strunk in der Mitte den Docht. In den Schnee gesetzt, auf dem Balkongeländer oder auf dem Fensterbrett, leuchtet es besonders heimelig.
Fest und sicher stehen die Kerzen in einem Einweckglas, wo sie zwischen Kies, Sand oder größeren Steinen eingebettet sind.

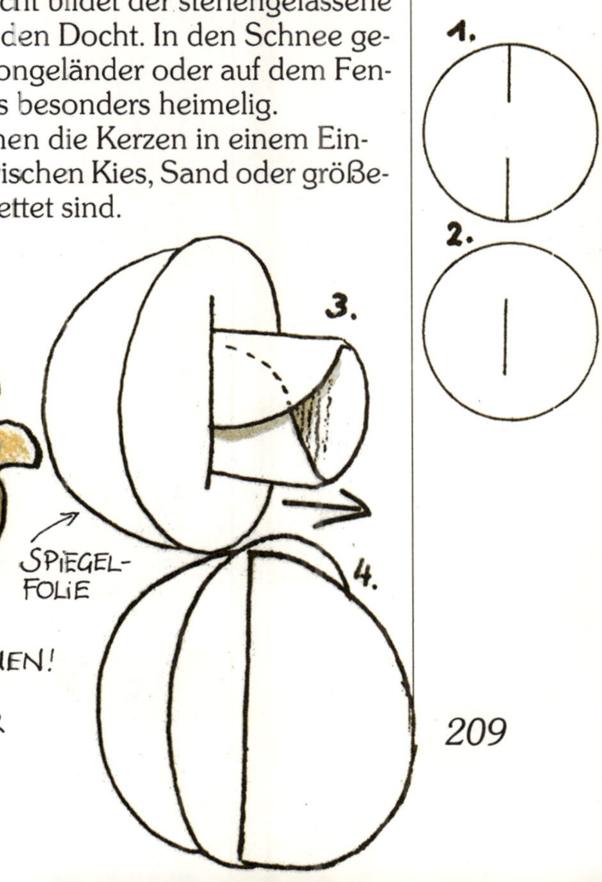

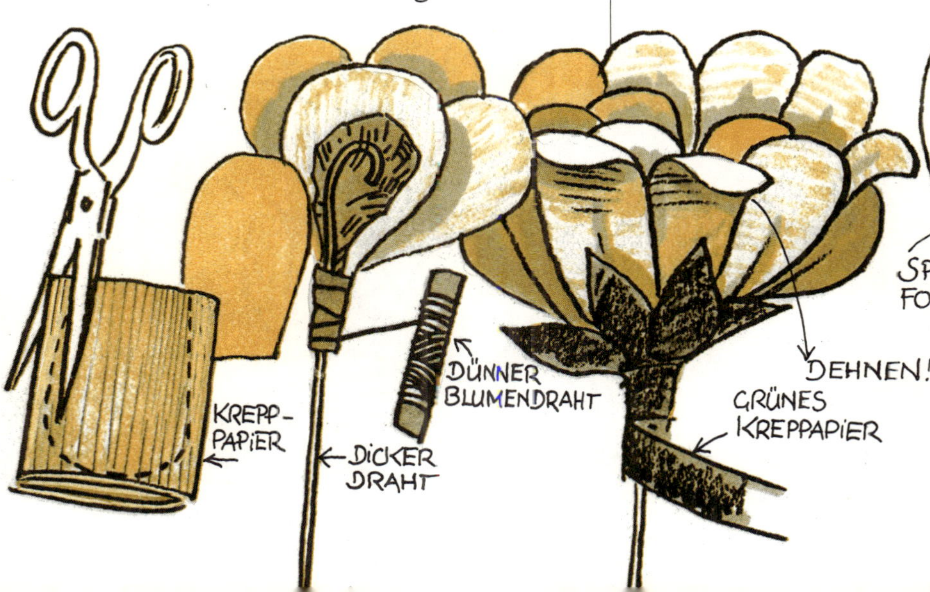

Das Rotkäppchen
hat die Qual der Wahl, welchen Weg es nehmen soll. Wie kommt es sicher durch den finstren Tann zum Haus der Großmutter – ohne im Maul des Wolfs zu landen? Zu Hause oder in einer Freistunde in der Schule könnt ihr auf ein Blatt Papier ähnlich verschlungene Wege und Labyrinthe zeichnen und eure Freunde auf den Weg ins Ungewisse schicken.

Beim Rückenmalen
brauchst du besonders feine »Fühl-Antennen« auf deinem Rücken. Der Vormaler steht hinter dir und zeichnet mit einem runden Wachsmalstift auf ein Blatt Papier. Als Unterlage dient ihm dein Rücken. Gleichzeitig versuchst du das Erfühlte mit einem Stift auf einem Blatt Papier wiederzugeben.
Es ist nicht leicht, aber wer im Sommer am Strand mit Creme geübt hat, schafft es bestimmt.

Das Bilderraten
kennt ihr vielleicht aus der Sendung »Montagsmaler« vom Fernsehen. Ideale Spielzeit dazu ist die Pause in der Schule; als Spielfeld dient die große aufklappbare Tafel. Bildet zwei Gruppen und wählt einen Spielführer mit Phantasie: Er muß sich die Dinge ausdenken, die ihr zeichnen sollt. Er flüstert sie den beiden Zeichnern der Gruppen ins Ohr, und jeder von ihnen versucht dann mit mehr oder weniger Geschick, die Gegenstände auf einen Flügel der Tafel zu zeichnen. Die aufgeklappten Teile sind dabei so gestellt, daß sie von der jeweils anderen Gruppe nicht eingesehen werden können. Die Ratenden stehen in einem Kreis um den Zeichner herum und rätseln leise so lange, bis sie den Gegenstand erraten haben und es ihnen der Zeichner bestätigt. Die Gruppe, die das zuerst dem Spielführer melden kann, hat einen Punkt gewonnen. Jeder von euch kommt einmal als Zeichner an die Reihe.

Das Schildkrötenrennen
ist ein Geschicklichkeitsspiel, bei dem ihr versuchen müßt, die Schildkröte mit Hilfe einer Schnur ans Ziel zu bringen. Das Tier krabbelt aber nicht, sondern es stellt sich hoch und fällt dann wieder auf den Bauch. Durch geschicktes Straffen und Lockerlassen der Schnur bringt ihr die Schildkröte in eine Vorwärtsbewegung. Sägt sie aus Sperrholz oder schneidet sie aus Pappe und klebt ihr einen bemalten Bierdeckel als Panzer auf. Damit sie gut aufrecht steht, müssen die Hinterbeine gleich lang sein, und das Schwänzchen darf nicht darüber herausragen. Unterhalb des Kopfes stecht ihr ein Loch und fädelt die Schnur durch. Auf Kommando kippen die Schildkröten vorwärts.
Die, welche als erste das Tischbein erreicht, macht ihren Besitzer zum Sieger.

Beim Kerzenlichtblasen
sitzen sich zwei Spieler gegenüber. Der Hüter des Lichts hält eine Hand vor die Flamme und versucht sie, damit sie nicht ausgeblasen wird, vor seinem Gegner zu schützen. Dieser beginnt von zwanzig abwärts zu zählen, und bei jeder Zahl muß der Lichthüter mit der schützenden Hand auf den Tisch klopfen. Diesen kurzen Augenblick nützt der andere, um nach der Flamme zu blasen. Das Spiel ist gar nicht so einfach, denn der Bläser kann beim Zählen nicht blasen, und der Lichthüter versucht, nach dem Klopfen seine Hand so schnell wie möglich wieder vor die Kerze zu halten.

Zum Federnpusten
setzt ihr euch dichtgedrängt um einen Tisch. Auf Kommando blast ihr los und versucht euch die Feder vom Leibe zu halten. Bleibt die Feder an einem Mitspieler hängen, muß dieser ein Pfand hergeben. Wer die Feder aus der Tischrunde bläst, gibt ebenfalls ein Pfand her. Statt einer Feder könnt ihr auch einen Schnipsel einer Papierserviette nehmen. Spielt so lange, bis euch die Puste ausgegangen ist!

Beim Pfennigschießen
müßt ihr blitzschnell reagieren und immer auf der Lauer liegen! Jeder hat neben sich den gleichen Vorrat an Pfennigen liegen; auf dem Tisch habt ihr einen Kreis aus Schnur gebildet. Eure Hände ruhen auf der Tischkante. Reihum nehmt ihr jetzt einen eurer Pfennige, legt ihn auf den Handteller und schlagt mit den Fingern von unten an die Tischplatte.

In hohem Bogen schleudert der Pfennig in den Kreis – oder daneben, je nachdem, wie geschickt ihr gezielt habt. Wenn er glatt im Kreis liegenbleibt, geschieht nichts. Kommt er aber auf einem anderen Pfennig zu liegen, dann dürfen sich alle Mitspieler der Runde (auch der Pfennigschütze!) mit den Händen in den Kreis stürzen und sich so viele Pfennige grabschen, wie sie kriegen können. Wenn sich bereits eine Menge Münzen angesammelt hat, lohnt es sich besonders!
Ist die Münze nicht im Kreis gelandet, sondern irgendwo außerhalb auf dem Tisch liegengeblieben, dann darf sie von dem Mitspieler, der sie am schnellsten zu fassen bekommt, einkassiert werden.

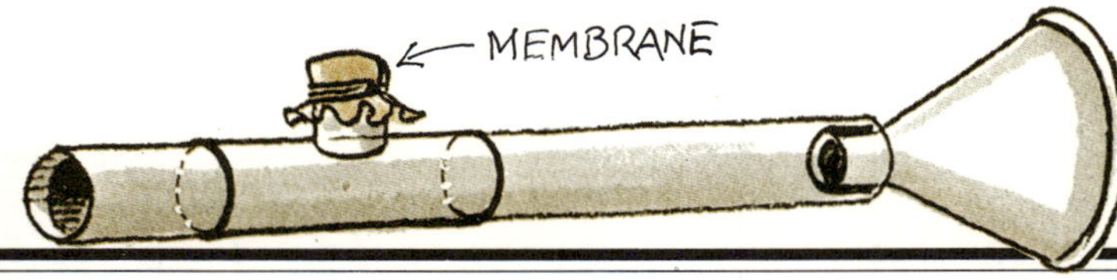

»Heute großer Zimmer-Zirkus«
steht auf dem Plakat vor der Wohnungstür, und das Nummern-Girl begrüßt die Zuschauer mit einer »Mirliton-Trompete«. In das Instrument wird nicht wie in eine Flöte hineingeblasen, sondern mit »Tätaratatä« hineingesprochen oder -gesungen. Die Stimme wird verstärkt und verfremdet und klingt zittrig quäkend, wie das kleine Saxophon der echten Zirkusclowns.
Stecke ein längeres Hartplastikrohr mit Trichter in ein dazupassendes T-Stück und setze von der anderen Seite ein kürzeres Plastikrohr-Mundstück ein (du erhältst es beim Installateurbedarf). Über das offene Loch des T-Stücks wird mit einem Gummiring eine Membrane aus Seiden- oder Butterbrotpapier gespannt.

Die große Nummer
wird von komischen Tierwesen in weiten Clownkostümen gemacht. Zu einem schmissigen Musikstück haben sie einen lustigen Tanz einstudiert, bei dem alle Bewegungen gleichzeitig erfolgen: Im Rhythmus stellen sie die Beine vor und zurück, schlängeln ihre Körper wie Tempeltänzerinnen, strecken dazu die Arme über den Kopf und wak-

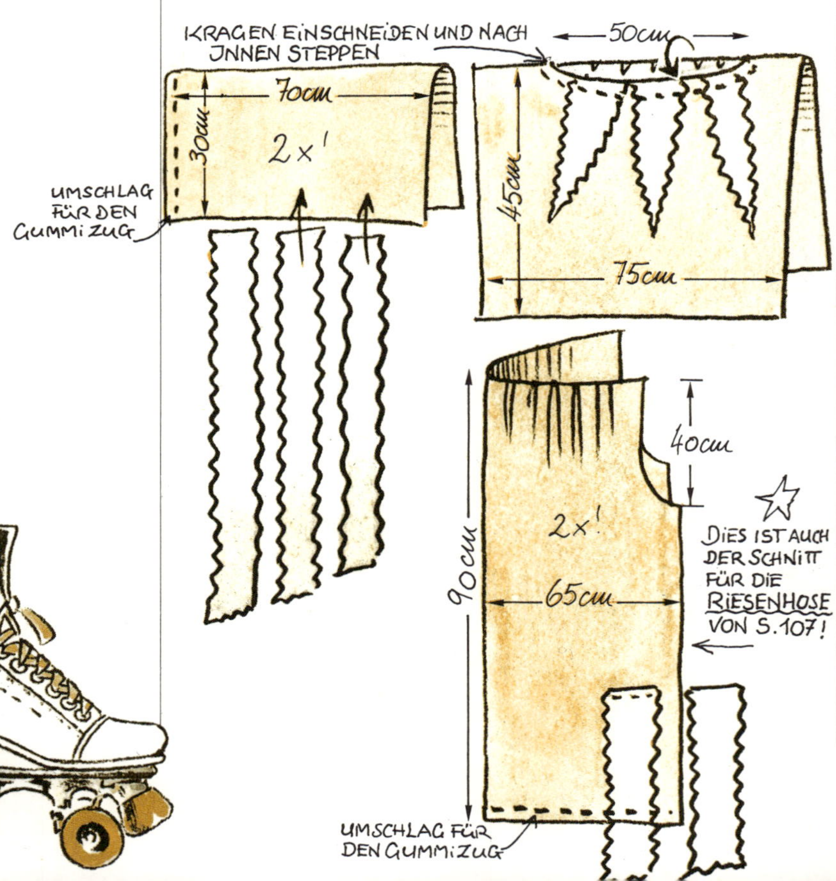

keln mit den Fingern. Sie hopsen mit einem Nachstellschritt quer durch den Raum und wieder zurück und drehen sich auf der Stelle. Dann formieren sie sich zur Polonaise, rücken hautnah auf und drehen so im Gleichschritt eine Runde durchs Zimmer. Schwungvoll verbeugen sie sich vor dem Publikum und bekommen großen Applaus. Denkt euch noch mehr witzige Tanzschritte aus, denn bestimmt wird »Zugabe!« gerufen. Schon beim Proben des Tanzes werdet ihr einen Riesenspaß haben! Die Köpfe sind aus Kleisterpapier (s. S. 15), und in das Kostüm steigt ihr wie in eine Hose, durch den Gummizug des Halsausschnittes.

Anna Furchtlos
ist ein mutiges Mädchen: Vor den Augen der Zuschauer legt sie sich in eine große Pappschachtel und läßt sich zersägen! Wenn sie hineinsteigt, wird der Deckel der großen Kiste zum Publikum hin hochgeklappt; ungesehen kann sie sich dahinter in die eine Schachtel mit der Kopföffnung kauern. Wenn sie den Kopf aus dem Loch steckt, erscheinen am unteren Schachtelende auch »ihre« Füße.

Damit beim Zuschauer nicht der Verdacht aufkommt, es könnte sich in der Kiste um zwei Personen handeln, zwickt ein Helfer in einen von »Annas« Zehen, und gleichzeitig (durch ein Klopfzeichen verständigt!) schreit sie am oberen Ende laut auf. Zwischen den beiden Kisten, die sich in der großen Pappschachtel befinden, bleibt ein Spalt, durch den sich leicht und gefahrlos sägen läßt. Paßt auf, daß ihr beide das gleiche Paar Sokken anzieht!

Die Jongleure Gag und Gagack
sind besondere Könner ihres Fachs, dem Eierschmeißen. Dummerweise passiert ihnen gleich am Anfang ein Mißgeschick, und das Wurfei zerbricht auf dem Boden (Putzlappen und Kübel bereithalten!). Es ist ihnen furchtbar peinlich!
Zaghaft und völlig verunsichert beginnen sie ihre Nummer von neuem: Der eine wirft seinem Partner mit dem Ruf »Hepp!« ein Ei zu, und dieser wirft es mit »Hepp!« wieder zurück. Nun werden sie mutiger und treten beide einen Schritt zurück. Hepp, hepp, fliegt das Ei durch die Luft. Der Abstand zwischen beiden wird immer größer, und immer schneller fliegt das Ei hin und her.
Plötzlich durchzuckt Gagack ein Gedanke! Er wendet sich zum Publikum und wirft schnell, grinsend und mit »Hepp-Hepp«-Rufen, seinen ganzen Eiervorrat in die Menge. Ihr könnt euch das Geschrei der Zuschauer vielleicht vorstellen – bis sie endlich gemerkt haben, daß die Eier aus Plastik und unzerbrechlich sind. Nur das erste, heruntergefallene Ei war echt! Plastikeier bekommt ihr um die Osterzeit in jedem Bastelladen.

Buffalo Peng
kann schießen, wie er will, er trifft immer! Hinter dem gespannten Tuch steht der Helfer und zersticht unmittelbar nach dem Knall des Zündplättchens den Luftballon, den er durch den transparenten Stoff gut sehen kann.

Kasperl und Gretel
Opa, Tante Tussy und die Hexe gehören zum festen Bestand der Truppe des Paravent-Theaters (s. S. 226).
Ihre Köpfe sind aus Kleisterpapier (s. S. 86) und stecken auf Hälsen aus kleinen Papprollen. Die Haare sind aus Wolle oder Pelz. Mach die Kleider weit genug, damit deine Hand mit den gespreizten Fingern darin bequem Platz hat. Der Zeigefinger wird in das Halsloch gesteckt, Daumen und Mittelfinger bilden die Puppenarme und -hände.

Styropor-Robert
reibt sich nachdenklich mit einem Bleistift die Nasenspitze. Er hat eine sehr geschickte Hand, kann schreiben und Staub wischen, winken und nervös mit den Fingern trommeln. Er kann sich zwischen den wenigen Haaren kraulen und die Knopfaugen zuhalten. Mit dem Zeigefinger lockt er herbei, und mit der Hand schlägt er sich an die Styropor-Stirn. Sein Kopf muß leicht und stabil sein: leicht, damit ihn der Spieler, der hinter der Abschirmung (ein gespanntes Tuch) steht, mühelos hochhalten kann, und stabil, weil er einiges aushalten muß. Styropor ist dafür ideal. Aus einem Block oder aus aufeinandergeklebten Platten läßt sich der Kopf leicht schneiden und glattraspeln. Als Überzug wird eine dünne farbige Strumpfhose drübergespannt.

Primadonna Isidora
ist Tanzstar unter den Marionettenpuppen. Besonderes Talent zeigt sie im schwerelosen Schweben. Sie kann unglaubliche Sprünge vollführen und zu den Klängen der Musik rasend schnelle Pirouetten drehen. Ihr fließendes Schleiergewand ist um einen Kugelkopf gebunden, der – wie auch jeder der Tuchzipfel-Hände – an dünnen Nylonfäden am Führungskreuz aus Holz hängt.

Raupe Rita
ist aus Schaumstoff und robbt mit ihrem geschmeidigen Körper in den verrücktesten Windungen über die Bühne. Sie wird an zwei steifen Drähten geführt und fasziniert alle mit ihrem Styroporkugel-Blick.

Die Hosenträger
und den langen Gürtel webst du dir aus buntem Garn, mit einem Webkamm, wie ihn viele Völker schon seit Jahrhunderten zum Bänderweben benützen. Unser Webkamm besteht aus mindestens elf schmalen Holzleisten, von denen jede in der Mitte ein Loch hat, mit schmalen Schlitzen dazwischen. Oben und unten werden die Hölzchen zwischen zwei kräftigere Leisten geleimt. Besorge dir ein Knäuel weißes Strickgarn und schneide davon 20 Fäden ab (Länge des Hosenträgers oder Gürtels plus ⅓ Zugabe). Fädle immer abwechselnd einen Faden durch ein Loch und einen durch einen Schlitz.

Binde diese »Kettfäden« dann mit einem Ende an einen Gürtel oder an ein Band, das du um die Taille geschnürt hast, das andere Ende um eine Türklinke oder ähnliches. Jetzt wickelst du verschieden lange Perlgarnfäden, die farblich gut zusammenpassen, auf das Webschiffchen aus Karton oder Sperrholz. Sie bilden den »Schußfaden«, aus ihnen entstehen die bunten Streifen auf deinem Band. Hebe den Webkamm, ziehe den Faden mit dem Schiffchen durch das entstandene »Fach«, dann senke den Kamm, wende das Schiffchen und ziehe, von der anderen Seite kommend, den Schußfaden wieder durch. Mit dem Schiffchen kannst du die gewebten Reihen eng aneinanderdrücken. Wenn das Band fertig ist, knüpfst du die Kettfäden einzeln zusammen oder faßt das Ende mit Zickzackstichen ein.

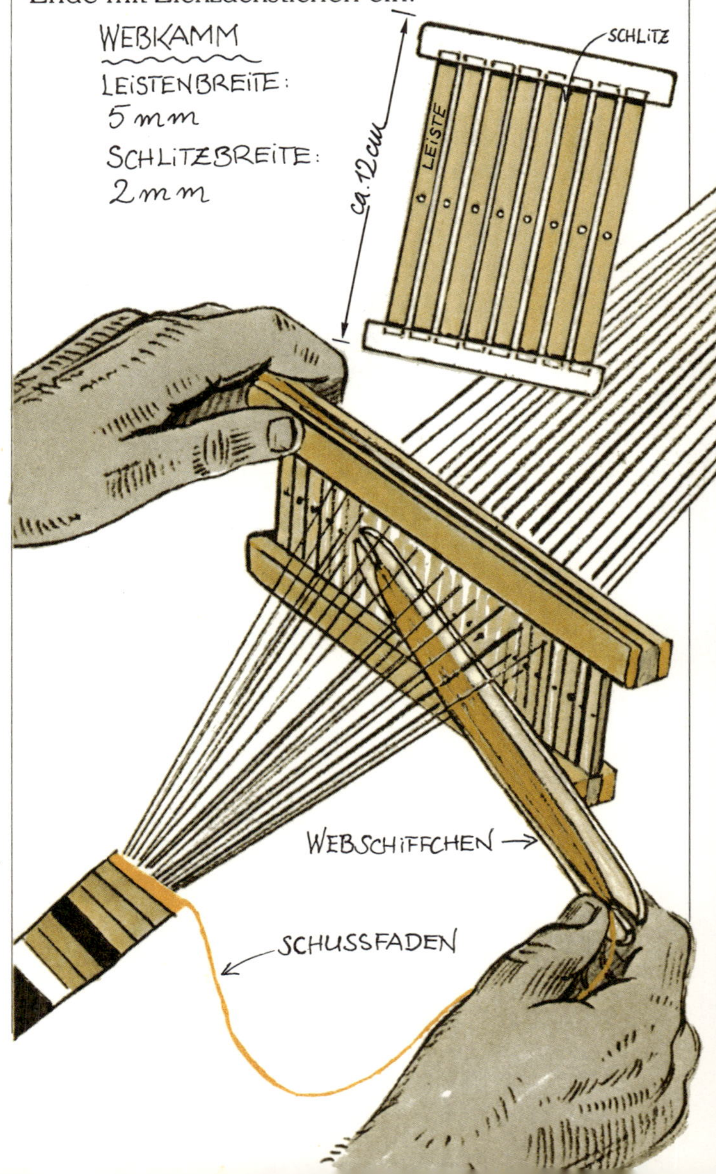

Eine Cowboy-Weste aus Leder
ist neben Gürtel und Stiefeln der Traum großer und kleiner Westernfans. Sie besteht aus drei Teilen. Ihre vier Nähte werden mit der Hand oder mit der Nähmaschine überlappend zusammengenäht. Die Schulterfransen, die Büffelköpfe und die Taschen aus andersfarbigem Wildleder sind mit Nieten (im Ledergeschäft erhältlich) aufgeklopft. Besorge dir weiches, aber nicht zu dünnes Wildleder (vielleicht von einem abgelegten Mantel oder einer Jacke deiner Eltern) in hellerem Braun und ein kleineres Lederstück in Dunkelbraun oder umgekehrt. Den Westenschnitt für deine Größe fertigst du auf einem Papier an, das du in Karos aufgeteilt hast. Die kleineren Maße auf unserem Schnittmuster gelten für einen fünf- bis sechsjährigen Cowboy, die größeren für einen zwölf- bis vierzehnjährigen. Liegt deine Größe in der Mitte, dann verändere den Schnitt entsprechend und mache die Kästchen des Rastermusters 3,5 : 3,5 cm groß. Der Karoraster erleichtert es dir, die Rundungen der Weste zu übertragen.

Lege die fertigen Papierschablonen für den Rükken und die Seitenteile auf das Leder, umfahre sie mit einem Stift und schneide die Westenteile mit einer kräftigen Schere aus. Den Papierschnitt für den Rücken brauchst du bloß bis zur Mitte (Bruchlinie) zu zeichnen. Lege ihn mit seiner Bruchlinie auf die Bruchkante des zusammengeklappten Lederstücks. Ausgeschnitten und wieder aufgeklappt, ist das Rückenteil ganz gleichmäßig. Zum Schluß kannst du Fransen einschneiden und dann auf Büffeljagd gehen.

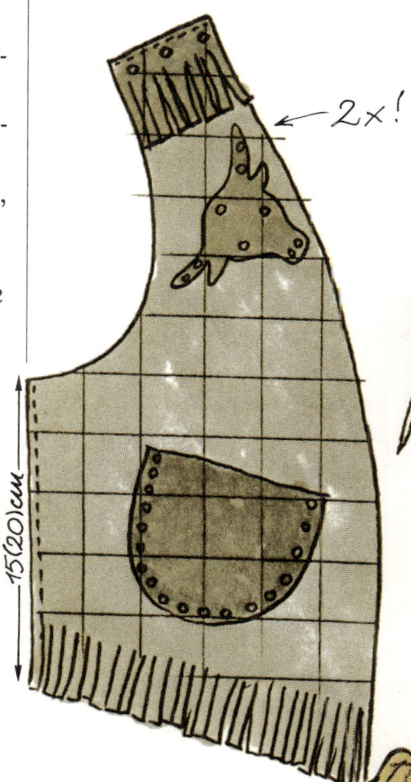

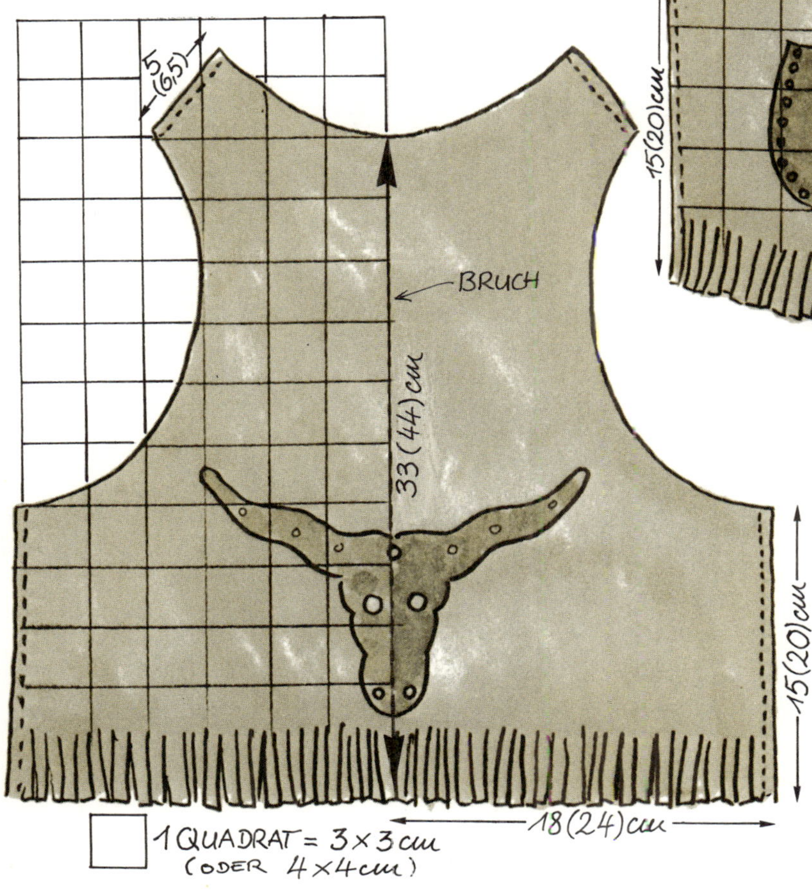

Im wassergefüllten Armreif
ist der bunte Faschingsflitter ständig in Bewegung: eine glitzernde Wolke, die sich immer wieder in ihre Bestandteile – Plättchen und Sternchen – auflöst.
Du brauchst zwei durchsichtige Weichplastik-Schläuche. Der längere hat einen Durchmesser von 9 mm. Das Verbindungs- und Verschlußstück ist 8 mm stark und paßt genau in den größeren Schlauch. Mit einem scharfen Teppichmesser läßt sich das Plastik gut schneiden. Langsam, wie in Zeitlupe, purzeln die Glitzerteilchen im Wasser durch den Ring – es ist schön, ihnen zuzuschauen. Die Schläuche bekommst du in einem Geschäft für Installateurbedarf, das Döschen mit dem Flitter in einer Kosmetikabteilung.

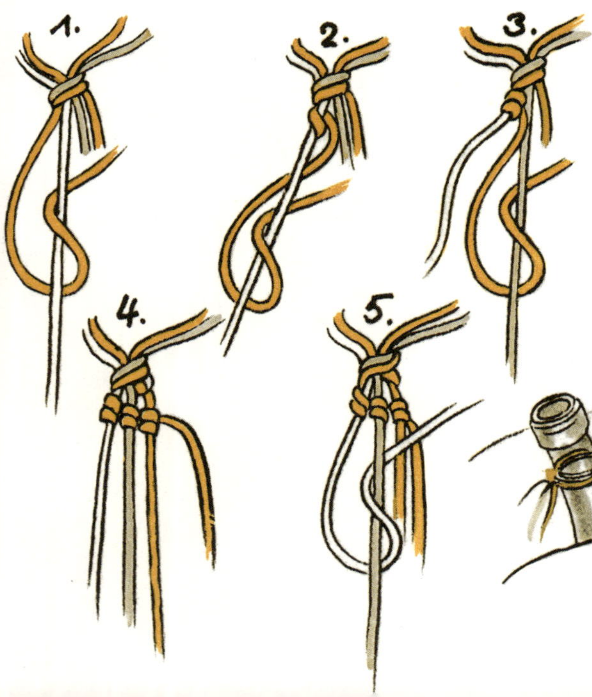

Das Freundschaftsbändchen
wird Tag und Nacht getragen und selbst beim Baden nicht abgelegt. Wenn es reißt, so sagt man, wird auch die Freundschaft in die Brüche gehen. Glaube es nicht! Aber es muß schon eine besonders liebe Freundin sein (auch Buben und Onkel sind ganz wild auf diese Bändchen!), für die du dir so viel Mühe machst, denn um einen Zentimeter Band zu knüpfen, brauchst du ungefähr 10 Minuten. Suche dir schöne Farbkombinationen von Perlgarnfäden aus (zwischen 8 und 16 Stück, je 1 m lang), knote sie zusammen und binde das Ende um einen Flaschenhals. Klemm dir die Flasche zwischen die Knie und umschlinge – mit einem Faden deiner Wahl – immer auf dieselbe Weise der Reihe nach alle anderen Fäden (s. Zeichnung). Mit dem ersten Faden bestimmst du die Farbfolge, die als schräge Streifen auf dem Bändchen erscheint. Zum Schluß flichst du Anfang und Ende zu Zöpfen zusammen und hältst sie mit einem Knoten fest.

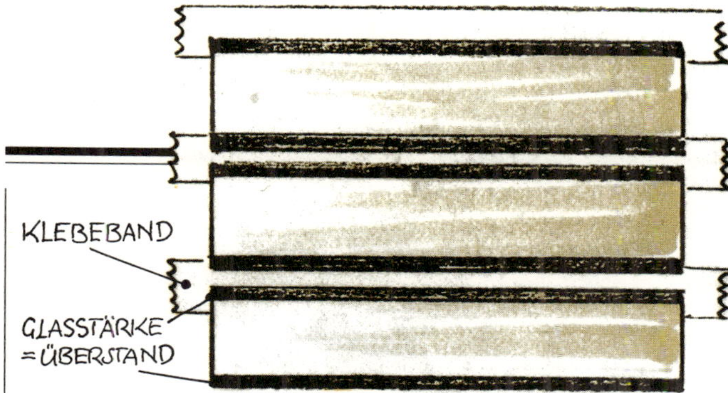

Das Kaleidoskop
hat seinen Namen aus dem Griechischen. Er bedeutet soviel wie »Schönes – Bild – schauen«. Bunte Glasstückchen werden von Glas-, Metall- oder Folienstreifen mehrfach gespiegelt und bilden so ein geometrisches Muster, das sich durch Drehen ständig verändert. Besorge dir Spiegelfolie, Spiegelblech oder, was allerdings etwas kostspieliger ist, drei gleichmäßig zugeschnittene Streifen Spiegel oder Glas (20–25 cm lang, 4–5 cm breit). Wenn du eine entsprechende Papprröhre hast, kannst du die Streifen dort hineinkleben, du mußt dazu aber dem Glaser die genauen Maße nennen. Hast du keine Röhre, dann klebst du alle Streifen (mit drei Tupfern Kleber) auf einen gleich langen Kartonstreifen, der in der Breite so viel übersteht, wie deine Spiegelflächen dick sind – also bei einem 3 mm dicken Glas 3 Millimeter. Normales Glas spiegelt besser, wenn du schwarzes Papier unterlegst. Die Karton-Spiegelstreifen fügst du mit Klebebändern zu einem dreieckigen Prisma zusammen. Wenn du jetzt durchschaust, spiegelt sich deine Umgebung in schönen geometrischen Formen. Für die Glassteinchen schließt du aber das Ende mit transparenter, matter Astralon-Folie. Damit du schöne Farben zusammenbekommst, mußt du schon lange vorher mit dem Scherbensammeln beginnen. Grüne und braune, orange und rote findest du häufig, dunkelblaue, violette, türkise und gelbe dagegen selten. Wenn die Scherben zu groß sind, kannst du sie gefahrlos zwischen mehreren Zeitungspapierseiten mit dem Hammer zertrümmern. Schließe das Rohr mit einer steifen Klarsichtfolie (damit dir die Scherben nicht ins Auge purzeln) und befestige darüber noch schwarzes Papier, in das du vorher ein kleines Guckloch geschnitten hast.

Mit Schmuckpapier, wie du es auf der nächsten Seite beschrieben findest, kannst du das Kaleidoskop außen schön beziehen.

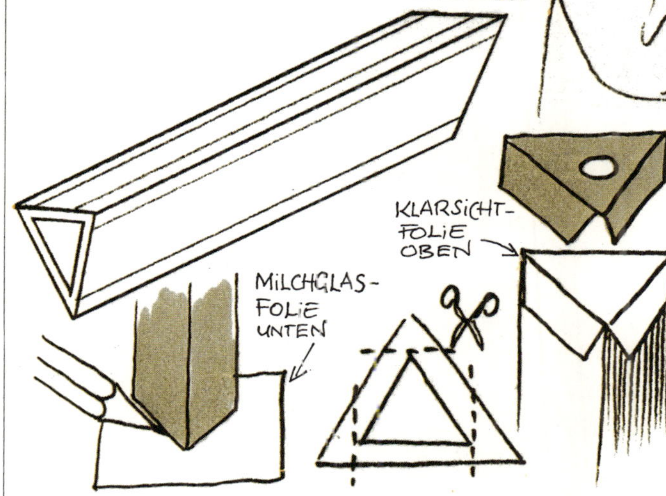

Die Kugelschachtel
ist ein Geduldsspiel, bei dem du versuchst, die Kugeln aus der vordersten Kammer möglichst schnell in die hinterste zu bekommen.
Du brauchst dazu eine Plastikdose mit durchsichtigem Deckel, einen Papierstreifen mit kleinen Öffnungen und kleine Metallkugeln (aus einem Kugellager) oder Perlen.

Marmorpapier
ist ein Schmuckpapier zum Überziehen von Mappen, Schachteln und vielem mehr. Kein Bogen Marmorpapier ist wie der andere gemustert; jedes Blatt ist ein nicht wiederholbares Einzelstück und eine neue Überraschung. Das Muster läuft in Schlingen und Schlieren über das Papier wie die Adern von glattpoliertem Marmor, den du aus Kirchen und Schlössern kennst. Suche dir zum Marmorieren einen günstigen Arbeitsplatz, möglichst in der Nähe eines Wasserhahns, und eine große, nicht zu tiefe Wanne, in der die Papierbögen flach liegen können (z.B. ein Backblech). Setze Tapetenkleister an (s.S.14), der klar und dicksuppig fließt und den Wannenboden mindestens zwei Zentimeter hoch bedeckt. Außerdem brauchst du noch ein paar Tuben Künstlerölfarbe, Terpentinersatz und leere Gläser mit Schraubverschluß (dünne Plastikbecher löst der Terpentinersatz auf!).

Drücke je eine etwa 5 cm lange Farbenwurst in ein Glas, schütte etwas Terpentinersatz darauf und rühre mit einem Stöckchen um, bis die Farbe gelöst ist. Tropfe mit einem Pinsel die verdünnten Farben auf die Kleisterschicht in der Wanne und verziehe die Kleckse mit dem Pinselstiel zu Schlingen und Schnecken. Jetzt faßt du den Papierbogen mit beiden Händen so, daß er sich in der Mitte durchbiegt, und läßt ihn vorsichtig auf die Kleisteroberfläche gleiten. Drücke das Papier sanft an, ziehe es vorsichtig wieder hoch und halte die gefärbte Seite unter fließendes Wasser, bis der Kleister fortgespült ist. Zurück bleibt das Marmormuster, das aus der wasserunlöslichen Ölfarbe gebildet wurde. Auf Zeitungspapierunterlagen kannst du die Bögen zum Trocknen auslegen. Farbe, die du nicht mehr brauchst, schüttest du bitte nicht in den Ausguß, sondern sammelst sie im Schraubglas und hebst sie auf bis zum Tag der Sondermüll-Abgabe!

Die Faltschachteln

sind für allerlei Krimskrams zu verwenden, als Behälter für deine verschiedenen Sammlungen oder, mit Deckel, als hübsche Geschenkverpackung. Falte ein quadratisches Papier so, wie du es auf der Zeichnung siehst. Wenn du die Einschnitte gemacht hast, kappst du die Ecken der Seitenteile, die nicht eingeschnitten wurden, zum Blattmittelpunkt, stellst sie hochkant und schlägst die »Flügel« überlappend nach innen. Für den Deckel faltest du ein quadratisches Blatt Papier – dessen Seitenlängen einen Zentimeter größer sind als die des ersten Bogens – genauso wie die Schachtel. Willst du in einer großen Faltschachtel viele kleine verstecken (wie die ineinandergesteckten russischen Puppen), dann mußt du mit deinen Faltbögen nur immer einen Zentimeter kleiner werden.

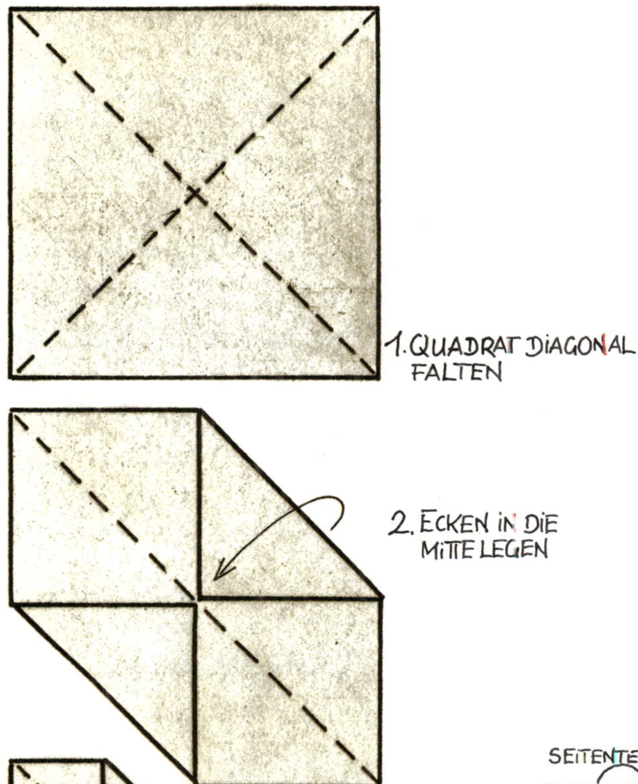

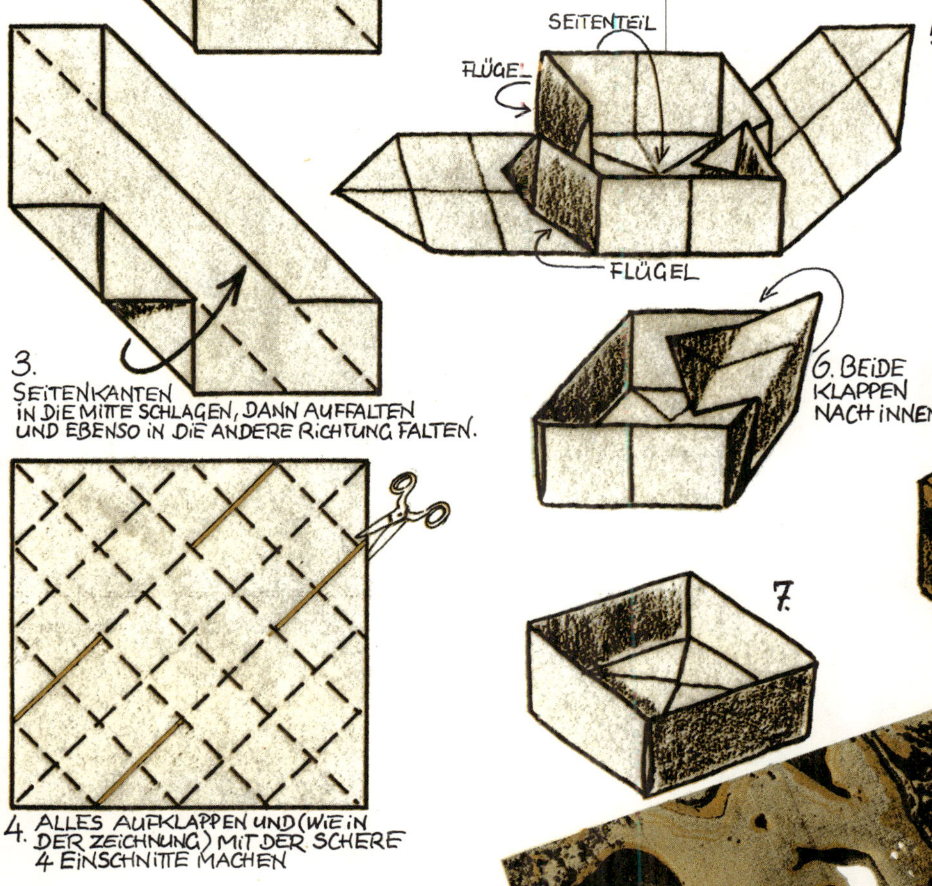

Der Spielparavent
ist stabil aus Sperrholz, Leisten und Klavierbändern gebaut, und wenn ihr die Wände schräg einwärtsklappt, bleibt er sicher stehen und fällt nicht um. Fürs Kasperltheater könnt ihr ihn zu einem Viereck zusammenstellen, in dessen Innerem die Puppenspieler sich bequem bewegen können.
Auf der Außenseite ist der Paravent mit Lackfarben bemalt, innen mit einer hellen, freundlichen Tapete bezogen.
Kleine Möbel und ein Fleckerlteppich machen ihn zu einer gemütlichen Wohnung.
Die Fensteröffnungen laßt ihr euch mit einer Stichsäge ausschneiden. Das Kioskfenster ist im unteren Drittel quer geteilt und läßt sich als Verkaufstheke nach innen klappen – zwei innen vorklappbare Holzstützen geben diesem Brett den nötigen Halt.

Der obere Fensterladen wird nach außen hochgeklappt und mit einem beweglichen Haken in einer Ringschraube am Kioskdach festgehalten. Die Scharniere der Fensterläden sind von außen aufgeschraubt. Sämtliche Schnittkanten sind mit Leisten eingefaßt; das macht den Paravent zwar schwerer, doch das dünne Sperrholz kann sich dadurch nicht mehr verziehen, und die Schrauben der Scharniere finden in dem dickeren Holz besseren Halt. Zusammengeklappt wiegt der Paravent 14 kg und kann von einem Erwachsenen ohne Schwierigkeiten z.B. in den Garten getragen werden. Die Wände könnt ihr dann leicht selber in die gewünschte Stellung rücken.
Verstaut wird der Paravent – zusammengeklappt – am besten hinter einer Tür oder neben einem Schrank – oder ihr stellt ihn aufgeklappt mit zwei, drei oder allen vier Seiten übers Eck an eure Zimmerwand. Das Material ist nicht billig, aber ihr werdet an dem Paravent jahrelang Freude haben.

Ihr braucht vier Sperrholzwände (160:70:0,4 cm), pro Wand 4 Leisten – zwei für innen, zwei für außen –, je 2 cm breit, 4 mm stark und 160 cm lang, und 4 Leisten in einer Länge von 66 cm. Wenn ihr sie bemalt, *bevor* ihr sie auf die bemalten Wände klebt und nagelt, erspart ihr euch viel Mühe.
Leisten in derselben Stärke und Breite braucht ihr zum Einrahmen der Fenster und Fensterläden insgesamt in einer Länge von ca. 20 Metern. Besorgt euch für die Fensterläden und die Verkaufstheke 6 Scharnierpaare von 4 cm. Die fertigen Paraventwände werden mit 4 Klavierbändern (150 cm lang, aufgeklappt etwas über 3 cm breit) aneinandergeschraubt. Bei den beiden äußeren Seitenwänden (Landschaft und Haus) befestigt ihr das Klavierband auf der Paravent-Innenseite. Die Verbindung der beiden mittleren Wände ist etwas komplizierter, aber dafür habt ihr mit ihr mehr Schwenkmöglichkeiten: Schraubt zwei Klavierbänder mit kleinen Schrauben, Muttern und Beilagscheiben mit ihren Metallstreifen der Länge nach übereinander, so daß ihr eine »U-Schiene« mit beweglichen Seitenwänden bekommt, und befestigt diese Seiten an den beiden mittleren Paraventwänden außen, an der bemalten Seite

Der Christkindlmarkt-Stand
ist ein Adventskalender mit 24 Streichholzschubladen und Schränkchen aus gesammelten Pappschachteln zum Aufklappen. Hinter jeder Tür und Schublade verbirgt sich eine andere kleine vorweihnachtliche Überraschung. Mal ist es etwas Gekauftes, wie die kleinen Kerzchen oder die bunten Weihnachtskugeln, mal ist der Inhalt selbstgebacken, -modelliert oder in Blech gedrückt.
Der Stand besteht aus einem entsprechend geknickten Aktendeckel und einer Verkaufstheke aus zusammengeklebten Streichholzschachteln (der ganze Block wird mit Papier bezogen). Das schräge, vorn überstehende Dach wird mit zwei kräftigen Pappstreifen oder Holzleisten gestützt.

Die kleine Verkäuferin
hat einen Körper aus Kleisterpapier, ihr glattes Köpfchen ist eine Salzteigkugel, die auf einem Stöckchen steckt (s. Engel S. 231).

Das Bauernpärchen
hat sich stadtfein gemacht, denn heute fährt es auf den Christkindlmarkt und macht Weihnachtseinkäufe. Der Mann trägt über dem Stehkragen eine Weste und einen ärmellosen Gehrock aus Filz und hält in den Filzhänden einen Stock und eine Pfeife aus einem Eichelhütchen. Die Bäuerin hat zum Kopftuch eine buntgeblümte Tracht an.
Schon vor über hundert Jahren verschenkte man Zwetschgenmännchen in der Weihnachtszeit. Denn außer Äpfeln waren Nüsse und gedörrtes Obst die einzigen Früchte, die es damals im Winter gab. Zwetschgenmännchen kann man auch heute noch auf Weihnachtsmärkten kaufen. Sie sind ganz unterschiedlich, aber immer einfallsreich kostümiert: als Hochzeiter oder Schornsteinfeger, als Nikolaus oder Förster. Ihre Walnußköpfe sind mit runden Kugelaugen und roten Backen bemalt und mit Ohren und Nasen aus roter Knetmasse beklebt. Die Kleidung aus Filz franst nicht aus und läßt sich gut kleben. Wie die Früchte auf Draht gefädelt werden, kannst du auf der Zeichnung sehen. Die Zwetschgenbeinchen stehen auf Astholzscheiben und sind mit U-Haken befestigt.

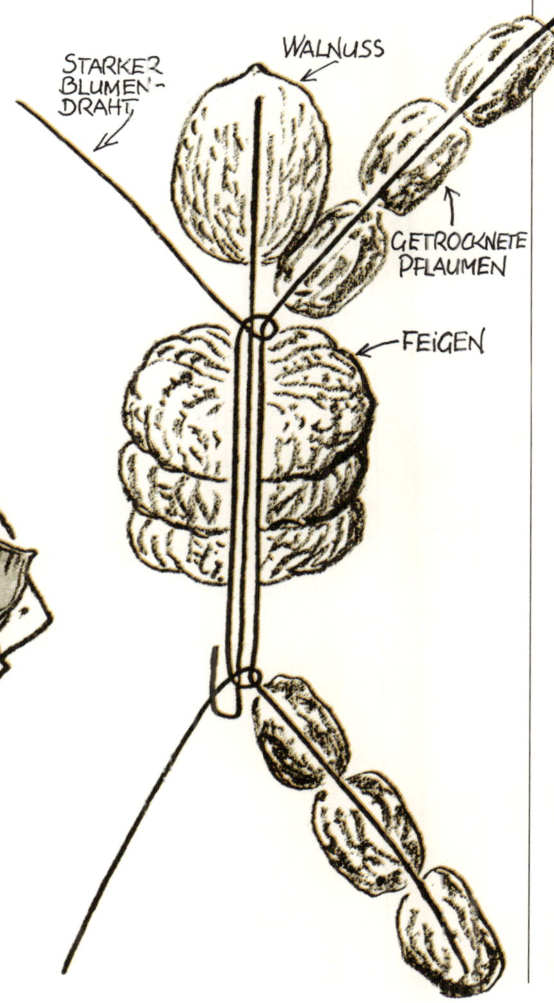

Die Strohampeln

drehen sich über der Heizung vor dem Fenster. »Unruhen« nennt man sie, weil sie in der warmen Luft ständig in Bewegung bleiben.

Bevor du mit dem Auffädeln der Strohhalme beginnst, umwickle ihre Enden mit einem Stückchen Tesafilm, damit sie nicht einreißen können. Dann mache dir aus einem geraden Stück Blumendraht eine lange Nadel mit einem schlanken Öhr, mit der du den Faden durch die langen Halme ziehen kannst, ohne diese zu verletzen. Wenn der Faden nach den drei ersten Halmen zum hängengelassenen Anfangsfaden zurückgekommen ist, verknüpfst du beide so eng, daß sich die Halme berühren. Bei jedem neuen Auffädeln knotest du die Halme wieder mit dem Anfangsfädchen zusammen – bis die Ampelhälfte fertig ist. Die andere Hälfte machst du genauso, bloß fädelst du jetzt statt eines neuen Mittelstücks immer den kurzen Mittelhalm der fertigen Ampelhälfte auf.

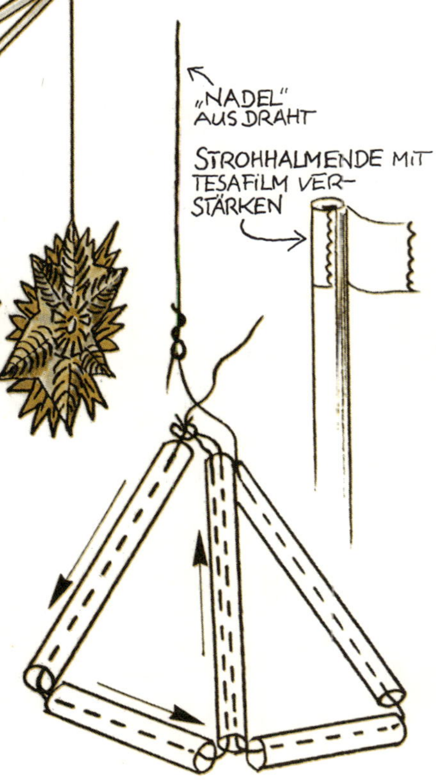

Die Figuren aus Drückblech kreisen fortwährend um ihr dünnes Fädchen – ab und zu blinken und blitzen sie auf. Das dünne silberne Drückblech gibt es in großen Papier-, Eisenwaren- und Bastelläden, man bekommt es meterweise von einer Rolle geschnitten.
Mach dir ein Polster aus Zeitungspapier und drükke die Figuren und ihre Muster mit einem Kugelschreiber oder mit einem stumpfen Bleistift auf die Blechstückchen. Willst du breitere Striche oder Flächen einprägen, so nimm dazu die runde Bleistiftrückseite her – aber drücke nicht zu stark auf, sonst reißt das Blech.
Mit Transparentlack (von Deka) bemalt, glänzen die Figuren genauso wie die bunten Weihnachtskugeln.

Aus Salzteig
sind die Christbaumanhänger, der Engelkopf und das auf Stroh liegende »Fatschen-Kind« geformt. Der Teig ist so schnell und einfach zubereitet und so billig wie keine andere Modelliermasse.
Du brauchst nur 2 Tassen Mehl mit 1 Tasse Salz und ½ Tasse Wasser zusammenzukneten! Wenn du den Teig in ein Plastiksäckchen packst, bleibt er länger frisch.
Für den Engel durchstichst du zwei feuchte Kleisterpapierknödel mit zwei Schaschlikstäbchen und steckst darauf den Kopf und die Hände (die du vorher im Backrohr ca. 2 Stunden lang bei 75 Grad getrocknet hast). Jetzt kannst du das Engelsgesicht auf die glatte, harte Fläche des Köpfchens malen. Verstecke die Papierknödel unter einem Papiergewand aus einem Oberteil und einem Rock, das du selber mit Mustern verziert hast.

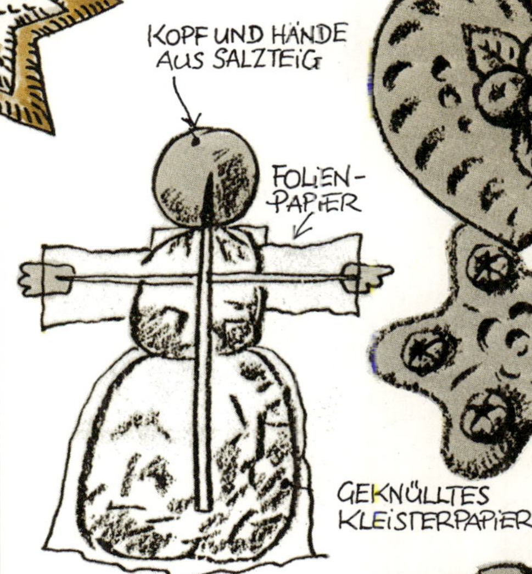

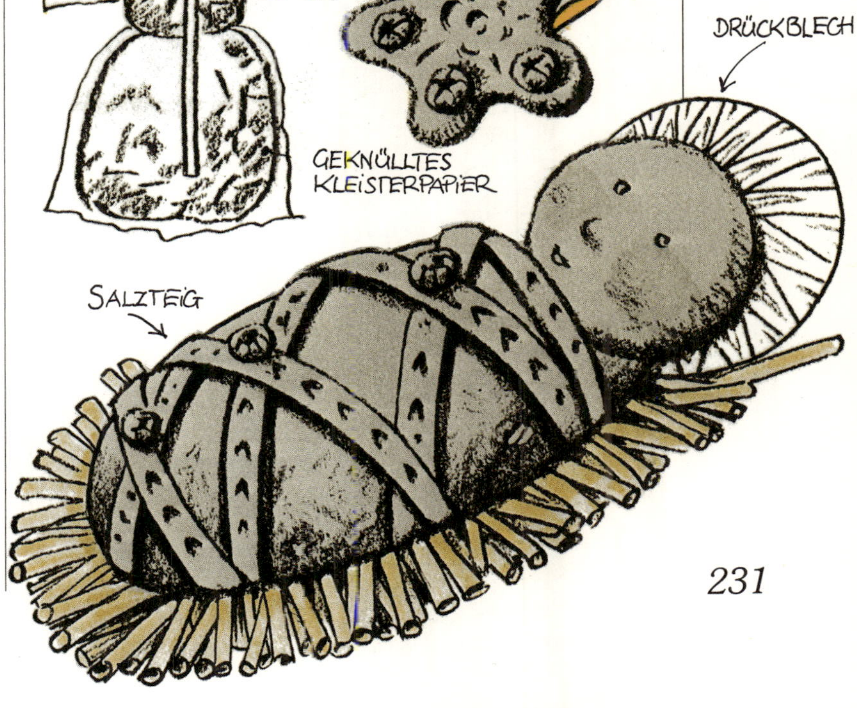

Harte Burschen aus Holz

sind diese beiden Nußknacker. Mit ihren großen Mündern und den Unterkiefern aus Hartholz knacken sie jede Nuß. Der Hebel muß aus Hartholz sein, sonst bricht er beim Zusammendrücken der Nüsse. Es dauert einige Zeit, bis du ihn mit der Stichsäge aus einem 3 cm dicken Buchenbrett gesägt hast. Aber vielleicht hilft dir ein Schreiner mit seiner Sägemaschine dabei.

Den Nußknacker kannst du auf zwei Arten bauen: entweder aus einem Stück oder aus mehreren Teilen. Einfacher geht der Mehrteilige zu bauen, schöner ist der aus einem Stück.

<u>Für den Nußknacker aus mehreren Teilen</u>

brauchst du zwei Seitenbretter (23 : 6 : 1,5 cm), 2 Vierkanthölzer, eines 6 : 5 : 3,5 cm für oben (Gesicht) und das andere 14 : 3,5 : 3 cm, für die Vorderseite.

Klebe die Vierkanthölzer zwischen die Seitenbretter, stecke den Hebel in die Öffnung und bohre mit einem 8 mm-Bohrer das Dübelloch durch die Brettchen und den Hebel (Hebel dazu festzwingen!). Nimm den Hebel heraus und erweitere sein Loch mit einem 8,5 mm-Bohrer, denn er muß sich locker um den Dübel drehen können. Stecke das Dübelholz durch Brettchen und Hebel und klebe es in den Brettchenlöchern fest. Rasple die scharfen Kanten rund und bemale das Kerlchen mit Deckfarben und Klarlack. Ein pelziger Bart verbirgt das Loch unter dem Kinn.

<u>Für den Nußknacker aus einem Stück</u>

mußt du das Loch für den Hebel und hinten eine Mulde für den Hebelarm ausstemmen. Dazu brauchst du einen Holzhammer und ein Stemmeisen. Es geht leichter, wenn du das Loch für den Hebelarm ringsherum mit einem Bohrer durchlöcherst.

Da das Loch sich nur sehr uneben ausstemmen läßt, mußt du es mit der Raspel und der Feile noch nacharbeiten. Die Vertiefung für den langen Hebelarm läßt sich leichter ausstemmen, weil die Holzfasern der Länge nach laufen.

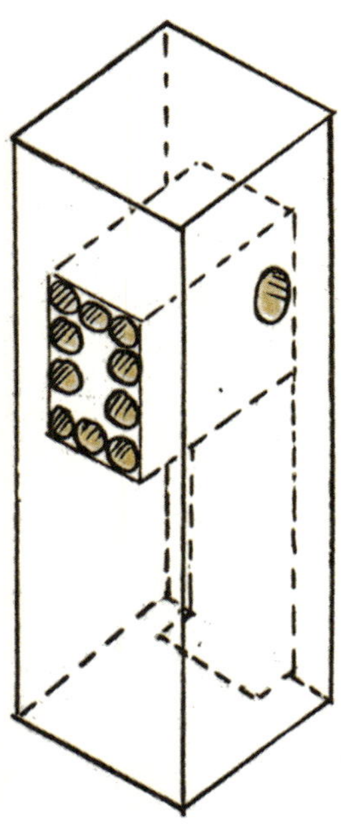

Rezept für Lebkuchen

200g Honig, 100g Zucker, 50g Schmalz zusammen erhitzen, auf 500g Mehl gießen und erkalten lassen. 2 Eier, 1 Backpulver, je 1 Teelöffel Zimt, Muskat, Pfeffer, Piment, Ingwer dazükneten, kalt stellen. Dann auswalken und die Figuren mit einer Schablone ausschneiden.

Den Adventsbogen
kannst du vor Weihnachten an Stelle eines Adventskranzes aufstellen. In manchen Gegenden Europas war so ein Gestell, mit Buchs, Tanne oder anderem Immergrün geschmückt, der Vorgänger unseres Weihnachtsbaumes. Den Bogen bildet eine Weidenrute, die mit Blumendraht an die Querleisten (2 cm breit, 1 cm stark) gebunden wird. Gib dir die Kreuzungspunkte an und säge in die senkrechte Mittelleiste (2:2 cm) 1 Zentimeter tiefe Sägeschnitte in der Breite der Querleisten. Stemme die 2 cm mit dem Stemmeisen aus und klebe die Leisten hinein. Zuvor hast du in ihre 1 cm-Seite im Abstand von 1,5 cm kleine Löcher gebohrt, in die du dann Zahnstocher steckst. Befestige den Mittelstab im Bodenbrett (35:12:2 cm), wie du es schon beim Osterbäumchen (S. 51) gesehen hast. Stecke auf ihn oben und auf die Enden der Querleisten Kerzenhalter, wie es sie für Adventskränze zu kaufen gibt. Auf den Zahnstochern sind Wal- und Haselnüsse in ihrer Schale (Loch bohren!) aufgesteckt, Dörrobst, Zimtsterne und Rosinen. An Fäden hängen Gold- und Strohsterne, Eierschaumkringel und Lebkuchenfiguren.

Der Stall
ist um einen stabilen Unterbau aus einer ehemaligen Geschenkkiste aus Holz gebaut.
Für den Stalleingang wurde ein Viereck aus dem Unterteil der Kiste gesägt. Die senkrechten Leisten (1,5 : 0,5 cm) kleben mit ihrem unteren Teil an der Kistenwand und werden oben (vom Dach verdeckt) mit einer Querleiste zusammengehalten. Die niedere Wand, vorne und auf der Seite, stammt noch von der Originalkiste.
Das rechtwinkelige Dach ist fest mit dem Dachboden verbunden. Auf der Spitze, unter dem First, sind die schrägen Leisten auf ein Vierkantholz (1,5 : 1,5 cm – auf der Zeichnung nicht sichtbar) genagelt. Viele kleine aufgeklebte Hölzchen bilden die Auflage für die Dachschindeln und geben dem First Festigkeit. Belasse dem Holz seine natürliche Farbe.
Schütte Stroh auf den Boden und sammle für den Speicher Heu, dann haben die Tiere alles, um sich wohl zu fühlen.
Kleine Gerätschaften wie Rechen, Heugabel, Faß, Schubkarre, Laterne kannst du bei den Krippenbauern auf einem Weihnachtsmarkt kaufen.

Ochs und Esel,
Pferd, Schaf und Schwein sind zusammen mit ihrem Hirten und seinem Hund aus weichen Holzblöcken (Linde, Abachi, Balsaholz) gesägt.
Zeichne die Seitenansicht auf das Holz, klemme es mit der Zeichnung nach oben zur Hälfte in einen Schraubstock und säge das überschüssige Holz mit geraden Schnitten ab. Mit der Draufsicht machst du es genauso. Mit Raspel, Holzfeile und Schmirgelpapier glättest du deine Tiere dann so, daß sie sich gut anfühlen.
Die kleinen – Schwein, Schaf und Hund – bekommen Beinchen aus Dübelhölzern. Für die großen schleifst du dir stärkere Hölzer zurecht (oben dicker, unten schlanker) und klebst sie mit einem eingesetzten Dübelstückchen fest.
Der Hirte ist eine Figur, wie du sie schon auf Seite 43 kennengelernt hast.

Das Adventshaus
wird um einen Schmetterlingskasten herumgebaut und hängt an der Wand. Seitenteile und Dachgeschoß sind aus Sperrholz angesetzt. In der doppelten Wandung der großen Flügeltür verbergen sich die flachen Fenster der Vorderseite. Die Rollos sind aus japanischer Stäbchenmatte geschnitten; sie werden aufgerollt unter die Drückblechblenden gesteckt. An jedem Tag im Dezember öffnet sich ein neues Fenster. Am 23. erscheint der Verkündigungsengel in der Eingangstüre, und am 24., in der Weihnacht, öffnet sich das große Flügelportal zur Krippe.

Register

Satz und Druck: Appl, Wemding
Einband: Großbuchbinderei Sigloch, Künzelsau
Printed in Germany
ISBN 3-426-26137-5

6 8 9 7 5